【知行文丛】

精神的见证

——薪火传承中的北航

□北航文化与艺术传播研究院／编

北京航空航天大学出版社

《知行文丛》出版前言

为纪念北航建校60周年，我们策划编辑了这套《知行文丛》（第一辑，共4册），以期从不同角度，辑录这所新中国创建的巍巍学府弦歌不辍、薪火传承的历史片段，辑录北航人对母校深厚的情怀、阐释与理解以及对未来发展的构想，辑录那些年、那些人、那些事——那些不经意间铭刻于岁月发梢的生动记忆。

“知行”二字，取自50周年校庆之际确定的校训“德才兼备、知行合一”。从先秦到当代，人们对知与行的关系，有诸多深刻的辨识。明代思想家王阳明认为：“知是行的主意，行是知的功夫；知是行之始，行是知之成。只说一个知，已自有行在；只说一个行，已自有知在”，他首次提出“知行合一”说，既主张“知中有行，行中有知”，又强调“以知为行，知决定行”。纵观北航的发展变迁，一代代北航学人求真治学、教书育人，勤奋踏实、勇于创新，在辛勤耕耘中求达知行合一、进取无止境的境界。可以说，北航的校训，一方面吸纳了中国传统哲学思想的文化精髓，另一方面也是北航人敢为人先、报效国家的精神寄寓与生动写照。

一所大学的历史文脉，总是同每一名师生个体的发展紧紧交织在一起的。大学因为大学人的存在，才具有生命的气息；大学因为大学人的理想追求，才彰显出科学精神、人文精神和时代价值。

《精神的见证——薪火传承中的北航》一书分为上、下两篇，其中“甲子自述”，系我们在迎接学校60周年华诞之际，约请部分70岁以上的建校元勋、大师学者撰写或口述的北航情结，这部分文章按作者的出生年月先后排序；“岁月抒怀”，则收录了北航人撰写的关于建校初期重要人物、重要事件的回忆或考证文章，细节的探究中浸着岁月的沧桑，朴质的文风中透着深深的感念。无论是前辈们的自述文字，还是讲述建校伊始的北航故事，无疑都是薪火传承中北航精神的最好注解与见证。

《群星的足迹——创新育人中的北航》一书，以创新和育人为主线，辑录了新世纪以来，我们曾重点报道过的师生中涌现出的部分典型事迹。上篇“治学楷模、为人师表”，反映的是当代北航教师中优秀代表的品德与学识、智慧与创造，他们在教学和科研工作中追求卓越、引领风尚的勇气，他们日复一日在教书育人过程中爱岗敬业、无私奉献的足迹与信念。下篇“莘莘学子、成才表率”，选取了近几年在校学子中求学、修身、成才的典型代表，他们是在北航校园里绚烂初开的花朵，他们注定将带着科学与人文的芬芳，在未来服务国家和社会发展的人生旅途中，散发出北航独有的精神气韵，成为国家的栋梁和母校的骄傲。

一所大学的长远发展，总是同科学的战略指针及行动规划密切关联的。大学因为秉持传承、开放、超越的观念，才不断焕发出新的生机；大学因为大学人的不停思考与自我反省、在变革中不停步、迈大步，才会离未来的目标越来越近。

《思想的魅力——战略视野中的北航》一书即着眼于这样的视角，描绘的是学校领导及各学院领导对未来发展的战略构想与总体思路。全书以北航第 15 次党代会报告作为开篇，因为该报告以构划“建设空天信融合特色的世界一流大学”的宏伟蓝图，在学校发展史上留下了里程碑式的印记，是北航人开始新世纪二次创业的战略指针。社会媒体对学校现任书记、校长的专访，基于继承和创新的主线，既总结了近几年的主要成绩，也明确了学校今后的发展方向、对工作的整体要求和部署。对全校 28 个学院级单位负责人的访谈，则选自一年前《北航校报》策划开设的“聚焦‘十二五’”栏目，充分反映了各学院为实现学校远景目标、贯彻落实“十二五”战略发展规划的深入思考与行动举措，可谓一部运筹帷幄、谋篇布局、跨越前行的思想交锋。

《时代的聚焦——媒体视线中的北航》一书，摘编了新世纪以来，社会新闻媒体对北航重大活动、重要事件、典型人物以及特色和亮点的报道，分为综合发展篇、人才培养篇、科技创新篇、社会服务篇、文化传承篇。近十年的新闻宣传，基于学校的跨越发展和核心竞争力的实质性跃升，可谓亮点频出、精彩不断，每年都有数百、近千篇次外宣报道，做到了“月月有新闻、专题有深度”。从社会舆论的视角看待北航的建设和发展，作为一种客观的时代聚焦与成果展示，同时也具有回顾总结、凝聚氛围、继承发展的文本价值。

需要说明的是，囿于编辑时间、篇幅的限制和编者目力、能力所限，第一辑《知行文丛》所含的上述四本书，并不是一套全面涵盖北航历史和发展的系统丛书。各书在选择文章时疏漏和偏颇之处在所难免，更有许多精彩的人物和事件、论述与篇章此次并未能收入，尚祈望读者批评指正。

或许，《知行文丛》（第一辑）的问世，只是北航精神和文脉传承研究过程中的良好开端。我们希望以此为基点，继续挖掘母校的精神财富，透过今后《知行文丛》的不断推出，让更多的读者从阅读中诠释蕴含在字里行间的大学精神的力量。这或许也是我们纪念校庆的一种特别方式，是我们传承薪火、展望未来的文化意义所在。

编　者

2012年8月

目录 Contents

上篇：甲子自述

下篇：岁月抒怀

爱国奉献 敢为人先 开放包容 笃行坚卓

——在“北航精神”研讨会上的讲话（节选）

□ 怀进鹏

今天，老中青几代北航人代表相聚在这里，共同探讨和回顾北航精神的内涵，具有非常重要的意义。

北航取得的一切成绩，源自于老一辈创业者们和一代代北航人几十年如一日的奉献与努力。一甲子的办学实践，铸造了北航人特有的思想观念和精神面貌，几十载的丰硕成果蕴含着北航人特有的思维方式和价值取向。老一辈创业者们白手起家，艰苦奋斗，奉献了毕生精力，为学校的长远发展打下了坚实基础。他们的身上饱含深刻厚重的报国情怀和积极进取的精神状态，体现着严谨踏实的治学传统和甘于奉献的人生追求。这是北航人将个人成长与学校发展紧密融合所形成的独特气质，是几代北航人心灵情感的高度凝结，这就是“北航精神”。

多少年来，一代代北航人一直在思考、在总结，“北航精神”到底包含了哪些精神特质？五十年校庆期间，我们对“北航精神”进行了初步凝练，表述为：“勇于创新、敢为人先；艰苦奋斗、百折不挠；笃行诚信、严谨求实；团结奉献、爱国荣校”，概括了全体北航人的气质风貌和学校的文化内核，并内化为师生的情感激励与学校的精神文脉。我们今天讨论北航的精神也是一种传承，也是一种开放，

北航精神研讨会会场

注：本文节选自校长怀进鹏院士于2012年5月31日在“北航精神”研讨会上的讲话。

更是一种宣传和彰显北航的精神。正是这种讨论和反思，可以帮助我们自己和他人更加明智地拥抱未来，体验北航的精神，把握我们当前发展的脉搏。

从五十年校庆到六十年校庆的十年间，是国家社会经济高速发展的十年，是高等教育体制改革持续深化的十年，建设创新型国家已经成为国家发展的战略选择，建设一批世界一流大学已经成为国家面向新世纪的战略选择。致力于建设空天信融合特色世界一流大学的北航，在践行这一国家战略之路上应该有着怎样的思考和实践？如何承担起高等教育科技强国的建设使命？如何使“北航精神”在传承中焕发新的生机和活力，激励北航人把握机遇、大有所为，持续保持学校发展的良好势头和先导地位？这些问题也是许多北航人正在思考、正在面对的一种选择。站在传承、开放、超越的视角上，进一步凝练和升华北航精神，是我们甲子校庆年的一个重要内容。

1953 年举行的兴建校舍奠基典礼

在北航学习、工作、生活的 25 年来，我一直在用心感受着我们这所大学的精神品格。我个人理解，“北航精神”的内涵和品格至少包括以下四个方面：

北航学院路校区校门

一是，北航人有着赤诚强烈的爱国情怀，甘于奉献。建校初期，来自全国各地的航空航天精英们积极响应国家号召，怀着振兴祖国航空航天事业的崇高目标相聚于此，从无到有地创立了新中国第一所航空航天高等学府，老一辈创业者们成为北航精神最初的铸造者，最生动的诠释者。北航这样的历史，国家的战略是北航的选择，强烈的爱国情怀使得在建校以后，一批批北航学子秉承前辈们的崇高精神，围绕国家和国防重大战略需求，以振兴国防为己任，矢志不渝、报效国家，投身于航空航天事业和祖国的国防建设，很多人在三线、在基地一待就是几十年，献了青春献子孙，百折而不回。在载人航天工程副总师以上的高级技术人员中，有 1/3 都是北航的校友，北航人为祖国的航空航天事业和国防事业做出的卓越贡献有目共睹，我们是

北航沙河校区校门

当之无愧的“红色工程师的摇篮”。工信部苗圩部长说，北航起点很高、底蕴深厚，建校60年来奋发图强、勤奋耕耘，为我国科技发展，特别是国防现代化建设做出了突出贡献。60年来，爱祖国、爱国防、爱航空、爱航天、爱北航的精神品质已融入北航人的血液。我认为，这样一种精神可以凝炼为“爱国奉献”。

二是，北航人有着攻坚克难的进取精神，勇于创新。以航空航天为代表的专业领域具有极强的探索性、系统性和创新性。多年来，一代代北航人不畏艰险、无怨无悔的投身于此，以探索的勇气和创造的激情，直面各类急难险重任务，创造了新中国航空航天事业与人才培养中的诸多第一和奇迹。20世纪50到60年代，“北京一号”、“北京二号”、“北京五号”等重点型号相继研制成功，填补了多项国内空白；70到80年代，产生了歼六战斗机飞行模拟器、沙丘驻涡火焰稳定器等一批重大成果，有效提升了我国国防科技力量；90年代，以陈懋章院士的国家科技进步一等奖为代表的重大科技创新项目不断涌现，极大地推动了相关领域的技术进步；进入21世纪，“北航一号”、“北航二号”、“北航三号”探空火箭先后升空，创新人才培养示范区建设日益成熟，国家实验室建设等项目实质推进，新兴科研增长点不断涌现，厚积薄发，7年获得7项国家级科技奖励一等奖。今年初刘延东国务委员说，北航为国家经济社会发展，特别是航空航天领域，做出了不可替代的贡献，并勉励北航人，探索高等教育新路，在新的起点上向更高的目标迈进，为国家和中华民族伟大复兴做出新的无愧于时代和历史的贡献，可以说不断突破学科界限和发展壁垒，勇发先声、敢创新路的精神已经成为北航人的基因。我认为，这样一种精神可以凝炼为“敢为人先”。

北航办学理念主题雕塑“世纪之声”

三是，北航人有着海纳百川的气度胸襟，至诚至真。在北航这样一个大家庭中生活，能够时时刻刻感到北航人的开放和包容品质，在工作生活中讲团结、和谐为伴。建校之初，北航由中国8所著名大学的航空院系合并创建而成，五湖四海的干部、教师、学生组成了北航这个充满活力的大家庭。老师和同学们怀揣着为中国的航空航天事业不懈奋斗的质朴理想，同甘共苦、精诚合作，“北京一号”也反映了师生团结、师生和谐、师生至诚至真的奉献精神，培育形成了北航和谐宽松、大气包容的校园氛围和人文意蕴。北航的干部选拔和人才引育工作，一直强调采用多元方式，构建开放格局，不断优化教学科研管理队伍的学缘地缘结构，尊重个性、鼓励特色，促进了交叉学科的深度融合和集成发展，在国际高端交流、产学研结合、协同创新等领域做出了很多卓有成效的工作。科技部万钢部长就赞誉北航“信得过、托得住、干得成”。他还认为，北航人在干事创业过程中一直有一种很深的精神层面的支撑，也正是这种支撑使得学校在航空航天行业领域能够真正立起来、立得住。我认为，这样一种精神可以凝炼为“开放包容”。

四是，北航人有着脚踏实地的坚韧品格，勤勉奋进。无论是面对建校初的一穷二白，还是遭遇发展中的艰难险阻，无论条件多么艰苦、形势多么严峻，一代代北航人总是凭着那么一股子韧劲、一股子闯劲，一步一个脚印，一点一滴积累，百折不挠，顽强进取，培养造就了一大批学术精英、兴业人才和治国栋梁，赢得了良好的社会口碑和国际声誉。五十多年前，我们的师生在简陋的实验条件下忘我钻研，在昏黄的路灯下埋头苦读；五十多年后，我们的师生依旧在实验室刻苦攻关，在灯火通明的自习教室废寝忘食。所以，人们都说“学在北航”，北航人勤勉刻苦的优良学风和严谨求实的治学态度全国闻名。正是这样一群特别能吃苦、特别能战斗、特别能奉献的北航人，在以实际行动成就和拓展着北航的荣誉与辉煌。我认为，这样一种精神可以凝炼为“笃行坚卓”。

北航校风石

北航沙河校区“文化石”

六十年薪火传承，一甲子春华秋实，一代代北航人几十年如一日的不懈奋斗，凝聚成了“爱国奉献，敢为人先，开放包容，笃行坚卓”

的优秀品质，他们汇总形成了一种继往开来的力量，在每个北航人身上留下了深深的精神烙印。今年10月25日，是北航一甲子，60周年“校庆年”的各项活动也正在进行中。我们希望通过校庆，把北航的事业站起来，我们希望通过精神的解读、精神的诠释、精神的研讨，以一种传承的精神，以一种开放的心态，以一种面对未来敢于超越的气魄，我们都给出我们对北航精神的一种解读。这种解读正是我们面对当下、面对未来的一种理解、一种发展。站在新的历史起点上，进一步凝练升华“北航精神”，每个人都有对“北航精神”的理解，这就是我们对“北航精神”的最大贡献，这将激励我们自己和我们的后来者以面向未来的胸怀去思考和行动，既敢于仰望星空，更能够脚踏实地，为实现空天信融合特色的世界一流大学的远景目标而努力奋斗。

北航“校训树”雕塑

上篇：甲子自述

我的北航情结

□ 武 光

作者简介：武光，1912年出生，河北深泽县人。1930年参加革命，1931年加入共青团，同年转入中国共产党。1954年元月，从中共中央华南分局委员，粤西区党委第一书记、粤西军区政委任上奉调北京，担任北京航空学院的首任院长，走上了航空教育事业的新战线。1956年，武光同志兼任北航党委书记。1963年，调任中共新疆维吾尔自治区党委书记处书记、自治区人民政府第一副主席。1979年任中国社会科学院副院长、党组副书记。1982年任北京市人大常委会副主任。

2012年1月，武光老院长在家中

来到北航："加强国防建设，培养航空人才"

北航是由八所高校的航空系联合成立。那时候共产党从地下到地上取得了革命的胜利，掌握了国家大权，而我们在航空方面是空白的，建立政权之后，国家要制造飞机，必须要自己培养这方面的人才，因此中央决定要成立北京航空学院，当时的航空学院审批下来之后，我们分为两个系，一个是飞机系，一个是发动机系，还有一些航空装备方面的学科。

说起调我到北航工作，也是由中央决定的。当时我是粤西区党委书记，那时候广东还没有成立一个统一的组织，没有广东省，是分为粤东、粤西、海南和广西四个单位，我是粤西区党委书记。

注：本文采访时间为2012年1月13日，由北航宣传部采访录音及整理，经作者本人审定。原载《北航校报》2012年2月21日第837期。

国家要发展飞机，又由中央直接领导建立了航空学院，成立之后没有校长、书记，这就要在全国范围内寻找，中央最后就想到了我。为什么会想到我呢？因为共产党主要是在工人中间组织活动，当时的北京几乎没有工厂，也没有什么工人，都是学校，所以共产党组织活动接触的大都是学生，我那时候做地下工作，有接触学生的经验，所以组织上决定派我来到北航。

刚到北航来的时候，学校只有飞机楼一个楼，叫一号楼，在一进校门的左手边，其他地方都没有房子，学生工人都住在建筑工人的棚子里，连汽车都开不进去，徒步走进校门，地面坑坑洼洼布满了积水。刚开始，矛盾和困难很多，我就用建筑工人住过的平房当做自己的办公室，经常骑着自行车到施工工地、职工宿舍、学生宿舍去转，下雨天就到工棚看漏不漏雨，所以大家都喜欢和我聊聊天、谈谈心，矛盾慢慢化解了，困难一点一点地解决了。在大家共同的艰苦努力下，学校一步一步建设发展起来。

人才培养："招教科学物，生体文劳思"

1958年9月至10月，周恩来等中央领导先后参观了北京航空学院组织的展览会。图为周恩来总理在武光院长陪同下参观展览。

学校的党委书记和校长怎么样工作？当时我提出了"招教科学物，生体文劳思"这十个字，这就是学校领导全面的工作。具体说来"招"就是招生，"教"是指教学工作不断提高质量，"科"是指科研工作大力开展，力行创新，"学"是指学生工作，"物"是指物质建设；"生"是指员工的精神生活和物质生活要搞好，"体"是指体育运动，锻炼身体，"文"是指文化生活要活跃、高洁，"劳"是指适量体力劳动和劳动实践，"思"是指思想教育工作。

聂荣臻、杨秀峰、张爱萍等领导出席北航建校十周年庆祝活动

中央要求培养航空方面的人才，从办学的角度来考虑，从招生到培养过程都要搞好。到北航之后，我决定先从招生开始做起，然后是教育、科研，考虑怎么培养学生，再到物质建设，这是办好学的条件。学生在学习、搞科研的同时也要坚持锻炼身体，还要加强对学生的思想教育，促进学生全面发展。

那时候的招生和现在不一样，由于当时我们不是和清华、北大等学校一样的名校，北航大家都不了解，所以我们的招生也很不容易。

我都是亲自带领大家到上海、到全国各地去招生。我首先到各学校找领导、老师，向他们介绍国家的想法和北航的情况，同时了解学生情况，想方设法招一些好学生，就这样一步一步把北航办了起来。

那时候我们北航的招生控制非常严格，要考北航得经过几道关：首先是经过当地的党组织审查同意，然后是学生在中学的党组织、中学的老师推荐，只有符合这样的条件才可以报考。

在人才培养上，我一直认为北航的学生要实事求是，从实际出发，理论联系实际，动手实践能力要强。过去咱们国家没有自己制造的飞机，全部依赖进口。我们认识到完全依靠进口不行，还是要自己生产制造，这就需要办学校，培养制造飞机的人才，培养之后主要是抓飞机、发动机、仪表这三个方面，当时北航主要是请苏联专家帮助培养学生，我们自己建厂，自己培养飞行员，针对我国当时的现状和国家的需要，北航以培养生产、制造飞机的人才为目标。所以北航的学生都是先在飞机工厂实习，毕业以后到飞机工厂和科研单位工作这样一个模式。北航的学生到工厂实习，工厂都是很欢迎的。那时候工厂有任务接收各学校的学生，帮助学校培养，一般地说学生到他那儿实习，等于增加他的负担。北航的学生去了之后真学、实干，工厂也不觉得是负 担，都尽力帮助学校共同培养北航的学生。

百岁寿星武光老院长

北航师生不仅喜欢动手实践，而且勇于创新。那时候我们一边学，一边就想自己学到的东西能不能够用得上。因为要实践，所以我们师生决定合作搞一个“北航一号”。大家干劲十足，天天在工厂里干活，连吃饭都是家里人送到学校，我记得很清楚，学生们有干劲到什么程度，有的学生在机身里面钉铆钉，太疲倦了，拿着铆钉就慢慢睡着了。

1945年，武光时任中共北平市委副书记，领导全市党的工作

由于当时我国飞机完全依靠进口，研制成功之后我们觉得这是一个进步，所以请当时的北京市市长彭真来剪彩。彭真市长听了之后说：“你们不要叫‘北航一号’，应该叫‘北京一号’”，所以我们的名字就改为“北京一号”。试飞当天，“北京一号”从北京飞天津，飞青岛，然后再从青岛到天津，最后返回北京。这是一个很有历史意义的时刻，是我们中国自己造的飞机，是北航师生造的飞机。

对学生的希望："实事求是，理论联系实际"

北航已经建校 60 年了，我也是个 100 岁的人了，我可能对现在的情况不太了解，但是，我觉得，不管到了什么时代，北航培养出来的学生要遵循实事求是，从实际出发，理论联系实际。

我那个时代，关于航空方面的学校有北航，有南航，西安也有这方面的学校。人才培养方面，北航主要是请苏联专家帮助培养，苏联专家在北航完成任务之后也会兼顾到南航和西安航空，所以那时候北航在人才培养这方面是领头的。虽然现在的情况我不太了解，但是还是希望北航不仅自己要培养出高质量的学生，而且仍然能够尽最大的力量去引领中国的航空事业，带领所有的航空学校能够齐头并进，不断向前，为国家的事业做贡献。

2011 年 9 月，武光老院长参观沙河校区校园

我与北航相伴的时光

□ 王洪星

王洪星教授

作者简介：王洪星，机械学专家，北京航空航天大学教授，政府特殊津贴获得者。1915 年 11 月出生于湖南湘潭，1930—1932 年就读于湘潭第一中学，1933—1935 年就读于长沙第一中学，1936 年考入位于天津的北洋工学院航空系。1949 年升任北洋大学航空系教授、航空系系主任。1952 年，王洪星教授参加了创建北京航空学院的工作。建院初期，他担任机械原理及机械零件教研室负责人。1958 年以后，王洪星教授的主要力量转向科学研究。70 年代开始，他着力于谐波传动研究，并且与校外研究单位和生产单位合作，研究制造了新的谐波传动装置，王洪星教授成为我国谐波传动、齿轮传动技术以及牵引传动技术的开创者之一。在七十多年的教学和科研生涯中，他一直勤奋耕耘在教学科研第一线，他严谨治学，实事求是，奋斗不息，为北航培养和造就了一批优秀人才。

回忆北航：起步艰难，发展迅速

那时候刚解放不久，中国不仅不能造飞机，甚至连汽车都弄不好。设备差，人才不集中，科系也不完整，于是中央就决心振兴航空事业，培养这方面的人才。我是北洋大学（现天津大学）的老师，那时我们系里就只有四五个教授，有一个班最少就四个学生。设备简单，学生

注：本文采访时间为 2012 年 5 月 5 日，由北航宣传部采访录音及整理，经作者本人审定。原载《北航校报》2012 年 5 月 21 日第 846 期。

少，我们连办公室都没有。

在1951年的时候，中央把清华大学，北洋大学，西北工学院，厦门大学这四所大学的航空系集中起来了，成立了清华大学航空工程学院。但是办了一年之后，中央觉得这种规模还不够，觉得应当把各学校的航空 系都集中起来，我们就成立了北京航空学院，也就是现在北航的前身。北京航空学院是由八个大学的航空系组成的，就是原来的那四所大学，加上云南大学，四川大学，华北大学航空系，还有重庆有个西南工业专科学校。这次的合并，人力比较集中，教师比较多，设备也都集中起来了，这对于发展中国的航空事业是非常有利的。当时我们都是很赞成和主张合并的。至于北航为什么不叫中国航空学院呢？因为将来还要成立其他地方的航空航天大学，所以北航叫做北京航空学院了。

那时这个地方叫做柏彦庄，遍地都是野草和坟墓，环境很荒凉。生活条件也很苦，建校时到处都是工地，道路设施差，基本上都是泥地。当时，北航陆续修建了四栋楼，都是参考苏联的图纸建的，后来的楼也是陆续建成的。由于条件有限，那时学生是没办法一块儿住的，有的住在清华，有的住在城里的交道口。上课不是坐校车，就是走路。食堂呢，就是在工棚吃饭。北航就是在这么一个艰难的条件下一步一步发展起来的。

那时合并的八所大学的学生大多数都来北航了。因为航空学校是国防类的学校，保密性比较强。另外组织很重视学生的阶级成分，重点以招工农学生为主。当时进北航的学生，大多数是各个地方党组织推荐的。推荐的单位要对他进行政治审查，审查学生的阶级成分好不好，立场坚不坚定，表现好不好等等。

建校初期校园建设场景

当然学习成绩也是考虑的，但主要是政治立场。所以北航到各个地方招生，都和当地党组织有联系，对学生进行政治审查，这是第一位的。比如，同一个学校的，你成绩好，出身不好，北航就不一定要。我觉得这个政策有好有不好，不好的地方在于容易埋没人才，毕竟自己选择不了自己的出身。所以当时北航新招进来的学生都是家庭出身好，政治条件好。

北航刚成立的时候，1954 年以前是杨待甫代理校务。他待了没多久，在 1954 年，武光就来了。北航现在的规模，现在的校园，这一平方公里，是武光老院长为北航校园规划的版图，这为北航后来的发展奠定了格局。武光是党员，政治地位很高，他办事有计划，有远见，有能力，在我印象里武光是很不错的，中央也很信任他。他为北航的发展做出了很多努力，北航有现在的发展，武光是功不可没的。武光来了之后，就聘请了 9 位莫斯科的苏联专家，都是飞机、发动机、材料、仪表各个专业的，为培养国家航空人才做出了很大贡献。

发展北航：离不开民主科学

北航发展规模很快也很大，现在发展到有这么多院系，我感觉是很好的。新建的教学楼越来越多，教学设备也很先进，学生宿舍、体育馆、食堂，学习生活环境等等各方面的发展都很不错。当然这都是我们能看到的现实。不过，大学最重要是要出人才。物质设备再好，不出人才也不行。

我有一些迷惑的地方，发展得这么快，有没有遇到一些事情是不容易解决的呢？要知道物质的改善是可以很快的，我们现在有目共睹，但是教学质量，精神层次的提高，并不容易啊。我认为要脚踏实地才能出成绩，急功近利是不行的，要稳步发展，不要浮夸，不要弄虚作假。

对于北航现在具体的发展情况，我并不是很清楚，也给不出什么好的建议。但是一些老的观点，我认为还是有参考价值的。在我的观念里头，大学的功能就是研究学问，培养人才，这个基本点要抓住。一个学校要办得好的话，无非这些条件：第一个是领导班子要好。领导班子要好，其实不容易。我的观点就是领导班子要真心实意从事教育，不为名利所动，要有把北航办好的决心，要以从事教学事业为终身之志。我对这一点颇有感触，对武光老院长、朱开轩、杜玉波等同志的调动既高兴又留恋。他们干得很不错，北航需要他们。我曾经还为武光写了一首叫做《惜意》的诗；第二个是教学设备要好，北航现在能够提供良好的教学设备相信是有目共睹的；第三个条件是教师队伍好，师资水平高，重点学科要有大师。学校不是赚钱的地方，学校是培养人才的地方，要以培养人才为宗旨；第四个是要学生生源要好。我们希望培养有才智的，有远见的，有抱负的人才。我相信有了这几个条件，学校没有办不好的。

另外呢，我认为大学，一定要思想自由，学术自由，要继承五四精神。五四精神是时代精神，虽然经过了近百年，但仍然光芒四射。五四精神最重要的是提倡科学与民主，就是所说的德先生和赛先生，这两位先生仍然是中国现在的必需。赛先生普遍受到欢迎，德先生则有选择。改革开放以后，政治环境比较好，能够畅所欲言，但是还是得深一层的改革。怎么样能够使学校获得思想自由，学术自由，这个是值得我们探讨的。千万不能把政治斗争引入学校，否则就坏了。我们吃过这个亏，要吸取经验教训。

寄语北航：谆谆教诲，献给学子

说到学生的学习，首先要考虑自己的兴趣，不要把追求职业出路作为第一位选择。自己要清楚自己有哪方面的特长。人各有所长，有的智力好，逻辑性强，那你就可以搞数学、物理、化学了。如果你形象思维好，那么你可以考虑学习文艺。总之要根据自己的兴趣爱好和优点，充分挖掘自己的潜能。

其次就是要敢于面对挫折，坚持下去。人生不是一帆风顺的，会遇到很多挫折，要坚持克服困难。一般来说，学习搞好了，出路不成问题，但是不要追求赚钱最多，那不好。

再者一定要发掘自己的优点。例如鲁迅弃医从文，严复以前是海军，后来翻译工作做得很好的。有很多通用的知识，要学好，比如计算机的使用。我现在老了，不行了，连上网都看不清楚字了，但你们要学好。

王洪星教授走在北航校园

就我来说，大概有从50年代到70年代这二十年时间里，我们能学到的新知识很少，应该发挥好的没有发挥好，迷迷糊糊就这么过去了。在那二十年里，世界发展很快，而我们是封闭的，我们在搞阶级斗争，意识形态的斗争，而我呢，二十年时光也因此荒废了。过去的事情就过去了，也不能后悔。这二十年我吸取了一些经验教训，增加了一些阅历。到后来也看明白了一些事情，觉得身体也没搞坏，这就很好了。我觉得现在的生活很美好，比我们过去好多了。

国家对你们的培养是很重视，很不错的。新的种子，应该孕育在大学生之中，你们要抓住现在这么好的时期，立定志向，努力学习，报效祖国。

附上诗作一首赠予武光老院长：

《惜意》

北航建校赖武光，指点从容柏彦庄；

举世用人如走马，岂为自愿去新疆？

我与北航六十年

□ 文传源

文传源教授

作者简介：文传源，1918 年出生，湖南省衡山县人，北京航空航天大学教授。飞行器控制、制导与仿真学家和该领域的开拓者之一。他长期从事飞行器控制、制导与仿真方面的教学、科研与设计研制工作，组织和开展综合系统论与人体科学方面的研究工作，培养了一大批专门人才，为中国自动化科学技术的发展作出了重要贡献。他领导了中国第一架无人驾驶飞机“北京五号”的研制工作，开拓了中国无人机技术的新篇章。

知难而进攀高峰

我是 1952 年到北京航空学院工作的，之前我国的大学教育基本上是过去的欧美方式。但从 1952 年开始，苏联专家到我国来，我们开始学习苏联的教学经验。

之前，我国的大学基本没有什么科研。老实讲，苏联一贯重视发挥科学院的科研作用，苏联大学开展科研受到一定影响和制约。当时，我们的旧大学也是没有科研的。我念大学时，正好是日本军国主义疯狂进攻中国的时候。有位教流体力学的张国藩教授，写了一篇关于沙漠南移的论文，那是我第一次听到大学教授写了一篇科研文章，感到十分新奇，实属少见多怪。

注：本文采访时间为 2012 年 5 月 17 日，由北航宣传部采访录音及整理，经作者本人审定。

由于旧中国大学几乎没有科研基础，常受帝国主义势力的侵略，中华儿女常为之义愤填膺。抗美援朝时期，我们武器装备差得太远了，我们打了胜仗迫使敌人进行和谈，但我方人员损失很大，更是令人痛定思痛。1957 年受发展经济、热爱祖国、勇攀科学高峰思潮的激励，大家都很振奋，我就考虑到应该在科研上为国家尽一份力量，因而提出研制无人机。

对这个大胆想法肯定会有各种不同看法。有的人比较赞成，有的人就觉得太困难了：一是条件太差了，二是我们确实没有经验。最重要的是，那个时候，根本没有任何无人机的资料。苏联专家认为无法对这一课题提供任何帮助。因为这方面的问题太复杂，而且中国在这么个环境，这么个条件，这么个基础下，不可能实现这一目标。但是我们可以理解，因为苏联专家帮助我们很认真，很诚恳。他们只是从他们的思考方法和关心我们的角度，觉得不要去做做不到的事情。说到支持者，学校里，飞机设备系的大多数教职工和全校有关同志以及武光老院长对研制无人机非常支持。大家不同的看法和声音是可以理解的，因为大家不是说不愿意干，而是因为既没有资料，又没有经验，技术又那么复杂，而且当时我们确定的无人机标准比当时国外一般水平要高，有这种想法是很自然的。科研课题的提出当然允许怀疑，在质疑中才会一直前进。

这种情况下我们挺了过来，1957 年 9 月份左右，我们提出搞无人机并开始草拟技术方案和研制计划，周恩来总理在 1957 年年底前后同意我们干。1958 年 6 月 29 号，成立无人机研制指挥部，正式开始组织人力，就相当于骑上马了，要下也下不来了。但也没有人想要下马，要干就干下去。当时要求无人机 1958 年“十一”之前要上天。这给了我们很大压力。但通过倒排计划和顺排措施，采用重叠、交叉、穿插研制管理方案等措施，我们成功完成了目标。我们有自动着陆系统、发动机的控制系统等十二个大系统有待研制。我们把计划完成时间定下来，倒排计划，什么时候开始干，什么时候干到什么程度，就叫倒排计划，但必须经顺排措施，措施不到位，计划就可能落空。外国人想也想不到，按照我们的倒排计划竟然真的成功了。1958 年

地面控制人员在操纵试飞中的“北京五号”

领导观看“北京五号”试飞

9月中旬以前，所有十二个大系统全部研制完成并装机调试。10月1日当天北京五号无线电引导着陆正式试飞基本成功，机上尚有飞行员监控，我们用自己的阶段研究成果给国庆献礼。

无人机的重点难点就在于着陆这一段。飞行员最高的难度也是在这一段，到现在还是这样的，有人情况下是这样，更何况无人情况下，当然更困难，危险性更多，难度更大。着陆试飞重点之一是无线电遥控着陆试飞。这个不能冒险，我们之前做过很多试验。试验期间机上有人，地上也有人，机上不但有飞行员，还有我们主要设计人员，这样可以调一些参数，调试不行的话可以修改。原来试飞员是从民航调来的，不适应试飞性任务，组织同意他要求调回原民航单位，由空军另行调来三位飞行员继续进行试飞任务，也算是一个小插曲。到“十一”以前，进行了大量空中调试试飞工作以及地面无线电遥控着陆试飞。1958年10月1日，地面遥控着陆正式试飞基本成功。这之后，北京五号的机载设备和地面所有设备基本不变，但继续进行了大量自动着陆调试试飞以及对设备进行必备的调整和修改工作。1959年2月，在空军、北京市有关领导主持下进行了北京五号的验收试飞。首先由空军副司令员兼参谋长检查停在跑道上的北京五号无人机，确认机上无人即对飞机舱门加锁，由副司令员发出起飞命令，北京五号自动起飞系统接通起飞指令，发动机启动，飞机即开始滑跑、起飞、爬升，进行航线飞行、各种空中飞行姿态表演，返回到下滑点，由地面飞行员发出自动着陆指令，飞机即按规定下滑、拉平、接地、滑跑，最后稳妥地停在了机场跑道上，从而无人机验收试飞完全成功。人们无限欢欣鼓舞，现场气氛热烈。

“北京五号”方案研讨

回忆起那个时期，压力很大，经常开夜车，有时连着三天不睡觉。一累不知不觉就睡着了，醒来又赶快接着干。特别是测试组，因为试飞过程中要测量，一般的试飞数据只是几个典型状态，不是全过程的试飞数据，所有这些参数都得从头进行试飞测定。当时苏联的测试仪表精度都不够。有些数据明显不合理，我们还要对数据进行分析、修改。偶尔还要造数据，造数据不能瞎造，得根据整个飞行器原来的资料，分析这个数据大致上是多少，在这个基础上分析判断，做出一个比较准确的数据。下次试飞，把拟定的数据经过风险研究以后，确定一个数据，算出的数据再带到数学模型里，等到第二次试飞时对数据改进到基本上准确了，才可以使用。不合适的还要再次试飞。来回尝试，所以每次试飞完了以后，整理数据非常紧张。当时试飞小组的组长是余德星老师，跟我年龄差不多，我经常陪着他开夜车。

虽然研究很苦，但是在学校支持下，我们生活条件很好。每天定点送夜宵，鸡蛋面条随便吃。空军对我们的要求也是根本没有二话，元部件像在家里拿自己的东西一样的，别的合作单位都是这样。那时是大合作建设，到现在想起来都感到心里热乎乎的。整个学校一条心，都想办法来尽可能支援我们。无人机试飞成功后，我作了一首诗：

梅花二月迎新春，岁寒三友见真情；

大鹏劲搏凌霄志，红日高去飘彩云。

结束了北京五号的研究之后，我就调到605教研室去了。之后就进行八号近程导弹、九号卫星和远程导弹等两弹一星工程研究。

这都是在我年轻的时候，还有好些工程都是在离退休以后干的。1988年退休以后，我建立了一个关于仿真学科的“相似理论”。1989年开始发表相关理论，2005年发表了三篇文章。2009年又发表了一篇文章，更深一步地论述这个问题，基本建成了“相似理论”体系。关于综合系统论，我是1992年开始写第一篇文章，然后一直到后来连续发表10多篇相关文章，基本建立了“综合系统论”理论体系，所以我预备继续在这方面做工作，希望有所发展。

2008年3月，在北航集体祝寿会上讲话

开明创新育英才

在教育方面，我在教学改革方面做过一些工作。1958年有的学生毕业设计直接与北京五号研制工作结合，让尽可能多的学生都能参与研制过程的实践环节与工作。同时，由于科研任务很紧张，在教学与科研、生产相结合的合理安排方面，我做的仍是不够完善。

与年轻学子在一起

我对博士点的研究生要求很严格，每一周都要进行讨论。但有一点，学生和老师作为社会成员是平等的，如果有什么争论，谁的意见是正确的就尊重谁。开会无论谁迟到都要作检讨，无论是老师还是学生，不搞特殊化，因为我认为社会上师生地位是平等的。

有些学生不愿意发表意见，学生讨论的气氛不是很热烈，我觉得学生讨论或者争辩问题时可以面红耳赤，也可以拍桌子打板凳，但是打架就不行了。在这之后讨论的气氛得到了一定的改善，有一次两个学生在讨论问题时发现两人意见不同。我在旁边观察他们两个，一个人拍桌子了，结果另一个没拍桌子，可能是有点害怕太破坏规矩。我就问他你怎么不拍，他一听这话是啊，想起我说过的可以拍桌子打板凳，结果他也跟着拍了。之后我就说停止，都拍了桌子就算扯平，再来讨论问题。我主张师生关系就是这样，不要太拘泥，要自然一点。同时我认为要发挥老师的主导性和学生的主动性。老师有老师的职责，要引导学生，在发泄完激情冷静下来后，又要继续进行文明讨论。因为目的不是鼓励拍桌子、打凳子，而是改变那种不愿发言、不愿辩论、更不愿争辩的冷漠的态度。在冲破这种状态后，就应加强文明讨论教育，提倡生动活泼和谐的争鸣气氛。而学生必须要有主动性，学习不是为了老师或者应父母要求才学，一定要主动去学习，而不是像后面有鞭子抽着自己去学习。而且一定要知难而进。因为不是难的东西就不会是辉煌成就。

最重要的一点，必须要实事求是，是什么就是什么，谁的观点是对的，就要遵循谁的意见，一时间弄不清楚的就要从长计议展开讨论。我有一个博士后说你这个地方错了，我认真思考了一下，从头到尾给他解释，他最后接受了我的意见，说不是老师错了而是他理解错了。我们就应该抱着这种实事求是的态度，以理服人，而不是用身份去压人。我上大学时，有一次老师推导螺旋桨转动的公式，从单数切面开始到另一切面结尾。学生说万一不幸不是从单数开始怎么办，结果老师就大发脾气了。如果学生觉得老师解释的对，他就会知道自己问的不合适，如果他觉得这问题还没有解释清楚，他还有意见，怎么让他尊敬老师呢。如果表面还对老师客气，那是迫于社会舆论和习惯，是勉强的。我们应该实实在在来考虑，而不是虚假的东西。

师生情谊深似海

我负责研制北京五号期间，那些跟我一起干的学生，现在有很多已经是北航的教授或者已经在北航退休了。1958 年的毕业生加起来起码有十几个。1959 年毕业的学生参加飞机场、检测维护的比较多，离自己专业稍微远了点，但还是在从事这一类生产活动。

我对待学生就像是自己的孩子，所以我跟他们关系不错，来看我的学生很多，逢年过节家里都有学生。有个学生小王生病，我爱人就给他送饭，我视他如家人一样，能为他做一点就多做一点。我有一个博士生叫董泽刚，他学得比较吃力，后阶段思维有些困难，我怕他身体坚持不下来，怕他发病，就让他直接去工作，每年都派人去看他，让他把博士论文完成了再回来答辩就行了。

1949 年我从衡阳转到北京人民空军训练部工作，1951 年在华北大学工学院任讲师，也就是现在的北京理工大学，1952 年院系调整时才到北京航空学院。至今 60 年，优秀的学生很多。但是因为工作比较忙，任务比较重，我一直觉得在生活方面对学生关爱不够，对此现在也很愧疚。

60 年来喜和谐

算来我与北航已经走过了 60 年，我对她的感情是很深的。因为这里有长期在一起互谅互助的老伴，有我曾经并肩作战的战友，也有与学生最美好的回忆。在北航建校六十周年的时候，我希望大学生们能够身体健康，学业有成，为国家将来做出重要贡献。祝同学们将来在科学上面，在创新方面，在国家的建设方面，作出贡献。做学问一定要知难而进，必须知难而进，不知难而进不行。就像推车上山一样，一到最后那关，有的人冲得过去，有的人就不一定能冲得过去，尽管都费了力气，都花了时间。但是要怎么样把它冲过去，要怎么想办法冲过去，就是知难而进。

另外，像年轻学生，一定要注意学风正派的问题。要做一个学风正派的榜样的人物，而不仅仅是一般的人物。一定要往这个方向努力，否则你在社会上不是利多害少，而会是另外一种情况，那就很可惜了。

我与北航

□ 熊振翔

熊振翔教授

作者简介：熊振翔，女，江西奉新人，1921年5月出生在辽宁锦州，1939年底沈阳坤光女中高中（伪满洲国最后一届）毕业，1944年6月北京私立辅仁大学数学专业毕业。毕业后在北京任高中数学教师，5年后在大连工学院（现大连理工大学）任教6年，1955年调到北航任教。历年评为先进工作者，还曾获得全国三八红旗手称号。科研中获得成果，参加了“文革”后第一次全国科技大会。恢复职称后在数理系第一个被提升为教授。由于陆续发表一系列质量较高的论文，在数理系第一个招收了研究生，又参加了教委组织的数学教授职称评审委员会。1980年曾率领代表团赴英国参加CAD学术会议，并宣读论文。其后又参加过4次国际学术会议，每次均有论文宣读。也曾邀请外国教授来我校讲学。1980年代初曾任北京市人民代表大会代表。退休后于1991年定居美国洛杉矶。

我一生执教47年（如果加上我读大学时挤出时间去做家庭教师的三年共是50年，从1941年到1991年），后面的36年都贡献在北航了。1955年我从大连工学院（今大连理工大学）调来北航，当时数学是基础课，是为航空的各专业服务的。我先教了两年高等数学（即微积分），有些专业数学要求较高，按照系里的要求，我教过微分方程、复变函数、变分法、运算微积等课程。当时我虽然只有三十多岁，

注：本文由熊振翔教授于2012年6月应北航宣传部之约写成。

但已在“老教师”的行列，因此开新课是首当其冲的。这些课是没有现成教材的，只能写讲义，写讲义的时间只能放在寒暑假。一放假我就先用一周的时间处理一下家务，例如把孩子们所需的衣服、鞋、袜都买好等等，然后就埋头写讲义。由于教学的需要，我联合杨应辰先生和丘玉圃先生翻译了一本俄文教材，译名为《复变函数与运算微积初步》。其后我又和杨应辰先生合译了一本美国的数学名作《数学物理方法Ⅱ》，前者在高等教育出版社出版，后者在科学出版社出版。

北航在不断地发展，于二十世纪七十年代和八十年代有了数理系，也招收了数学专业的学生，其后数学和物理分开各自建系，后来又有了理学院，我很欣慰北航发展的迅速。各系都在发展，急需补充师资，1956年后，好几年都没有数学专业的毕业生分配来，只好自己培养。我们曾从各系抽调一些学生来数学教研室培养，也曾试办过一期数学班（附在当时的一系），但留下来的人不多。“文革”期间，招收了一班工农兵学员来培养数学师资，当时的说法是要到数学来“掺沙子”，这个班又落到了我的头上。在教了将近一年时，学生认为理论不联系实际，这样学不行，要联系实际。怎么办？只好下厂了。数学是从来不下厂的，没有人去过工厂，很多人犹豫不决，不想去。我胆子老大，我说，走！砸了锅也只丢了我的脸，与别人无关。于是就联合了几个教师，带着一班学生去了沈阳飞机工厂。该厂不知从哪里弄到了两份国外的资料，共3张纸。其中两张是介绍三次样条函数（spline）的，厂里技术人员正想利用它来画模线，可省掉不少人力，但不知如何下手。这里需要插值、逼近、精确度等数学概念。另一张纸介绍coons曲面，是以四条曲线为边界所张成的曲面，只有一个用矩阵形式写出的很漂亮的公式，完全没有推导过程。他们说，好像是从天上掉下来的。我趁机给学生们讲解了，可利用两点间连成的曲线段，做成多点连接起来的一条光滑曲线所要用到的所有数学理论和概念。并用几何基础概念推导出了coons曲线的公式，用一个小时即讲解清楚了这个神秘的公式。这里用到了偏导数、行列式、矩阵等数学知识，我也趁机把这些教给了学生。我临时学了计算机语言和编程，上机计算

熊振翔教授（左二）与同事讨论数学工作

则交给机房，至此，学生知道了数学的应用，完满地回到了学校。

其后，我自己去了几次工厂，和厂里的技术员和工程师一同做起了飞机外形的数学模型。就在已经完成了百分之八九十之际，由于保密的原因我不能再下厂了，功亏一篑，殊为可惜！为了向工厂的技术人员传授构造曲线和曲面的知识，我联合李心灿、王日爽两位先生编写了一本较通俗易懂的教材《曲线·曲面·光顺》。其后，我立即转向了样条函数的理论研究，发表了一些论文，在我退休后把这些论文加以整理，写成了一本专著《插值多项式与插值样条》，于1995年出版。我于1981年起在数理系第一个招收了硕士研究生，直到1991年我已70岁了，退了下来。

我这一生可以说大部分的精力贡献给了北航，36年啊，不算短吧？我在北航的数学系做了三件带头的事，其一是数学联系实际带了头；其二是学术研究带了个头，促进了学术空气，感染了年轻一代；其三是培养研究生带了个头，这可以算是我对北航的一点儿贡献吧。

风雨六十载　一生北航情

□ 张锡纯

作者简介：张锡纯，北京航空航天大学副局级离休干部，前北平市城工部地下老党员，已有55年党龄。1952年北航建校开始便奋斗在科研教育的最前线，离休后的十四年里著有:《标准化系统工程》、《工程事理学发凡》、《二熵——原事理》、《靶六研制事理文集》四本书，创造性地构造了两门新兴学科——标准化系统工程和事理学；并提出一种全新的宇宙观（世界观）——二熵理论，在国家级学术研讨会和学术刊物上发表论文13篇。《二熵——既是一种完整的宇宙观，又是一种源事理》选编入《北京航空航天大学建校50周年优秀论文集》，是北航近几年所发表的50篇优秀论文之一，他的研究成果获得了航空工业部科技进步二等奖一项、学校科研成果二等奖一项，目前仍是中国标准化协会理事，中国标准化学科领域突出贡献的十大专家之一，被评为北航“十佳健康老人”“优秀共产党员”，获国务院特殊津贴。

张锡纯教授

响应号召，结缘北航

我在西南联大念了三年大学，最后一年回到清华航空系完成大学学业。1947年毕业后到北大去做了助教， 一年后又回到清华继续做助教，并在清华入了地下党，那时候我们都是单线联系，工作相当

注：本文采访时间为2012年5月24日，由北航宣传部采访录音及整理，经作者本人审定。

保密，1948年初我参加了北京解放。到1951年被派遣到哈工大学习俄文，准备接受苏联专家在航空方面的专业进修。哈工大准备留我来搞党的工作，我当了哈工大教师思想改造办公室主任。1952年八月份，从哈工大校长口中得知中央要成立航空学院，航空这方面的专家都要“归队”。

1952年9月7号，我工作到凌晨五点，完成了教师思想改造工作总结，八点钟就搭上了回北京的火车。9月8号上午到了北京。

中央把八个大学的航空系组合起来，形成了当时的航空学院。那时学院没有房子，借了东皇城根中法大学一座楼的一间房子在里面办公。至于学校将来要叫什么名字，还没有定下来。有些教师希望能够叫中央航空学院，中央这个名字听着当然好啊，但是中央没有同意，因为将来其他地方还会成立航空学院，最终命名为北京航空学院。

这个学校办在哪儿呢？后来找了一个地方，北京西北郊柏彦庄。最初到那个地方，地上全是坟堆和杂草，野兔到处蹿，一片荒凉。当时就先盖了一个主楼，再在南北各盖了两个小楼作为系楼。那么这个房子怎么盖呢？当时很多人建议，建宫殿式大屋顶主楼，但是后来预算宫殿式屋顶花费太高，便改成了小型的宫殿式屋顶。那时候生活工作很艰苦，房子没盖起来，只能住工棚，和现在条件相差特别大，没有类似于超市之类的地方，食堂都很简陋，我们教师住的楼没有厕所，晚上要上厕所还要走出屋子到野外。条件虽艰苦，但大家目标很坚定，就是一定要把航空学院建立起来，建设好。

那么我们要建立一个怎样的航空学院呢？当时的人主要是一些年轻的讲师、助教，以及一些在新中国成立前受了西方教育的教授。新中国成立一开始就和美国闹翻了，毛主席坚决以俄为师，学苏联，所以航空学院一开始就请了苏联的专家做指导，我到北航的时候苏联专家已经来了一部分。当时连清华也没有苏联专家，哈工大原来也是准备要请苏联专家发展航空系，但是后来只是办成机械系和电机系两个专业。所以我们航空学院的发展一开始便是准备要以俄为师，全盘学习苏联。

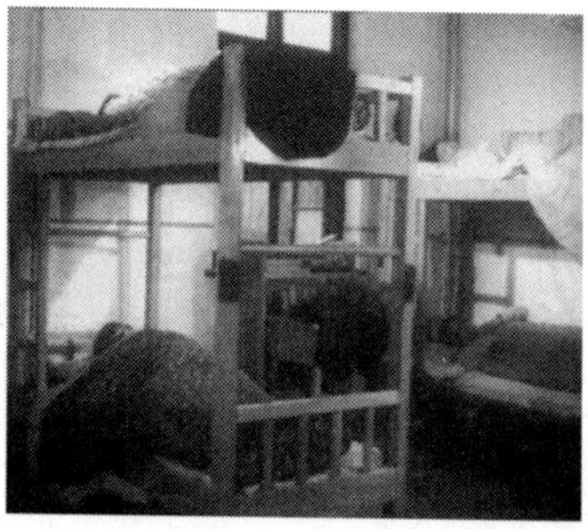
值夜班的同学在宿舍休息

“以俄为师”便是那时的口号。苏联的专家，他们不仅仅来传授技术，还做起了院长顾问，教务长顾问，这一套制度还是比较有效，因为最初的航空学院要培养怎样的人，还没有确定的方向，也没有完善的教学制度。

航空学院要想建立好，首先必须能够在教学方面培养高质量人才。所以从 1952 年到 1957 年学校全力抓教学，也的确很有效。那时成立了一个专家工作小组，负责所有的俄文翻译，我因为在哈工大学过一些俄文，当上了组长，为苏联专家们做口译和笔译。北航教务处还成立了生产实习科，因为苏联教育很看重生产实习，想让学生尽可能地到工厂去实习。当时的教育计划不是四年，而是五年四个月，一共让学生参加三种生产实习，这就要求学校和工厂有紧密的联系。我同时也兼任起生产实习科的科长。为了联系生产工厂，我不得不经常往外跑，联系工厂提供实习机会。学习苏联，我们的考试除了笔试外还有口试，同学们要排队等待口试，老师会当面提问一些专业知识，考试十分严格，难度大。

当时的学习管理制度很严格，保密工作尤其如此。到工厂实习都不允许和家里人通信，不能让一般人都知道哪里有航空工厂。在学校专门成立了“第一科”，专管保密工作。每天做的工作记录以及个人笔记资料都保管在这里，每天上班去领取资料，下班必须交还回去，保密工作做得相当好。

教师除了讲课，每周会固定一定时间，给学生答疑，中国教师则是找苏联专家答疑，于是，一些教师就想考考苏联专家到底知道多少，故意提难题刁难他们，慢慢地大家感觉到他们确实相当有水平。苏联专家给我留下的印象是做事特别细致，对我们年轻教师也特别关心。他们那时住在人大附近的宾馆里，每天都会准时到学校工作，还经常向教师问寒问暖。他们确实给北航最初的发展提供了很多帮助。

在大家的共同努力下，北航的发展确实很快，我记得沈元院长在 1956 年北航成立四周年的时候写过一首诗，中间有两句我印象特别深刻：“逐兔麦田记忆新，转眼楼观已成群”，四年的努力，航空学院终于有了一定的规模。

沈元副院长（中）和苏联专家研究建校方案

留学莫斯科，参与“北京一号”设计咨询工作

1956 年，因为国内要搞火箭导弹技术，我被派到苏联进修。我走之前，国家要制定《十二年科技规划》，作为飞机教研室副主任，我参与我们教研室计划的制定。当时提出，十二年以内，我们教研室要有自行设计飞机的能力。那时候苏联的飞机制造业非常发达，有很多著名的飞机设计局，例如“图波列夫”设计局，“雅科夫列夫”设计局等等，他们每一个设计局都有很强的技术力量，反观国内仅仅有几个飞机设计研究所，技术力量相当落后。

1958 年，北航决定自行研制“北京一号”，当时我正在莫斯科进修，徐鑫福教授通过国际长途，向我传达了这个消息。电话里他告诉我，“北京一号”的发动机有两个螺旋桨，但是怎样判断两个螺旋桨是否过期却是个难题。我挂上电话，找到原来在北航工作过几年的苏联专家 H·契霍宁请教，他建议用动平衡试验来间接验证是否过期，如果螺旋桨能够通过平衡试验，那么螺旋桨能够用，我赶紧打电话回去告诉他们这个方案，没想到就解决了这个问题。我到现在还记得，这个国际长途花了一百零七个卢布。

回想那时候的劲儿真大，现在都觉得不可思议。“北京一号”从定下方案到试飞成功刚好一百天，当时在东北试飞成功，苏联的广播电台报道了这个事情，我听到了万分激动。十二年规划里面写下的目标是十二年以内能够自行设计飞机，没想到三年不到就成功了。

此后北航投入到“北京二号”、“北京三号”的研究设计。在“北京三号”研发时，遇到一个技术性难题——飞机蒙皮部分的设计问题。当时的世界航空业都遇到了一个大问题——飞机材料的抗疲劳问题，国际上就已经有因为材料的抗疲劳强度不够而飞机失事的例子。我们学校还没有研究抗疲劳强度的专业，所以我们不知道蒙皮该设计成多厚，一旦蒙皮厚度不够，就可能发生危险，而定的太厚又会影响飞机的重量。

张锡纯教授 90 华诞祝寿会

为了解决这个问题，研究组决定求助苏联伊尔 -18 生产工厂——莫斯科 30 工厂。由于我正好在莫斯科留学，这个任务就交给了我。那时我们去莫斯科虽然已经一年多，但是还没有下过工厂，对这方

面的情况还真不知如何是好。我找到30工厂设计科科长，经过大谈中苏友好，最后拿到了舱门的设计图纸。我赶紧把图纸送到大使馆，并经内部交通渠道送回国内。“北京三号”的难题也因此解决。

“北京三号”的设计方案确定后，北航和南航共同组织了高教代表团，访问莫斯科，咨询苏联设计局，对“北京三号”的设计图纸进行审查。咨询会在雅科夫列夫设计局举行，我以翻译的身份参加了咨询会。设计局的专家们事先详细审查了图纸，这次见面会宣布结论，认为方案是可行的，并加以鼓励。会议期间，我有幸见到雅克设计局总设计师——雅科夫列夫。在和他的聊天中，他向我讲到怎样当好一名总设计师，他说总设计师不仅仅需要一流的技术，更需要组织统帅能力。首先要把一帮人团结起来，要在他们感觉困难时鼓舞他们的斗志，在他们取得成绩骄傲的时候给他们提醒。这给我留下很深的印象。

谈北航发展，寄语学子

2002年，建校五十周年的时候，我就建议学校希望能够好好总结过去的经验教训，通过总结来提高。要实事求是看待过去的功与过，吸收优点，改正缺点，在认识过去的基础上提高，人类就是在不断总结经验教训的基础上演进的。北航在五六十年代研制了很多型号，还仿制过美国的高空无人驾驶飞机，涡轮喷气发动机那么难做的东西都做出来了。无人机在越南战场上还立过二等功，这都是北航自力更生的结果，当时还推行“教学—科研—生产”三结合，这些经验都值得好好总结。今后的发展，自力更生的口号也是一定不能丢的。他人的力量可以借助，但是自己的能力必须重视起来，要靠自己。

另外，一个学校的发展要重视实践，实事求是地搞科研搞教育，实事求是是办一个高质量的学校的前提。老中青三代的结合也很重要，虽然我们老年人退休了，我们也在不断学习提高自己，在北航待了几十年，对学校有很深的感情，我们都希望为她的发展做出贡献，希望看到她越办越好。

张锡纯教授与年轻学子

我对年轻人也抱很大希望，高等学校的教育不光眼盯科技，不仅仅是教给学生科学技术，培养学生就是要培养人，培养成顶天立地有高尚人格的人。年轻人，除了要解决衣食住行的问题，还要有理想，等到了像我这个年纪的时候，实事求是地回顾自己一辈子到底做了什么，才能觉得这辈子过得有意义，没有白活。

第二，不管社会怎样，年轻人要有自己的价值观，做什么事都要对得起自己，实事求是，也就是是要看清世界，有自己的判断，千万不能人云亦云。我在事理学里面就说到，你必须懂得信息的真假，我们所看到的世界叫做“显世界”，但是这个世界不全是真实的世界，还有一个“隐世界”，“隐世界”才是真实的世界，事物发展都是以“隐世界”这个真实的世界为依托的，做学问要弄清“隐世界”。事理学里面有一个新的词语 ：“思奴”——思想上的奴隶，有很多问题不是一下子能够看清楚的，但是不能盲目地相信，要经过自己的思考判断，再下结论，决不能在思想上就当了奴隶。年轻人就应该对信息有正确的辨别和独立的判断，才会形成一个良好的世界观，才能抓住事物变化的规律。

我在北航的六十年

□ 曹传钧

作者简介：曹传钧，原北京航空航天大学（原北京航空学院）校长，火箭发动机专家、航空航天教育家，福建福州人。1945年毕业于西南联合大学航空系。1959年进入苏联莫斯科航空学院学习，1960年回国。曾任清华大学助教、讲师。1952年后，历任北京航空学院讲师、副教授、教授、系主任、教务长、副院长、院长。1988年后，担任北京航空航天大学学术委员会主任，校科协主席等技术职务。曾任中国航空学会第二、三届副理事长，中国航空学会动力分会主任，《航空动力学报》主编，国务院学位委员会第一、二届学科评议组成员，对航空发动机和火箭发动机研究较深。他是中国涡轮喷气发动机和液体火箭发动机教育事业的开拓者之一。1957年作为火箭发动机的总设计师参与筹建了中国第一个液体火箭发动机专业，1958年主持研制并发射成功中国第一枚高空探测火箭“北京二号”。“文化大革命”后，在担任北京航空学院领导职务期间，他一直致力于学校的拨乱反正，恢复正常教学秩序和教学改革工作，在扩大专业面向、提高办学层次、加强“以工为主，理、工、文、管相结合”的专业建设、大力发展科学研究工作、开展对外交流等方面取得了显著的成效，学校的人才培养质量和科研水平有了很大的提高。

曹传钧教授

注：本文采访时间为2012年5月8日，由北航宣传部采访录音及整理，经作者本人审定。原载《北航校报》2012年6月1日第847期。

初建北航："五年工夫完成教学任务"

1952 年我从清华来到北航，今年整整六十年了，我自己对在北航经历的六十年还是有很多感慨的，六十年来我主要的工作都是在这里。

北航在 1952 年建校一开始，八个院校里面的航空系整体合并到北航，总共一百多名教师也都调来了，还有从老解放区来的一些干部，一起组成了北京航空学院。当时有几个教授是中国航空界不同领域的主要学者，从专业课的教师这方面来讲，实力还是比较强的。作为国家第一个航空学院，国家非常重视，给予很强的支持，当时国家只有十几个重点大学，北航就是其中之一，而且北航一下子请来了九位苏联专家。这九位苏联专家包括院长顾问、教务长顾问，还有各个专业课和主要专业基础课的导师。

从 1952 年到 1957 年，北航用了五年的工夫，在苏联专家的帮助下，按照苏联的教学模式从头到尾把整个教学任务进行了一遍，并根据中国的国情做了一些修改。苏联的教学模式跟以前清华航空系的教学模式有什么区别呢？简单地说，清华的教学计划基本上是仿照美国麻省理工大学的航空系，而北航从 1952 年开始，基本仿照莫斯科航空学院的教学计划。这两份教学计划有很大的区别，英美国家的工程教育注重一些专业基础的东西，而苏联的教育计划中专业课就很多，专业分的也比较细，实践环节也很多，比如平时的课程设计和最后的毕业设计，以及三次工厂实习。苏联教学模式的培养目标是工程师，就是学生学完之后就可以马上去工作，成为专业的工程师。在这种情况下，第一批学生从 1952 年进校到 1957 年毕业（当时北航的学制为五年制），基本掌握了所有课程，教师也基本上掌握了新的教学环节并根据课程编写了教材。

师生在做实验

科研成就："我们要造探空火箭——北京二号"

因为大学里面教师水平的提高，主要靠的是科学研究，所以当时教师基本上在掌握教学环节以后，学校就开始抓科学研究工作了。特别是 1958 年，党和政府号召工业、农业各方面都要大跃进，在这种气氛下，我们学校首先是飞机系的师生提出来“要自己制造飞机”，后来造出来了“北京一号”，是一个小型的旅客机。还有一件事情就是我们国家在1956年做了一个12年的关于科学技术发展的规划，由于苏联1957年成功发射了人造地球卫星，对全世界都有很大的影响，所以我们国家也要迅速发展航天事业，要发展火箭。所以在这种氛围下，我们学校在1957年设立了两个专业，一个是火箭导弹专业，一个是火箭发动机专业，当时就把我调到了火箭发动机专业的教研室当主任。

那个时候火箭系刚刚成立，但当我们大家听说了飞机系要造飞机之后，就提出来“我们要造探空火箭”。因为探空火箭实际上是火箭中比较简单的一种，后来我们就设计了“北京二号”。我在“北京二号”火箭发动机设计工作中投入了很大的精力。当时做这些飞机、火箭时，整个学校都处在一种日夜奋战的氛围中，除了教师们，当时四、五年级的学生也纷纷参与其中，这些学生都是正在学习专业课或者专业课、基础课学得差不多了，就动手参加这些科研试制的工作。当时我们火箭系因为刚刚成立，我们的实验室还没有建好，而为了造出火箭发动机，必须要有实验。所以当时的教师一方面要带着同学一起设计实验设备，另一方面还要设计火箭和火箭发动机，工作量是非常大的，可以说是日夜奋战，克服了很多困难。后来到了1958年的9月份，“北京二号”在吉林白城子进行了发射试验，成功了，这是我们国家也是全亚洲发射成功的第一枚现代火箭。到1958年国庆节以前，学校的这些项目中能够试飞成功、发射成功的有三个，包括“北京一号”、“北京二号”以及“北京五号”，这是当时北航在科学研究方面取得的成绩。

1958年年底，北航在国防部举行了一个展览，这些科学研究的成就都摆了出来。这个展览，周恩来总理看过，当时的国防部长彭德怀看过，我们国家的十个元帅中有八个都看过，而且还亲自在那里题词签字，给予了很高的赞扬。北航在1958年到1960年这两年多总共十个型号的科研试制工作总结起来的话，对学校里教师的成长，对学生的培养，以及新专业的建设起了很大的作用。大批毕业生出去以后，

“北京二号”发射现场

非常受工作单位的欢迎。从全国范围来看 1958 年发动的“大跃进”，今天的评价是给全民的“灾难”大于“成就”。但客观地说，北航的情况是例外的，因为北航当时没有让一个学生一个教师去大炼钢铁或是除四害打麻雀，用当时武光院长的话说，“北航要争的是一面教学科研的红旗”。从此北航一直保持着武光院长提出的“勇于创新，敢为人先”的传统。

改革发展：“以教学改革为中心的全面改革”

后来到了“文化大革命”期间，北航和全国的大学差不多，都饱受灾害，火箭系则受到了更大的损失。因为在 1970 年，北航由原来的国防科委领导改为三机部（即航空工业部）领导，它不需要弹道式导弹专业的人才，所以火箭系里头两个最大的专业教研室被撤销了，一个是 601 教研室，另一个是 603 教研室，另外，还有一个液体火箭发动机研究室被调走并入湖南的 608 研究所（一个航空发动机研究所），这三个单位的教师完全改行。文化大革命刚刚过去的时候，北航就调我到院里头当教务长，1980 年又担任了副院长，1982 年我就开始担任院长，一共担任了 6 年的院长，一直到 1988 年。1988 年的时候，国家把航空部、航天部合并，成立了一个航空航天部。这个部一成立，我们就马上申请将“北京航空学院”改名为“北京航空航天大学”，紧接着，我们又恢复了 601 和 603 这两个教研室，后来在火箭系的基础上又组建了宇航学院。我们学校那时候还没有学院呢，宇航学院是第一个成立的学院，目的就是想让我们学校在宇航的这一方面赶紧恢复并能进一步发展壮大起来。

1995 年为北京国际系统仿真技术展览会开幕剪彩

“文化大革命”过去以后，我们先抓紧恢复教学秩序，之后启动了一系列的以教学改革为中心的全面改革。首先，我们在改革中做的很重要的一件事情就是开办新的专业。因为在十年文化大革命中，大量的教师在知识储备方面存在空白，不了解国外最新的科技成果。我们北航就顺应需求，开办了一些新的专业，努力实现教学内容的更新，并放宽专业方向。另外就是提高培养的层次，扩大招收研究生。北航的研究生教育一直走在前列，1983 年就获批准成立研究生院，

1995 年北航博士学位论文答辩会

是经过教育部批准的、全国最先成立的十三个研究生院之一，当时我担任了研究生院的院长。除此之外，我们还放宽了我们培养的面向，不光是注重培养青年学生，于是在 1986 年成立了继续教育学院。

为了夺回“文化大革命”十年里丢失的时间，我们要大力培养教师。而培养教师很重要一点就是要尽量多送教师出国去学习，适应改革开放。因为老师们主要去英美国家进行学习，主要用的是英文，这就存在一个问题：有许多年轻教师业务上不错，但是英文不行，根本不能出国。于是当时我们就组织了全校的中青年教师的英语提高班。后来教育部办了一个外语考试，要求出国进修的教师都必须通过考试才有资格出国，北航在那次英语考试里一下子就有七十多个人合格了。我们用短短几年的工夫就送出去了大量教师出国进修，这些教师从国外回来之后，都成为了学校教学科研的骨干，比如北航的前任校长李未院士，就是我们很早送到英国去进修，拿了博士学位之后回来的。当时在附近高校中，北航教师的出国人数是要高于兄弟院校的。当然，提高教师的业务水平，根本途径是科学研究。科研工作是很重要的，有的飞机的试制在“文革”期间也没有中断，“文革”后更是推动了许多领域更为全面的科研工作。

1982 年在麻省理工大学参观发动机实验室

在教学方法上我们也做出了改革，主要是大力培养学生的自学能力，减少讲课时数，提倡启发式教学。我提倡的教学方法，概括起来就是“讲一、练二、考三”。“讲一”就是说，教师的在教学的时候只讲出教材上全部内容的三分之一，而并不是说教材里头什么东西都讲，只要讲出最核心的内容就可以了。课后要留下的习题就是“练二”，学生要是想把练习题做出来的话，自己还得要去多看三分之一的内容，加深对知识的理解。“考三”就是考试的时候是考百分之百的教学内容，教材上剩下的三分之一内容还得靠学生的自学。这其实就是一种“启发式教育”，我们主要讲授一些学习的方法，而学习的内容则靠学生们自己去吸收，这就是我们教学改革的精神，后来北京市教委还对北航的这种教学方法进行了推广。

1987 年在巴黎航展

1992 年北航四十周年校庆的时候，当时航空航天部部长林宗棠曾说：“如果没有北航，就不会有新中国的航空工业。”九十年代初

1991 年在莫航宇航系陈列室登月舱

航天的人事部门给了我们学校一个统计数字，在航天部门里面主任工程师以上级别的人员中，北航毕业生的比例是最高的。能够输送出来这么有能力的学生，那就是我们最大的安慰。

未来期冀："坚持优良传统，争取国际一流"

北航在这六十年里面形成了自身的优良传统，这种传统可以用16个字概括——"艰苦朴素、勤奋好学、全面发展、勇于创新"。这是1962年北航十周年校庆的时候，武光院长总结出来的，现在一进到学校的东门就能看到台底下写的这16个字。艰苦朴素，是我们任何时候都需要的精神，特别是原来北航刚建校时这种精神体现在方方面面，是很明显的。勤奋好学，我们北航的学生都是十分用功勤奋的。记得50年代初期的时候，学院路远远没有现在这么热闹，没有多少汽车，人们出去都是骑自行车，公共汽车也都很少，晚上的路灯也不太亮。可是晚上从学院路走过去的话，就能看到北航主楼那一片教室里面的日光灯都是亮的，学生都在教室里头看书自习。有的学生熄灯之后还跑到路灯底下看书，有的学生还自己买蜡烛看书，十分用功。"勇于创新"的精神，就是不故步自封，勤于攀登，重视科研，这个传统一直在我们北航流传。甚至到了"文化大革命"的时候，那些课都不能继续上的时候，有很多教师还是继续搞科研，这种勇于创新的过程是很值得回忆的。

参观航天城

如今北航已经建校60年了，我还是希望我们永远要坚持那16个字，要坚持学校的优良传统，要在培养人才和科学研究两大任务上勇于创新。以前邓小平提出过一个口号，说是大学应当办成"两个中心"，既是教育中心，又是科研中心，他鼓励大学要往这两方面不断迈进。而北航在"文革"以后的教学和科研工作一直发展得很好，就是要争取早日能够成为"航空航天领域的教育中心和科研中心"。当前北航有坚强有力的领导，有勤奋努力的教职员工，所以这几年的科研成果已经达到了全国一流水平，连续几年获得了国家科学技术进步奖和国家发明奖的一等奖，现在要进一步争取到国际一流，我觉得只要肯努力就是有希望的。

1987年在塞纳河游船上

六十二年师生情

□ 高镇同

作者简介：高镇同，1928出生，结构疲劳专家。北京航空航天大学教授，1991年当选中国科学院院士。他40余年来从事结构疲劳和可靠性研究。在国内外发表论文80余篇，主编6部专著。科研成果4项分别获国家科技进步一等奖、二等奖、三等奖；1项获国家自然科学三等奖；9项获部级奖励。培养了40余名研究生，其中多名已晋升为教授、博士生导师。三名学生当选院士。1989年获国家优秀教学成果奖，并获“全国教育系统劳动模范称号”。他提出了中国专有的飞机结构寿命预测理论，与厂、所合作建成结构寿命可靠性评定的专家系统。他创立了“疲劳统计学”分支学科。提出了一系列疲劳性能测试方法，优于国际上通用方法，已列为航空工业标准（HB/Z 112—86）。

高镇同院士

一份保存了46年的试卷

我1950年大学毕业以后，一直就在学校工作，将近62年，我和家里人相处的时间，远不如我和学生们在一起的时间多。所以我就把我所接触到的学生都当做家人一样看待，不是一家人，胜似一家人。因为我和学生亲近无间，所以学生们生活当中点滴的进步啊、成绩啊，一些建树啊，我都有机会作为珍藏品收藏。在这几十年当中，家

注：本文采访时间为2012年3月14日，由北航宣传部采访录音及整理，经作者本人审定。原载《北航校报》2012年4月11日第842期。

里面的东西，由于种种原因，好多都失散了，但是我还保存着很多学生的来信。其中我最宝贵的一个收藏品，就是46年前的一份学生考卷——徐家进在1966年的《关于能量法的总结》的试卷。我为什么保存这份考卷呢？因为我觉得他这份考卷答得非常好，有独到见解，他这里面有很多观点，都超出我的想象范围，有一定的创意，所以我就给了他100分。去年他见到了这份考卷，感慨万千，难以言表。毕业后，不出我所料，他曾在《中国科学》、《物理学报》、美国PHYSICAL REVIEW、PHYSICAL REVIEW LETTERS发表了不少有价值的论文。

陶宝祺院士也是我的学生，当年我给他们上课的时候，突然昏厥了，他把我扶到房间，我一直对他记忆犹新。他搞的研究是智能材料，他早逝，我很伤心，专门写了一首诗缅怀他：

智能材料谱新章，发愤图强意志昂；
壮志未酬寿运短，浩然正气流芳长。

我还有一个在美国克莱斯勒汽车公司工作的学生叫凌静，他在1993年刚到美国亚利桑那大学的时候给我来了封信，说“以前不太清楚什么是国际先进水平，现在才知道，您那里的研究很多都是国际领先水平的，我来到美国后，把您那里的工作介绍给Kececioglu教授，他很欣赏，因此对我也比较好”。

我还有一封信是我的学生杨嘉陵刚去英国的时候给我写的，信里说到达英国的时间虽然不长，但已经坚定了将事业放回国内的决心，因为在中国心里很充实，有事业、有希望，能感觉一种向上的推力。信里有一种爱国的思想，写得非常好。我常对学生们说，你们现在努力学习，将来能够出国更好，你出国是为了回国，回国你才能报国，所以他们也有这种报国的思想。

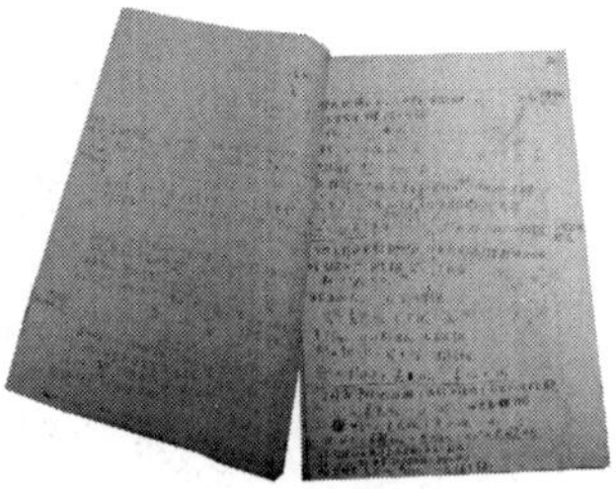

徐家进1966年《关于能量法的总结》试卷

我的奋斗目标就是努力使学生超过自己，在我的学生当中，有不少是很有成就的。比如朱开轩、钟群鹏、王浚、傅惠民、杨嘉陵、费斌军、卢子兴等，过去或现在都为北航的发展建功立业。所以我想到有这么多好学生，我也感到非常欣慰。我保存46年的这份徐家进的试卷不是偶然的，当时确实是把它作为一个珍品收藏。“文革”期间，颠沛流离，夫人从苏联带回来的照相机都失落了，还有很多贵重的东西，也没有找回来。惟独这份试卷，还有很多学生的信件、论文等我都保存了下来。虽然我已经年纪很大了，但是有时候我还是拿起这份试卷和一些来信翻阅翻阅。这就是我的爱好吧，也是我的一个精神享受。我没有其他的收藏品，这就是我最好的收藏品。

一间8平方米的小屋

很多人说我住的房子太小太旧，后来学校调房让我住院士楼。因为我觉得子女不在身边，老两口已经足够住了，以前我还住过更小的房子：8平方米、12平方米，房子虽然很小，但给我留下了非常美好、温馨的回忆。特别是那间8平方米的小屋，就在这个小屋里我培养了30多名研究生，这间小屋也给我的学生们留下了非常难忘的回忆。甚至有好多学生作文描述写这间小屋。

这间8平方米的小屋当年就在南南小的18号楼。南南小的楼都是一大一小两个房间，大的15平方米，小的8平方米。这间8平方米的小屋只能放下一张床，但同学们都挺喜欢这个小屋，因为我睡在这个小屋里面，工作也在这个小屋里面，甚至那会儿上课教室不好找，我给研究生上课，也在这个小屋里。我的研究生就坐在小板凳上听课、讨论问题。王中、傅惠民等都是从这个小屋里面出来的，他们对这个小屋特别有印象。傅惠民还专门写了一篇《老师的小屋》的文章，说的就是这间8平方米的小屋。王中也在文章里写过这间小屋，写在深夜里做学术研究和讨论问题。

再有就是张福泽院士，他也写文回忆过这个小屋，他也算是我一个学生，虽然我没有教过他，但他毕业以后我一直带着他搞研究。他就把我当做老师，常来找我看我。

记得有一次，应该已经是很多年前了，他从南苑来我家请教疲劳分散系数问题。中午12点的时候我本来想留他在我家吃饭，但当时家里面太挤了，也没有什么好吃的，所以得知他去学校食堂吃饭后，我就专门给他做了个菜送过去。我觉得他住在南苑，那会儿交通很不方便，来一趟差不多要 2 个小时，要倒很多次车，走很长的路，来一趟很不容易，后来他也在文章里回忆了这件事。记得他当时说："你住这么个小屋？"我说："你别看不起我这个小屋，我这个小屋培养了 30 多名研究生呢。"

两包奶粉开始慈善捐款

上个世纪 80 年代末，有一名叫王洋的学生引起了我的注意，我总是看到他面色苍白，一副营养不良的样子，正好是考试，我赶紧去给他买了两袋奶粉。在那个时期，奶粉还是很贵重的东西，他工作之后还专门找到我，送了我一块手表，表示谢意，那都已经过了 20 年了。

也就是从那个时候开始，我大量地资助学生，给学生奖学金，学习好的就给他。我有一部很厚的记录名册，不是收据，只是作为一个备忘录。这次给了这个学生，下一次给别的学生，照顾一下，均匀分配，因为同时带着很多学生。

80 年代末期我主要是资助学生，以后扩大在社会上捐款。我没有高消费的项目，孩子们也都能自食其力，所以我和夫人商量就把积蓄捐给社会。

在我捐款过程当中，也不是那么容易，先不说钱怎么交到慈善机构的手里。你说拿十万块钱，这东西不是小数，万一让人抢了，怎么办？谈谈两个主要问题，一个问题就是，有人说：高先生，您这些钱，能不能到贫困人的手里？挪作它用了你怎么办？这个问题问得我比较尴尬。之后我就特别关注这个问题，找到中华慈善总会，我说我捐的钱怎么花的，请你给我一个解释。所以 2007 年春节前夕，中华慈善总会给我几份花名册，说我的钱一共资助了 896 个贫困户，全部都按了手印。有这些东西我就放心了，当有人问我的时候，我有这个资料，谁都可以看。我还有资助贫困户的照片，没事的时候我也翻一翻。有一年我曾给北京市慈善协会捐了 6 万，协会的会长亲自来我家讲他们怎么把这个钱交到贫困人家手里，可见北京市慈善协会挺负责的，我很放心。

2011 年高镇同院士荣获"首都道德模范"称号，图为学生们向他鞠躬致敬

第二个问题是，更多的人说你这点钱管用吗？能解决什么问题？我又找到中华慈善总会，慈善总会有一位叫张昕的负责人给我写了一封信，她说我有一次在春节前夕捐了5万块钱，您捐的5万元，发放了20个乡镇，250户受益，每户有200元钱，就能够过一个好的春节，您也一定非常欣慰。所以钱虽然少，但是能解决燃眉之急。我很高兴，随笔写下“点滴甘泉，积微成著，涓涓溪流，润泽四方”。

做善事有很大的感染力，能感染一些人来跟我共同去做，虽然我个人力量有限，但是能感染到别人，特别是我有一个有利条件就是我的学生比较多，研究生有40多名，本科生更多了，包括各种学习班的工人、工农兵学员、电视大学的，总计上千人。我有个叫陈耀明的学生，成了企业家，2000年他和我商量怎么资助学生，后来他拿出10万元在江西宜春陆豪外国语学校设立了院士奖学金。实际上我总计捐款有收据的70多万，加上外国语学校的共有80多万，还有一些没有收据的。

另外一个是我的学生王贵宝，我都忘记了，他没有忘掉我。他是一位军官，他说我感染到他了，他没有多少钱，但是他还是力所能及地帮助北航的同学，在北航机械学院设立了“贵宝330731班奖学金”。

所以慈善文化感染力是无限的，勿以善小而不为，不要以为这件好事情太小不值得做就不做了。

一本英文的双语教学讲稿

刚过去的3月5日是学雷锋活动日，我回想起1963年毛主席题词“向雷锋同志学习”。我对雷锋精神体会较深的是“爱岗敬业，助人为乐”，雷锋要作一个永不生锈的螺丝钉，螺丝钉虽小，但它是伟大工程的组成部分。学习雷锋精神、发扬雷锋精神是构建和谐社会的无限动力。

为人民服务就是从做好点滴的本职工作开始，持之以恒，永不懈怠。过去我学习雷锋精神，现在代表我行动交出的一份答卷是我在20多年前讲授《材料力学》时的双语教学讲稿，一共167页。这个

1982年高镇同教授（左三）在青岛某部队负责制定水上飞机延寿工作方案，图为与工作人员合影

讲稿是 1986 年到 1987 年的，因为这个课程是一年的课程，两个学期。讲稿全是用英文写的。当时讲稿上的一些图形都是我徒手画的，特别是还有一些曲面，学生看到说挺认真的。我就是靠着直尺、圆规画的，别的都没有了。

上次中国科学院院士工作局的同志到我家里，说要建立一个院士文库。有一些东西，我给他们看了，他们也拿走了。但最感兴趣的就是这份 20 多年前的《材料力学》英文双语教学讲稿，一笔一画像印刷体，他说老师讲课这么认真太不容易了。我当时备课确实很认真，虽然这门课程我已经讲了不知道多少遍，我从 1952 年开始就在材料力学教研室，工作好几十年，课程内容都很熟悉了，但我每次备课还是要花很多时间。早在 20 世纪 60 年代初，《光明日报》就介绍过我的教学成果和经验，其实，不外乎就是认真备课。

我拿这个讲稿作为身体力行教育学生，我说你看我讲课这么认真，对你们负责，你们也得对我负责，你们也要这么做，所以我的学生作业都特别工整。我想教育学生认真地学习，老师就要认真地备课。言教不如身教，所以当有的同学看到我的讲稿以后，他们颇受感动。这也是我跟学生建立互动感情的纽带，跟他们的感情变得比较深厚。

我曾经写过一首诗：“中华学子盛世行，报国图强创时空；辅佐黎庶兴基业，绚丽多彩慰生平。”我觉得现在同学们生活在这么一个好的时代，有这么好的学习环境，祝愿同学们都能够学有成就，报效祖国，这是我寄予同学们的一个期望。

高镇同院士和学生们在一起

高镇同院士和同事们

六十年“北航情结”的片断回忆

□ 刁正邦

作者简介：刁正邦，教授，原北京航空航天大学（原北京航空学院）副校长，中共党员，中国高等教育研究员。1948年9月在上海交通大学机械系上学期间参加学生运动，为新青联成员；1952年7月大学毕业，参加北京航空学院建院工作；1956年起，曾先后任北京航空学院发动机系副主任、主任，科研处副处长、副院长，北京航空航天大学副校长。兼任中国高等教育协会、中国航空协会、中国继续教育工程学会理事；中国航空教育学会、北京高等教育学会副会长；北京航空航天学会理事长等职。长期从事高等教育管理研究工作，曾在莫斯科中苏高等教育改革研讨会和香港国际产学研合作教育研讨会上作专题发言。组织编写《北京航空航天大学校史》、《北京航空航天大学校志》，主编《航空工业高等教育史》，参与编写《北京高等教育志》等。为高等教育管理研究及北航的建设做出了积极的贡献；1992年起享受国务院颁发的特殊津贴；1994年9月，被中国高等教育学会评为优秀高教学会工作者。1995年离休。2010年10月15日，北航离退休教职工委员会授予“道德模范”称号。

刁正邦教授

注：本文采访时间为2012年3月，由北航宣传部采访录音及整理，经作者本人审定。原载《北航校报》2012年5月11日第845期。

初进北航

1952年我从上海交大毕业，当时大学生毕业离校之前就由国家分配工作，去哪里，做什么，都由国家决定。我被分配到沈阳参加工厂工作。那时候也没什么牵挂，一个人收拾些行李就走了。在沈阳住了三天，国家第二次分配的结果宣布，分配我到北京航空工业局去工作。我挺高兴，当时我特别向往北京，北京大啊，还是首都，政治和文化的中心。到了航空工业局之后，我的第一个任务是参加突击学习俄文。学了三个月之后，第三次分配结果又下来了，分配到北京航空学院参加建校工作。辗转三次分配之后，才正式到北航筹建处报到当助教。

1952 年 10 月 25 日我参加了在中法大学大礼堂举行的北京航空学院成立大会，北航是一所由 8 个高校航空系合并组成的中国第一所航空高等学府，北航诞生了，我会永远记住这难忘的日子。

北航给我的第一个印象是看不到校舍和校牌。北航初建时的特点是“分散、借居”办学，当时借了 2 个办学点，一个是东皇城根中法大学教学楼，另一个是西郊车道沟华北大学教学楼，进行教学和办公活动，城里还租了 7 个教工家属宿舍点。

建校初期在此学习——东皇城根原京工校址（原中法大学校址，现为北京市文物保护单位）

第一届在职研究生，当时刚成立新学院，师资特别缺乏，要采取多种方式培养师资。学校除了有 156 个教师外还有 26 个助教，为了首先要培养好现有的我们这批 26 个助教，就成立了第一届带职研究生班，学习两年，结业之后就要作为专业课教师开始讲课。我们因为是助教待遇，因此这批研究生都是拿工资的，不拿助学金。1952 年 11 月 9 日研究生班开始上课，第一年学基础课，记得当时有一位教俄语的佘名淑老师，她是位年轻女教师，我们都叫她“卓娅”，现在她还健在，和我们至今还很亲切。第二年的后半年不写论文，而是要写一部教材或者讲义，作为研究生结业作业。当时给我们上课的苏联专家们都很忙，他们既要搞研究，又要搞教学，所以我们那两年基本上相当于自学，苏联专家给我们指导和答疑，最后写出教材和讲义，教研室讨论通过，研究生就结业了，年轻教师就这样“速成”培养出来了。当时老师让我阅读一本机械制造工厂设计的俄文书，是有关工厂组成面积多少，设备多少，人员多少，工艺流程是什么等等的书。书很厚，要自学，还要翻译，自己感觉很困难，但还是要硬着头皮上，死啃这本书。我当时最大的困难是要凭着三个月突击的俄文水平来翻译和写出“航空发动机工厂设计”的讲义，压力真是很大。最后还是咬咬牙，坚持写成了，现在想想还真是挺不容易的。

难忘的亮果厂生活

当时学院一共有156位老师，很多教授都是从海外归来的，留苏的，留美的，留法的，留德的，留意的……，其他部分是从全国八大高校的航空院系合并抽调过来的。还有一批苏联的专家，前前后后来了一共60位，当时的北航，真的可谓是四海内外群英荟萃。可以看出国家对于北航是很看重的，有很高的期望。当时办学的条件很艰苦，但是我们都能坚持。没有教学楼，我们就在各个大学借教室上课，宿舍楼没建好，学校就租民宅，借四合院。在教师到位之后，我们住的地方也基本定下来了，就是中法大学旁边的亮果厂胡同里面的一个四合院。现在想想当时也挺有意思的，我从来没有住过北京的四合院，刚开始住的时候感觉很新奇，而且每天早饭都是北京的豆汁，焦圈，外加一个鸡蛋，生活一下子全变成北京味了，挺有意思。我们吃饭的时候就拿两个碗，一个盛菜，一个盛饭，没有食堂，坐在露天的大礼堂台阶上就这么吃了，虽然很艰苦，但是也挺高兴。我们每周六晚上还开联欢会，内容有舞蹈节目或跳交谊舞，没有地方开啊，就只能在宿舍走廊里，没有什么设备，就是一群小伙子聚在一起。我记得我们班上没女生，表演舞蹈节目需要女同志时，就有男生男扮女装来跳，就是舞会大家也跳得兴高采烈。当时还有一个顺口溜：“上课进工棚，吃饭坐石阶，跳舞在走廊”。现在回忆起这一段生活也很难忘。

发动机工艺研究生于系楼前合影

“奋战100天，把三个型号送上天”

1958年，国家进入了大跃进时期，全国上下鼓足干劲，力争上游。北航也不例外，想做出些成绩给国庆献礼。学校当时主要抓11个型号研制，重点是：第一个型号“北京一号”，第二个型号“探空火箭”，第三个型号“伊尔18飞机无人驾驶系统”。武光院长提出了一个口号：“奋战100天，把三个型号送上天！”向国庆献礼。这号召一下来大家就紧张了，主要是时间紧，只有短短的三个月左右，眨眼就过去的，

1953年，沈元副院长、张应先秘书、佘名淑俄语老师和部分研究生游颐和园合影

那时候大家的想法很单纯，就是一定要在100天之内把“北京一号”送上天，给国庆献礼。我们制造“北京一号”的地方总装在体育馆，部装和零件制造在陈列室和实验室。老师和同学们干劲十足，白天拼命学，晚上拼命干，晚上不睡觉去加班是经常的事。那个时候有很多年轻老师通宵都不休息，做到晚上11点以后，吃一碗热面条，然后继续干。那段时间人们见面打招呼，说的都是“你做几号工作？”答曰：“X号，你呢？……”可见大家投入到什么程度。这里还有一个景点：那时候我去市里开会，晚上骑自行车回来，一拐到学院路口，看到北航整栋楼里灯火通明，楼周围都是荒地，远远看去就像一座水晶宫。久而久之，附近的农民也不叫北航楼了，就叫它“水晶宫”。

当时不像现在有数控机床、数字化设备，几乎图纸出来零件就能出来，许多地方都需要自己动手去做。有好多老教师、教授亲自去厂房里打钣金。现在想想真不容易，教授们都很忙，年龄也大了，还得自己动手。有些特别复杂的零件还经常会作废，就需要重做。我们还到航空厂借了一批老工人，共13人，技术都是很好的。飞机上的焊接极难弄，都是铝合金，但是他们都焊出来了；起落架作动筒内孔要求很高，像镜面一样，但他们都做出来了，他们没有丝毫的懈怠，都是认认真真一丝不苟完成的，真的是很不容易，十分令人难忘，记得当时工厂来人看北航最后做出来的产品都赞叹不已。

“北京一号”装配车间一角

“北京一号”最后试飞的时候来了许多人，其中还有些苏联人。他们对我们能把飞机造出来感到很怀疑，难度太大了。但是真正看了飞机之后，都服了，说想不到在北航的实验室里面也能造出一架飞机，敢为人先呀！这就是北航精神的一种体现。我们做的不仅是中国高校的第一架飞机，也是亚洲地区高等学校的第一架。飞机去北京东郊机场试飞。那场景让我终生难忘，飞机从北京到济南，再飞回来。北航许多人都去了，伸着脖子眼睛都不眨地在那里看飞机飞出去飞回来。飞机要降落的时候大家都兴奋到了极点，我记得特别清楚，有一些年轻女老师，在前面又唱又跳的。其中有几个女同志现在已是老太太了，还健在，每当见到她们，聊起此事，我问她们“你们忘了吗？”她们都说“没忘，现在都还记得清清楚楚呢”。

忆“沈、王”两位老教授

在北航工作期间，有两位老教授我忘不了。一位是沈元教授，他是英国留学回来的，是北航第一位科学院院士、学部委员，后来担任了很长时间北航的院长。沈院长是当时最年轻的院领导，当副院长的时候还不到30岁，是一位博学的优秀人才，尤其是他的办学思想和办学经验。他认为一所高等工程教育学校，要自己能设计研制各种符合学校教学和科研工作的、有特色的自制设备，那才是自己水平和特色的表现，有竞争力的表现，这种特色是买不到的。我很敬佩他，也非常赞同他的观点。现在北航已经有很多自己研制出来的实验设备，这点很好，但还不够。

第二个难忘的老师是王绍增教授，以前发动机系的主任，我是副主任，做他的助手。这位老教授在法国航空发动机工厂工作多年后才回来的，回来之后他就在北航工作。他很重视抓实验室建设，我们航空学院的实验室，不少是他亲手抓起来的。他工作非常认真，对实验室设备和工作情况都要了解得清清楚楚，一有空就问老工人和实验室工作人员，“工作怎么样了？”每一个工人与实验室里面的工作人员都能记住哪个设备是王主任亲自抓的。我后来在院科研处工作时，他还老问我：“我抓过的那个实验室现在怎么样了？”他真的是非常关心，工作非常负责。王主任抓实验室，还有一个特点就是老东西都不愿意丢掉。现在北航有好多古董飞机和发动机，有的全世界就剩下一台了，多少钱都买不到，但是北航有，这些东西很好地记载了我们历史的变迁和学科发展的过程。

1991年，作为中国高教代表团成员参加中苏高等教育改革研讨会，摄于克里姆林宫内，后为议会大厦

每天早上他到系最早，然后打扫系楼卫生，扫地，刷门口的水泥地。我到现在对一个画面仍然记得特别清楚：一个老头站在我们系楼门前的台阶上，一手拿着毛巾擦汗，一手拿着扫把，旁边是干干净净的系楼门厅。

北航40周年校庆时研究生班与沈元名誉校长夫妇合影

教学改革

北航为什么当时要想着研制开发三个型号呢？有一个原因就是要紧跟党的号召。1956年的时候，中央提出的口号是：“教育要为

无产阶级政治服务”，“教育与生产劳动相结合”。对于教育与生产劳动相结合来说，北航深有体会，一直在努力实践，并作出了贡献。

当时是武光担任院长，开始时学校响应口号提出四个结合：教学、科研、生产、设计四个结合。后来大家共同讨论，最终改成了教育、生产、劳动三结合。但是怎么结合？北航研制航空航天飞行器型号就是三结合的具体体现，提出了“奋战 100 天，把三个型号升上天”。就是这样通过了具体的“三结合”培养出具有创造性和具有实践能力的人，因为实践能力和创造精神在课堂上是学不到的，一定要自己去做才能有体会。无论对于老师还是学生，只说不练是得不到实践的知识。

80 年代，学校迎来了第二次教育改革，这次教学改革的内容比较全面，包括有教学内容的改革，教书育人，调整教学时间安排等等。教学内容改革重点之一，就是改进教学方法，主要目的是提高教学质量。我们提出教学方法改革的口号，就是“讲一练二考三”，即精讲一部分，精练一部分，考一部分。讲一是讲课时要精讲，减少学时，把最重要的内容讲给学生；当时很多老师都在怎样把重点讲得更加生动上花费了很大心思，从内容上提高学生兴趣，使同学们能更好地掌握重点内容。练二则是把重点以外的内容让同学自己去学，提高学生自学能力；而考三就是最后考试的时候全部内容都要考。这样对同学很有锻炼，因为必须要自学啊，不自学过不了关。这样的教学方法改革很强调能力培养，使学生学习更有主动性，能够很好地提高教育质量。

当时在教学改革做得比较突出的是讲“高等数学”的李心灿老师，我很佩服他，他对于教学非常认真，上课也很有激情，因此学生们都喜欢他。他讲的高等数学的第一课：“高等数学发展史”，原本是一枯燥乏味的课，但他结合高等数学的发展史，讲好多高等数学过去的故事，他把很多有名的数学家，他们怎么成长的，怎么培养出来的，怎么研究的，他们的学术精神是什么？都讲给学生听，讲得非常生动，学生们不仅仅是爱听，同时也激发了要学好高等数学的热情。后来很多学校请我们李老师去讲高等数学第一堂课，请他去宣传他对高等数

2010 年 80 大寿祝贺

学的看法。他退休以后，还应邀到127所高等学校，讲了181堂课。他一直在干活，对教学工作拼命地干，到现在一共编了17本书，很不容易。

建设校园和绿园的两点希望

北航的校园和绿园在北京小有名气，绿园是杜玉波书记（现任教育部副部长）在北航50周年校庆的时候改建的。每次带外单位的同志参观学校，大家对校园和绿园都赞不绝口，它包含着深厚的人文水平和生态水平。

学校为什么要重视人文水平和生态水平？校园里有很多雕塑都是有故事的，比如说主楼前面“北京一号”的模型。我们自主研制出来后，《人民日报》刊登了这个事迹，可以说“北京一号”的成功研制对北航的发展立了大功，我在学校干了60年，始终都不会忘记1958年那段研制过程。虽然现在时代变了，但这种精神是宝贵的。再一个是钱学森的雕塑，钱老去世之后，北航在征得家属同意后做了一个雕塑，钱老在图书馆大楼前站着，手里拿着本书，远远看去，就像钱老拿了本书慢慢地走来，似乎还在思考着刚从图书馆里借的那本专业书内的问题。这就是北航的人文景观之一，别看只是一个小小的雕塑，却能引起很多的思考。这样的雕像在北航还有几个，又比如1号楼门前的杨为民同志，是北京市劳动模范。他是一个很好的人，比我小几岁，做的是工程系统工程，对建工程系统工程的专业是很有贡献的。我最后一次见他是在北京医院，那时候他因病重已经住院了，我看到他时，他说：“老刁，我最近写了一个教育计划，你看过没有？”我当时负责教学，我说：“我还没有看”，他说：“你一定要看，看看有没有问题”。当时我很激动，有很多话想和他说，但因他病重，没能说，感到很遗憾也很难受。

2008年《航空知识》杂志创刊50周年纪念会上留影，曾任第一届编辑部主任

现在，我们这些老人走过这些雕塑，能想起很多很多往事来。校园里有这样的景观，能让大家慢慢去体会，如果能够再配一些书面讲解，那就更好了。这些景观体现了我们学校的人文水平。今年是建校60周年，值得纪念的东西很多，应该在提高我们整个校园人文水

2009年离休后“老有所学”

平上做更多的工作。

咱们校园里有很多树，有些是1953年的时候种的，都有两三个人的手臂合抱那样粗了，有些树甚至和我的年龄一样大，很有感情。树的数量多，品种也多，听说飞到我们绿园有八种鸟，为什么鸟多？因为我们种的树多，品种也多，鸟就来了，我的小外孙还统计过绿园内树上的鸟巢有二十多个呢。另一个事情是咱们的荷花池，绿园是学校的生态心脏，荷花池就是绿园的眼睛。荷花池现在建得好多了，让人看过之后很难忘。北航绿园生态环境好，北航人爱绿园，赞绿园，尤其是对老年人来说，绿园已成为他们晚年生活的乐园。希望我们共同把绿园建设得更美好，生态水平更进一步提高。

后语

六十年我与北航的情结实在太多太多，只能以片断的回忆以表心意。由于我年事已高，近年来身体情况欠佳，书写困难，宣传部同志在百忙中不厌其烦地数次来我家中采访笔录，花了很多时间书写成文，心里感到很过意不去，在此表示衷心的感谢！六十年来我与北航同行，从年轻的小伙子到如今的高龄老人，是北航培育我成长，此情此景历历在目，这种感情很难用言语表达，在此我还要感谢所有关心和帮助我的北航人。今天我回忆往事，应该说是一种责任，是一种动力，也是一种幸福，增添了我晚年生活的乐趣。希望北航全体同志，借学校建校六十年大庆，作为新的起点，努力勤奋工作，以创新精神，用实际行动迎接北航建校60周年，为争取创造世界一流大学作出更大贡 献，争取更大辉煌！

我与北航的不了缘

□ 姚骏恩

作者简介：姚骏恩，男，1932 年 4 月 9 日出生于上海市。1952 年毕业于大连工学院（现大连理工大学）应用物理系。1952—1964 年和 1964—2003 年先后在中国科学院所属长春光学与精密机械研究所和北京科学仪器研制中心工作。1985—1994 年在中国科学院北京电子显微镜（开放）实验室任副主任、研究员。2001 年当选为中国工程院院士。2003 年调入北京航空航天大学，现任物理学科终身教授、校学术委员会副主任，微纳测控与低维物理教育部重点实验室（筹）主任，中国科学院研究生院终身教授。

姚骏恩院士

回忆往昔：曲折的成长历程

1932 年，日本侵略中国的“一·二八”淞沪大战前夕，我父母从上海市闸北区宝山路逃难，一路上忍受苦难和屈辱，最后暂住“法租界”。是年 4 月 9 日，我就在那里出生。

高中毕业那年，正值 1949 年上海解放，面临考大学报专业。想到日本侵略中国时，飞机经常在大中城市狂轰滥炸，而我们毫无还手之力。于是，我报考了上海交通大学的航空工程系等，立志发展我国的航空事业。最后我选择了大连大学，主要因为这是共产党在解放区自己创办的第一所正规大学，为即将诞生的新中国培养建设人才。那

注：本文完成于 2012 年 7 月，由北航宣传部根据相关资料整理而成，经作者本人审定。

时，上海刚解放，去北方的火车尚未开通，路过南京时，还遭到国民党飞机的轰炸。到达天津后，又等了十来天，因为怕坐船去大连再遭轰炸，最后决定还是继续乘火车。在东北广袤的土地上，只有我们这辆“专列”，边修路，边开车。晚间，我们就睡在车厢顶部的行李架和座位下面的地板上，终于在新中国成立前夕到达了大连。10月1日，我们这批大学生在大连火车站的广场上，聆听了毛主席在开国大典上的讲话。

从上大学起我曾有四次出国留学机会，都因故未成。第一次是在1951年，由于中国当时严重缺少石油，拟派我们全班同学去前苏联学习石油勘探，后来因计划更改而未成行。第二次是在1956年，光机所选派去前苏联计量院学习，因体检发现视觉红绿色弱，不合格而作罢。第三次是在1957年，拟去德国蔡司公司学习红外光谱仪制造技术，学了将近一年的德语，一切手续都已办好，行李也送上了去德国的火车，终因蔡司公司不接受而告终。第四次是在1980年，北京科学仪器中心选派去法国进修表面物理分析，在北京外国语学院学习法语半年多，因名额有限而作罢。虽然出国留学是我们这代人的梦想，四次均未成行，十分遗憾，但我得以抓住机遇，在国内发展；又多学了几门外语，有了阅读英、德和俄文的能力，使我在科研道路上走得更为顺利。

1946年在江苏省立上海中学体育馆爬绳锻炼

关于科研：锲而不舍中取得累累硕果

1949年末起，我师从“两弹一星”元勋、两院院士王大珩先生。1952年跟随先生到长春筹建中国科学院仪器馆（现长春光机所）。1956年我国制定十二年科学技术远景规划，由王大珩先生领导的仪器规划小组提出要研制电子显微镜，我是小组的工作人员。而当时的苏联顾问认为：这难度太大，十二年内中国是做不出来的，不要列入规划。中国如要用，可向苏联购买。但王先生并未因此而停止研制电子显微镜的步伐。

1968年北京全家。夫人闫秋兰，长子姚楠，次子姚丰和女儿姚凌。

1958年初，长春光机所的大批人员去附近的“土顶子乡”下放劳动。不久“大跃进”开始，“破除迷信，解放思想”，王大珩先生又大胆提出研制电镜，邀请刚从德国留学回来在中国科学院电子学研究所工作的黄兰友博士为负责人，张劲夫副院长亲自把武汉微生物研究所才从日本订购的中型电镜借来作为参考。由于夜以继日的艰苦奋斗和工作的高度协调，经过短短的72天，在1958年8月即制造成功我国第一台电子显微镜，加速电压50kV，分辨本领10nm。这台电子显微镜作为光机所研制成功的“八大件”（指八项具有先进水平的高档光学仪器）之一，于当年国庆节前夕在北京中关村展出。毛主席参观了这个展览会，对这些科研成果倍加赞赏。是年11月，我一人去武汉归还这台日本电镜，由于是被拆成零部件后再重新装起来的，问题不少。机械泵也发生了故障，当时真是“初生牛犊不怕虎”，我竟把它拆开，清洗精密的旋转刮板后再装起来；50kV高压油箱内出现放电现象，就打开这个不容许用户触动的关键部件，过滤高压变压器油。经反复调试，这台电镜的分辨本领终于恢复到原来的出厂指标。

1986年偕夫人闫秋兰女士与钱临照院士在北京香山饭店

1958年9月，长春光机所决定自行设计研制100kV大型电子显微镜，成立电子显微镜研究小组，我任组长和课题负责人，黄兰友为技术负责人。由于我在研制检流计时熟悉了磁路设计，加上有关的光学知识和阅读英、德、俄文的能力，参考了国外有关经典文献和当时世界上最先进的德国西门子公司Elmiskop型电子显微镜样本，我们很快就完成了电子显微镜电子光学系统和电磁透镜的设计，并对机械和电子线路等提出了设计要求。电子显微镜研究小组与负责制造高压和透镜电源的上海精密医疗器械厂通力合作，经过10个月的日夜奋战，1959年9月末，分辨本领优于2.5nm、加速电压100kV、放大倍数达10万倍以上的我国第一台自行设计的XD-100型电子显微镜研制成功，被列为中国仪器仪表行业从仿制到自行设计制造的一个重要标志和“中华人民共和国四十年重大科学技术成就”之一，并收入记载古今中外自然科学大事的《自然科学大事年表》。为在国庆十周年全国工业交通展览会上展出，特别包租了一节火车车皮，我和负责机械设计的王宏义就坐在电子显微镜的包装箱上，星夜奔赴北京。在展览馆安装好后，发现冷却水漏进了物镜线包，造成漏电。当时已是放假前夕，我抱着十几公斤重的物镜找到兄弟单位用真空烘箱烘干，

2008被聘为航空科学与技术国家实验室（筹）首批首席科学家

2011年开会发言

解决了问题。10月1日，这台10万倍电子显微镜作为一项重大科技成果，在北京展览馆中央大厅按时展出。曾朝伟用抓来的一只蚊子做样品，观众十分好奇地排长队等待着用电子显微镜观看蚊子翅膀上的"汗毛"，这种场面令我至今难以忘怀。当天，天安门前举行了国庆十周年庆祝大会，这台电子显微镜的巨大模型列在中国科学院游行队伍最前面，接受了检阅。

1960年起我在国内推广电镜设计制造技术。

1964—1965年我负责设计研究完成DX-2型高分辨透射电镜，分辨率达当时国际先进水平，并生产8台。

1965年，我在《科学仪器》杂志上发表了我国第一篇系统论述电镜设计制造的论文，对国内的电镜研制工作起到了先导作用。

1971年，北京市组织大规模集成电路会战，我负责设计研制DB-1型电子束制版机，采用倒立式电子光学系统，用当时国际上刚出现的激光材料石榴石YAG制成的单晶透明荧光屏，不仅分辨率高，而且激发出的阴极荧光也很强，可用光学显微镜直接观察电子束的聚焦情况，省去了两个电磁放大透镜，结构简单，用计算机输入自动制版。比国外早10年创制出的这种YAG单晶高亮度显示器件，分辨率比荧光粉高十多倍，现已应用于多种电子成像系统。

1979年12月于颐和园

1974年，我们与中国科学院化学研究所和第四机械工业部合作研制成功电子束大屏幕显示仪。同年，我负责指导北京仪器厂研制磁偏转"e"形电子枪蒸发装置，解决了MOS电路镀膜工艺问题。1975年北京市组织鉴定，生产了200余台，成为该厂的重要产品。

1975年，我指导并参加研制完成我国第一台扫描电镜（DX-3型），负责人是我的第一位研究生葛肇生，获1978年全国科学大会成果奖。1976-1977年我还负责研制X射线波谱仪，并和同轴光学显微镜一起配装在扫描电镜上，发展成DX-3A型分析扫描电镜，获1978-1979年中国科学院重大科技成果奖一等奖。该型扫描电镜生产近百台，并向国内其他单位推广生产。

1985年5月在伦敦白金汉宫前

1984年，我和北京燕山科学仪器开发公司共同研发的阴极发光仪，在矿物、岩石及半导体领域中应用甚广，先后生产29台。获

1990年北京市科学技术进步奖。

1985年，中国科学院北京电子显微镜（开放）实验室（BLEM）成立，依托在中国科学院北京科学仪器研制中心（KYKY）。我提出研制扫描隧道显微镜（STM），得到了主任郭可信院士的大力支持。1987年7月去美国参加第二届国际STM会议，我主动邀请当时在美进修的中国科学院化学研究所白春礼博士回国，参加BLEM自行设计制造的STM的调试工作，共同发展我国的STM事业。1987年11月，这台STM在国内首次获得石墨表面原子像，横向和纵向分辨本领分别为0.1nm和0.01nm，达到国际先进水平，并生产了10台。获国家科技进步奖二等奖。

1991–1993年，我在BLEM又提出并与大连理工大学物理系合作、研制完成我国第一台光子扫描隧道显微镜，图像横向分辨本领优于10nm，纵向分辨本领为1nm，达到国际先进水平。获中国科学院和国家教委科技进步奖三等奖。

1993年，我主持完成了原子力显微镜的研制工作。

关于北航：到北航工作是我的又一次创业机遇

1964年，我从长春调到北京工作，住在中关村。每次从家到北京大学第三医院就医，都骑自行车从北航的北门进，东南门出，回来时途经北门内马路两侧的菜摊买菜回家。我还常带着孩子们参观北航校园，对所陈列的飞机特别感兴趣，目睹了北航几十年的发展，有着深厚的感情。

2008年“霍尼韦尔—诺贝尔全球校园行”北航站活动

1994年4月，我在中国科学院北京科学仪器研制中心退休。此后，我并未停止科学研究的脚步。2001年10月我当选为中国工程院院士，获得了重新工作的机会。2003年10月我有幸受聘于北京航空航天大学，任教授、校学术委员会委员和理学院物理研究所所长，实现了我54年前报考航空工程系为祖国航空事业服务的愿望，这是我的又一次创业机遇。对此，我十分珍惜，兢兢业业，只争朝夕，尽自己最大的力量做好工作：开拓学科方向，注重优秀人才的引进、年青教师和研究生的培养，组建科研团队，建立科研基地“北航微纳测控研究中

80岁生日怀进鹏校长与姚骏恩及夫人闫秋兰、长子姚楠

心”和建设“微纳测控与低维物理教育部重点实验室”；已获国家自然科学基金和科学技术部等的多个专项资助；发展我国电子显微镜和扫描探针显微镜等超显微镜制造事业和空间纳米测控技术。

关于未来：在北航这片热土上
为建设我国超显微镜制造事业而奋斗

显微镜是人类认识微观世界的有力工具。光学显微镜的出现，使人们发现了被称为十九世纪三大发现之一的生物细胞，对自然界的认识有了一个极大的飞跃。诞生于1932年的电子显微镜和1982年的扫描隧道显微镜，分别作为显微镜发展史上的第二和第三个里程碑，促进了纳米科技的诞生和持续发展，其发明者共享了1986年的诺贝尔物理学奖。

科学无国界，而科技工作者是有国家的。我应该报效祖国，我的事业在中国。五十余年来我有幸奉献于中国超显微镜的研制事业，取得了一些成果，当选为中国工程院院士，这给了我极大的荣誉。但遗憾的是，我毕生为之奋斗的国产电镜和扫描探针显微镜制造事业，由于种种原因，产品的质与量至今还远远不能满足国家的广泛需求。

不仅是国产电镜和扫描探针显微镜，目前整个中国科学仪器制造行业都面临极大的挑战。国外厂商对中国的策略往往是，你不能制造的精密仪器，他要高价，甚至不卖给你；当你有能力制造时，他以低价销售给你，打垮你，让你难以发展。因此，我们必须自强自立。电子显微镜，从1958年开始我国就可以独立制造，但稳定性、可靠性不如国外产品。要解决这些问题不是一日之功。生产高质量仪器的关键在于建立一条完整的科学仪器产业链。从材料的选择、加工工艺，到整机的装配调试，每一个零部件都需要注意，每一个细节都需要精益求精，需要一整套技术标准，才能获得高指标、高可靠性。我们需要一个打基础的过程，一个积累的过程，而这样积累的过程是难以跨越的。只有选择性地把某些仪器做到满足国内需求，减少对国外的依赖；打好基础，逐步发展我们的技术特色；利用我国已领先的新原理、新材料等来制造新仪器，争取一部分先超越；中国的科学仪器制造事

2004年2月在王大珩院士90寿辰庆祝大会上

业才能逐渐强大起来。

为此，我与王大珩等院士在2003年1月，向国家呈交了“建立我国自己的纳米测量仪器和纳米加工装备制造业”的《工程院院士建议》，2006年初又提出了《振兴我国的电子显微镜制造事业》的展望：

1. 发展具有自己特色、先进的多功能亚埃(<0.1nm)分辨率、亚eV级像差校正电子显微镜，实现我国在纳米尺度表征与度量的高端突破；

2. 整合国内现有基础，形成有市场竞争力的电子显微镜规模产业；

3. 创建电子显微镜研发团队，建立具有国际竞争力的电子显微镜研发平台和基地。

目前，我国的电子显微镜制造事业与空间纳米测控技术，都远远落后于发达国家，不能满足国家的需要，中国必须建立一个或几个电子显微镜的生产企业（包括向国外购买，合建），北航也急需在已有基础上建立一支研发电子显微镜的专业队伍，重视工程技术并与有关单位密切合作。我也将在北航这片热土上为中国超显微镜制造事业的发展而继续努力，奉献余生。

寄语北航：献给莘莘学子

首先，关于外语学习。如今是一个经济全球化的时代，掌握一门外语是这个时代的人才所必备的技能，无论今后的从业方向是自然科学，还是社会科学，学好外语都是大学生的一项基本任务。不过，语言毕竟只是一种工具，不是目的，最终还是要学以致用，精益求精。

其次，关于国家、集体与个人。个人利益应该服从国家集体的需要，一切从国家集体出发。1982年《电子显微学报》创刊时，钱临照院士和我分别为正、副主编，我负责日常工作。不久，钱老主动提议让我任主编。但我坚持由德高望重的钱老任主编有利于办好刊物，自己则一定努力当好助手，如此延续十几载，于1996年我才接任主编。当代大学生也应该以国家集体利益为重，培养自己的爱国主义精神。

2002年姚骏恩夫妇参加长春光机所建所50周年庆祝会

再次，关于专业技术工作与社会兼职。自1980年起，我积极参加了中国电子显微镜学会和《电子显微学报》的创筹建工作，历任电子光学与仪器委员会主任、常务理事、副秘书长、《电子显微学报》副主编、主编和北京分析测试学术报告会暨展览会（BCEIA）学术秘书等职，花费了不少时间和精力。作为中国电子显微镜学会和BCEIA的代表，多次出国访问讲学、参加学术会议，得以开阔眼界、广交朋友，及时了解国际学术动态。这对我能在中国率先完成扫描隧道显微镜等最新仪器的研制工作大有帮助。适当的社会兼职与专业技术工作可以相互补充、相互促进。因此我认为北航的学子们也应当协调好科研工作与社会兼职的关系，实现多面的共赢。

最后，关于“成功之路”。我认为一个人在“天赋”和社会环境已定的情况下，必须学风端正，兢兢业业；打好基础，创造条件；抓住机遇，探索创新；拼搏奉献，锲而不舍，才能有所建树。希望与北航莘莘学子共勉！

我与北航的共同发展历程

□ 杨光薰

作者简介：杨光薰，北京航空航天大学机械制造工程系教授，原中国成组技术研究会副理事长，1954 年毕业（北航研究生院）为航发工艺专业，从师于苏联专家费拉柯。1979 年以访问学者的身份到英国克兰菲尔德理工学院生产工程系交流学习。1983 年至 1993 年，在北京市人民政府专家顾问组（机械组）担任顾问。1993 年发表著作《成组技术与生产现代化》。1962 年毕业后，他参加了教学工作，曾主讲过机械制造工艺学等本专业主课，之后进入两方面科研领域。一方面是数控方面，1969 年至 1973 年参加开发数控软件全国攻关课题，并于 1974 年发表《数控自动编程入门》，因 SKC-1 数控自动编程系统而获 1978 年全国科学大会奖。另一方面是生产合理化方面，1981 年自英国学成回国后参加组织全国成组技术学会工作，1998 年研究会改成中国机械工程学会成组技术分会，现仍为常务理事。他先后在自然科学基金、航空基金以及航空部“八五”科研计划中做课题，主要围绕成组技术及其应用在北京和全国工厂实践取得了经验，获北京市科技进步三等奖。他在精益生产的机理及其应用上的理论研究成果，已经在贵阳 501 厂实践取得成效。在 20 世纪末又在“精益生产”的研究上延伸至“大规模定制生产模式研究”，并已在桂林机床公司及常州兰翔发动机制造公司开展精益生产及大规模定制生产的探索和研究。

杨光薰教授

注：本文采访时间为 2012 年 5 月 23 日，由北航宣传部采访录音及整理，经作者本人审定。

初来北航：勤学勇毅，伉俪共进

1952 年，我大学毕业，有很大的雄心壮志，要报效国家。我参加了北航第一个研究生班。当时根据学校的需要，成立了一个研究生突击班。这个班，是培养、建立各个专业的骨干教师的，历时两年时间。

当时的教学是“一边倒”的，全是向苏联专家学习。苏联专家是莫斯科航空学院来的。当时大家都不会俄文，我可以说是目不识丁，有些人是已经学习了三个月俄文的，还有几个是北航的老研究生，合在一起，成立一个研究生班。我们的任务很明确，两年之后就要成为各个专业的骨干教师。这两年，我们要把苏联专家的本领学过来。我的印象最深的就是，我当时目不识丁，接下了任务很激动。我下定决心，不懂就学，白天晚上都在念，吃饭、上厕所也念，连说梦话都说着俄文。很幸运的，虽然来的时候我是基础最差的，但是一个多月之后，第一次测验，我们的考试形式是让我们找一本专业书籍，把其中的一小段翻译过来，我以比较好的成绩通过了。我真正体会到，一个人只要方向明确决心大的话，不管多难，都是可以成功的。这说明一个人的潜力要是能够发挥出来，是很惊人的啊！这让我进一步增长了以后学习和工作的信心。

之后，他们还推选我做组长。虽然我年龄是最小的，但是我学习很努力。当了组长以后，我想尽办法套专家的本事，跟专家谈判，把他最精彩的部分弄出来。我们那个专家是我们用的教材的编写者，对教材有很深入的了解。他答应给我们做十几次的专业座谈会，所讲授的东西是真正的精华。在我当了教师后，跟清华大学等学校的教师交流后，他们都说我们在教学内容和教学法上的体会很深。其实这并不是我的创举，是从苏联专家那里学来的。他是钳工出身的教授，很有教学经验，懂得如何设计许多机械设备。所以我们一定要懂得谦虚地学习别人身上先进的东西。

1954 年研究生班结业时，发动机工艺组八人合影。前排左起：张继堂、戴约真、汪叔淳、杨光薰，后排左起：谭益智、刁正邦、丁鼎一、张中钦

我爱人情况更特殊，她在建校的时候还是个学生，毕业后做教师一直到退休。她也是北航六十周年的见证者。教书育人她做得比我更好。我们都曾出国学习，我是第一批公费公派出国的，她是自费公派出国的，在名义上还是公家派出去的。因为她所掌握的技术是尖端

的，所以麻省理工大学邀请她去当访问教授。她在那里还担任留学生联谊会的工作。国家领导人去的时候，也是她负责接待的。

教学革命的过程中，那时候北航的第一批工农兵大学生，出自一个工人大学试点班。那时候提倡知识分子要接受工人再教育，学校认为我和我爱人都是比较好的知识分子，所以我们都被选入这个班当教师。教学完全不一样了，还要在当时那种环境下创造性地写教材、搞教学方法。此外，还提出要加强到工厂里去实地学习，我和我爱人就到沈阳去现场教学了一年。当时家里情况很特殊，没办法只好把 8 岁的女儿寄放在她老师家里，把 1 岁的儿子寄放在一个工人家庭里。那时候我们的生活相当艰苦，吃的是发了霉的发糕和清水萝卜，还要想念家里的孩子们。但是为了祖国的需要，我认为这些都是值得的。

北航之路：教书育人，深入社会

在教学上，我们教书不是照本宣科，而是要把书教透。如果没有足够的把握，就没法去给学生讲好课。我们虽然接受过苏联专家的亲自指导，但是还是不够的。当时英美的研究材料是很稀少的，书店里只有他们材料的影印本，没有正式出版的版本。从影印本里面再学一学，有些地方就有了独到的见解，学生也能从这里面真正学到东西。前几年我遇到了我的一个学生，他也是麻省理工大学的访问教授，他很恭敬地称呼我“杨先生”，我记忆犹新。他说我当时虽然只是个助教，但他们都欢迎我来课后答疑，他们感觉我谈的内容能真正把苏联精华的东西讲出来。另外一个例子，一个西安航空工厂的校友，他退休后，自己做私人的外贸老板，事业做得很好。那年他回北航来，请自己印象最深的老师吃饭，其中就有我。他跟我说，我当年讲的尺寸链的知识让他受益良多。运用我的尺寸链的知识，到了工厂之后，他就可谓是“力压群芳”了。谈起这个问题时，没有人能谈得比他更好了。那些内容一方面是我们结合了苏联专家和英美的书籍得出的，另一方面我下工厂的时候还学习了一些工厂的实际经验。事实证明，得出来的这些理论知识是很有用的。

另外，深入社会对我们的技术发展也是非常重要的。回国之后，我的专业——成组技术正面临着巨大的需求。当时我们组织成立了一个学会，我因为是出国学习成组技术的第一人，被推举为学会的副理事长。这样的学会是一个很好的平台。从国外回来之后，学校要求我要开新课、写新书、开新实验，这些我都做到了。但是更重要的，我还在社会上开拓了我们的学会这样一个平台。通过这个平台，有关这个技术各个方面的人员，包括工厂人员、科研人员、学校人员，都获得了交流的机会。当时的背景下，我们这个学会与众不同的地方在于，成组技术对于大多数人是一个不清楚的概念，于是我们详细地写了一个材料，通过民主党派（学会的正理事长就是民主党派），把这个材料递到了当时的国务院总理手里。他一看，立刻批示：对这个学会要重视，把它的题目也放到国家计划里去，有关的事情要组织。后来有关方面就组织了全国的技术改造工作。我们的学会不光是定期开开学术会议，还直接参与工厂的技术改造的大运动中去。我们被当成了真正的专家，对整个社会都有较大的影响。这很让我们骄傲。现在回过头来，我总结了很多的经验教训，这些经验教训也很重要。

退休之后：退而不休，老有所为

到今年，我退休已经20年了，但我是真正的退而不休，一直在带研究生，继续向科学进军，这是比较不容易的。在10年以前的“退而不休”的活动里，我和我爱人都得到了学校的奖励。去年年底，党委还给我评了优秀党员。10年前，在老有所为的活动中，我和我爱人还得了北京市科学技术奖。那一年在北航只有两个项目获得了这个奖，一个是我和我爱人，一个是当时的校长率领的团队。这个对于我们来说是很不容易的，也是很值得骄傲和自豪的。

关于教学，我们结合学生的具体情况，不断改进自己的教学。过去我们讲课很讲究版面。版面的好坏是教得好坏很重要的方面。现在不同了。我记得在我退休之后，大概是70岁的时候，我还正式讲大班课。我采用了两项措施：第一我采用了PPT。这在现在看来很普遍，但是那个时候，对于老教师来说，这是很难得的。第二我在考试方面来了大改进，我看到很多学生上课不听课，考试的时候全靠复印同学的笔记。我干脆来个开卷考试，可以看着教科书。那些上课不听课的同学，根本不知道在哪里找答案。另一方面，为了适应网络的发展，我有一半的分数都是预先给定的。我让学生自己选课题，自己上网找相关的材料，再自己组成一篇文章。这种试验非常成功。他们利用网络做出的文章都非常好。这说明了现代学生利用计算机的能力很强。过去我们的学生全是依靠笔记，现在可不是这样。参考的东西太多，网络是知识的海洋。通过网络可以查到自己所需要的东西。所以，教学是需要不断改进的。

写我的故事，我有一个整体的思想：通过我的故事，衬托出北航的发展。简单来说，就是培养了一大批教师，其中包括我。通过这些教师，也培养了许许多多的学生，包括大学生和研究生，这些学生在社会上，全是国家的栋梁之才。前几天，在我的研究生给我举办的生日庆祝会上，大家都是各个岗位上的骨干人才，这让我非常高兴。另外，通过我自己参与到专业、技术中，我是深入到现实、深入到工厂、深入到社会中的，无论在国内和国外，都与社会互相交流。应该说，促使了这种技术的不断发展。到现在为止，这个任务虽然还没完成，但是我一直带领着我的学生不断发展这项技术，可以说还想为国家做贡献，“此心犹未了”吧。我所从事的方向，是我们这个专业的先进技术，而这个先进技术的研究过程，对于我来说是难以忘怀的。我也希望北航的莘莘学子们，能够勤学朴实、艰苦奋斗，听着我们这些老一辈人的故事，继续地，向着科学进军，为北航、为社会、为国家做出我们的贡献！

中国人的飞天梦

□ 王永志

王永志院士

作者简介：王永志，北京航空航天大学（原北京航空学院）52级校友，2003年度国家最高科学技术奖获得者，中国工程院院士，俄罗斯宇航科学院外籍院士，国际宇航科学院院士。在中国航天发展史上，他先后参加和参与主持了6个导弹型号、2个运载火箭型号的总体设计和研制工作。他担任中国载人航天工程首任总设计师长达14年，主持完成了我国载人航天工程技术、经济可行性论证和载人空间站工程实施方案论证，主持了总体技术方案设计，组织了研制、试验中的总体技术协调，提出了一系列推动工程跨越式发展的设计思路。二十年来，他引领并见证了中国飞向太空，飞向月球之梦。

求学之路——
“年青时代要结合国家需要选定事业的方向”

1950年2月，广袤的东北大地尚沉睡在冰封之下，我依依挥别了故乡和亲人，登上了去沈阳的列车，开始了东北实验学校的求学之路。

也许是出身农家的缘故，起初我最喜欢的课程是生物课，理想当一名生物学家，改良物种，创造新物种。我幻想着有一天小麦、水稻能像野草一样春风吹又生。但是抗美援朝战争爆发后，我们连正常

注：本文采访时间为2012年2月24日，由北航宣传部采访录音及整理，经作者本人审定。原载《北航校报》2012年3月21日第840期。

的学习生活都受到了很大的影响。这个时候就意识到如果连国家都没有了，改变物种有什么用？帝国主义欺人太甚！当时包括我在内，大家都踊跃参军，准备汇入保家卫国的洪流。但是高中部不让参军，校长说了“抗美援朝是爱国，把学习搞好也是爱国，因为新中国急需建设人才。”我们只好留下来。

随着战争的进行，学校附近的机场上空出现了苏制米格15喷气式战斗机，看到志愿军空军驾机起飞迎敌，展翅蓝天的飒爽英姿，大家内心充满羡慕。从此，我的思想发生了大转变，立志学习航空。老师告诉我，想学航空，关外可能没有，你得到关内去学，于是就下定决心考入了清华大学航空系，后来并入了北航。

在清华园学习一年之后，我被选送到北京外国语学院留苏预备部学习俄语，1955年被选派到莫斯科航空学院飞行器设计系飞机设计专业学习，三年级时根据中苏两国政府签订的新技术协定改学火箭导弹设计，从此走上了航天的道路。

筑梦太空——“空间站和月球是人类迈向更远星球的必由之路”

从1961年我参加工作的时候起，就投身到国家的航天事业当中，从“两弹一星”工程一直到载人航天工程。我国载人航天工程起源于“863”计划，也就是1986年3月小平同志的批示。工程正式上马是在1992年9月21号，中央政治局常委扩大会议批准载人航天工程开始研制，并且批准了三步走的发展规划，决心很大。

当时我是五个参加汇报者之一，主要汇报了总体技术方案。我国载人航天工程的三步走，第一步是飞船工程，第二步是空间实验室工程，第三步是空间站工程。

“飞船工程”指的就是要圆飞天梦想，实现载人航天飞行的历史性突破，2003年杨利伟安全返回地面的时候，就完成了这个历史使命。第二步继续突破载人航天的基本技术。“神舟七号”上了三个人，两名航天员进入轨道舱改造而成的气闸舱，打开舱门，翟志刚进入外太空行走，标志着我国突破了出舱活动技术。再就是空间交会对接技

王永志院士（右）获2003年度国家最高科学技术奖

术，通过载人航天科技队伍的一致努力，“神舟八号”已经顺利地实现了与“天宫一号”的自动交会对接。今后的几年，我们还将继续开展交会对接技术试验，并发射空间实验室。

第三步是“空间站工程”。星际航行，人类首先要冲出地球，非得有空间站不可。空间是继陆地、海洋、大气层之后的第四活动领域。作为长寿命的大型近地空间设施，空间站有助于我们掌握人类在太空长期生存、生活和工作等相关技术，可以开展相对较大规模的空间科学实验以及人类长期空间驻留的生理和医学研究等。这些都是人类飞往其他地外天体必不可少的基本技术，是迈向更高远目标的必由之路。另外，地球轨道空间是战略空间，控制和掌握这一空间对国民经济和国家安全具有至关重要的意义。当今世界正处在大发展、大变革、大调整时期，科学技术比历史上任何时期都更加深刻地决定着经济发展、社会进步、人民幸福。空间站作为国家级的太空实验室和太空独特环境下的科学技术实验平台，在建成后，中国人就不是进入太空几天就回来了，而是进驻太空，有利于国家安全，有助于我们在空间资源开发利用上取得新的突破。空间站的建成和运营将成为我国建设创新型国家的重要标志之一。

探索宇宙的奥秘是人类恒久的强烈愿望。宇宙的奥秘太多了，而我们对于宇宙了解得太少。比如，美国曾探测太空发生了一次高能量、长时间的爆炸过程，经分析发现是一个苏醒的黑洞吞噬了一颗恒星，这是我们无法想象的。同其他星球一样，地球也有着成长和将来逐渐变坏甚至衰落的一天。所以从长远看，寻找适于人类生存的其他星球，以便永远地把人类和人类创造的文明保存下去，就成为载人航天的根本宗旨。正如现代航天理论的奠基人之一，俄国的齐奥尔科夫斯基说过的：“地球是人类的摇篮，但是人类不能永远生活在摇篮里，他们不断地探索新的天体和空间。”

我们在近地空间掌握载人航天的基本技术之后，就自然会将目标放在月球。月球是离地球最近的自然天体，去月球没问题了，才好远行。所以就我个人认为，载人登月应该干。当前世界主要航天大国都有相关的月球探测计划，俄罗斯、欧洲、日本、印度纷纷提出在

2020年到2030年之间实现载人登月。我们什么时候干？早干晚干，早也不必太早，不与美国、俄国争先，但是也不能太晚，不能晚于亚洲近邻国家，这样才有更大的意义。

未来寄托——

“希望年轻学子接好接力棒，使中华民族更快复兴”

中国人的载人航天规划有非常宏伟的目标，现在的工程规模越来越大，时间也很紧迫。过去我有这么一个信念，现在依然不改：一个国家如果没有强大的国防力量，他根本不能称之为世界级的强国。我想现在仍然是如此，没有强大的航空航天，成不了世界级的强国。

当前咱们国家咱们中华民族正处于强势崛起的时候，各行各业其中包括航空航天领域都得到迅猛的发展，也取得了举世瞩目的成就。中国航天发展的脚步是坚实的，基础是牢固的，否则出不了这么大的成就。

但是和世界强国相比，我们还是有不小的差距的。我们国家航天科技诞生的时间并不很长，技术难度又很大，认识到的都解决了，肯定还有认识不到的地方，因而航天仍然是高风险行业。怎么样把工程继续搞扎实，弥补不足，缩短差距，进而赶上和超过他们，这个任务将落在青年人的身上。毛主席讲过一句话：“希望寄托在你们身上！”还是得靠年轻人！所以我希望将来加入到我国航天航空事业的学子们能够继续秉承、发扬载人航天精神，踏踏实实做好每一件事，接好接力棒，使我国尽快成为创新型国家，使我们中华民族更快地复兴。

作为一个青年人，要有很强烈的求知欲和进取心，参加工作之后，要有很强的责任感和事业心。我们的一生应该不断学习，知识是智慧的源泉，是一个人成功的基础，我希望大家在学校好好学习，把基本概念弄得非常清楚，把基本原理学得很透，掌握研究问题、分析解决问题的基本方法，并应用到实际工作中。

大学毕业只是新的学习的开始，在以后的工作中将会面临许多新的问题，需要用新的知识去解决，只有不断学习，人生才富有生气和色彩。我们不能要求每个人都是高层次领军人物，但是哪个层次上都要有骨干，各个层次都需要人才，只要能够在你的层次上很有作为，就很好了。

我们这代人都是这样，就是把自己的意愿和国家的需要结合起来，祖国需要我干什么，我就干什么，让我干什么就把它干好，自强不息，这就是最基本的信念。一个人的人生价值体现在哪儿？我想不一定都要轰轰烈烈的事迹，一个人活动半径、影响力有大有小，在自己的工作岗位上兢兢业业，有所作为，赢得周围人的尊重，然后在这个基础上一步一步发展，这就实现了自己的价值。

北航：我事业的起点

□ 戚发轫

作者简介：戚发轫，中国工程院院士，国际宇航科学院院士，空间技术专家，神舟飞船总设计师。1933年生于辽宁省复县。1957年毕业于北京航空学院飞机系，分配到国防部第五研究院从事导弹和运载火箭的研制工作。1967年调入中国空间技术研究院从事卫星和飞船的研制工作。现为中国空间技术研究院技术顾问。曾任中国空间技术研究院院长，北京航空航天大学宇航学院名誉院长。国际空间研究委员会中国委员会副主席。曾主持中国第一颗人造卫星"东方红一号"的研制工作，先后主持过11颗卫星的研制。1992年开始主持神舟号飞船的研制工作，成为神舟系列飞船的前任总设计师。研究员、博士生导师。

戚发轫院士

航空——我唯一的志愿

我1933年出生在辽宁，辽宁当时被日本占领，属于日本殖民地。1938年随全家到了大连，大连那个地方更特殊，当时是属于日本的。二次大战的后期，美国的飞机经常来轰炸，每当飞机来了以后，我们小学生就都躲到树林里去，看到美国的轰炸机（现在知道是B-29），稳稳当当过来，把炸弹投了，稳稳当当回去，而日本的飞机和高射炮却奈何不得。感到飞机很神奇，留下深刻印象。

1953年，戚发轫走在北京航空学院的校园里

注：本文采访时间为2012年5月21日，由北航宣传部采访录音及整理，经作者本人审定。

1950年在大连念高中，正值抗美援朝。美国飞机经常到东北各地轰炸，但不敢到大连，因当年苏军的空军驻在大连。志愿军的伤员由船运到大连来抢救治疗，我们中学生要从船上把伤员抬到码头，送到医院，看到绝大部分伤员都是被美国飞机扫射、炸伤的，惨不忍睹，真是刻骨铭心，没有强大的国防，没有强大的空军，总是要受欺压的。我从小学生到中学生看到飞机的神奇、飞机的威力，就决定一定要学航空造飞机，为国家的强大、为人民的安定，不再受别人欺侮，做一生的准备。

1952 年秋全国高校统一招生，因为大连的学制与国内其他地区的不一样，全国都是秋季招生，我们却赶上春季才能毕业，经过大家强烈要求，领导同意提前毕业，报考大学。填志愿的时候，我的志愿全填的是航空系，我已下定决心，把自己的一生与中国航空事业的发展融为一体！

1952 年的时候，全国院系调整，全国各大学的航空系都集中到一起，以清华大学航空系为主成立了北京航空学院，所以录取我们的时候是以北京航空学院的名义录取的。但当时北航还没有校舍，报道后一年多的生活我们是在清华度过的。

那个时候交通不是很方便，没有直通火车到北京，必须先到沈阳，换了车才能到北京，虽然录取以后对我来讲是挺高兴的事，但是我母亲却死活不同意，她也希望儿子好好读书，将来有出息成大事，但就是不想让儿子走得太远，北京在她心中太遥远了！但是这个时候我父亲很支持，说：“去吧，好男儿志在四方！既然想好了，就不要动摇，去吧！”父亲的话没有大道理，却为我的理想插上了翅膀。

戚发轫院士为航天科学与技术学术论坛做报告

难忘的大学生活

来北京上学报道的时候，我是光头，穿土布上衣、裤腿很粗的裤子，脚上穿的是家做的新布鞋，土得掉渣儿，而接我的是一个非常时尚的女孩子，后来得知她是中国著名的考古学家裴文中的女儿裴桂，所以后来我们笑说，一个很洋气的学生接来一个土帽。

在大学的头一二年里，学习还是比较吃力的。因为我高中提前毕业，而且当时的大连高中是初中“戴帽”，在初中里有几个高中班，也没有正规课本，毕业时连抛物线都没有学到。可上了大学就不管这些，一上来就是抛物面了。所以那个时候就只有集中精力学习，整个清华的风气很好，都在学习，北航这些人就更特殊，我们是一般活动都不参加，都在潜心学习。

当时有两点不习惯，我是东北农村来的早上吃饭，因为要下地干活儿，都吃窝头馒头什么的，吃得很饱，但是到了北京是吃早点，就是喝点豆浆吃个油条，这个肚子老饿，有条件的同学两堂课以后中间买点吃的，我们也没有钱，最后通过呼吁早饭有馒头了。第二个不习惯就是没有固定的教室，上课总换地儿，政治课在大礼堂，化学课在化学馆，……清华园这么大，跑来跑去很不习惯，但最后还是适应了。

我们当年考大学是“宽进严出”，就是考的时候很宽松，但是进来后要求很严，什么留级、退学的挺多，所以我们真正按时毕业的人数占的比例不大，尤其我们从关外来的。

虽然都来自全国各地，在一个班里生活的紧张而有序，各类事情都各有分工自己管起来，当时班里有三驾马车：班长、总干事、团支部书记。班长是管学习的，下有若干课代表；总干事是管生活的，下有各个干事，团支部书记是管政治思想，下有各委员。我当过总干事，为大家服务，反映不错。高年级我做了团支部书记，做了不少事，有件事值得说一说。到五年级，快毕业了，一些同学向我建议让我组织和北医的女同学搞联欢，于是我就不辞劳苦地去北医联系搞联欢的事了，事情格外顺利，很快，两边学生的联欢就搞了起来，而且是经常性的，还是自发的，不用我这团支部书记去组织了。毕业同学们告别时，我忽然发现，许多同学都是成双成对地来参加，其中女同学都是对面北医的，我才忽然明白，原来大家让我这个团支部书记去北医搞联欢，都是有目的的。当了一次红娘，功不可没。

二十世纪五十年代在北京航空学院学习期间，戚发轫在北航机库

工厂实习的启示

1957 年毕业前到江西南昌 320 厂实习，我是学飞机工艺的，是施 104 班。到工厂实习就是参加前苏联“AH-Z”飞机的试制。这个

飞机机型很老，我们叫“丰收二号”，是布蒙皮的双翼机，但是现在还在用，用在跳伞、喷洒农药等。当时苏联只是给了图纸，工艺路线是自己制定的，工艺装备是自己设计制造的，我们学工艺的去了以后对我们是一个难得的锻炼机会。去了之后给我一个任务，也算是毕业设计的课题，就是要我设计这个飞机尾翼对接架，我很努力，查了很多资料，老师也帮我，老师也认为我做得很好，我也认为自己做得很好，送给那设备科长，一看，说：挺好，不能用，要拿回重新设计。他说挺好，但是不能用，我不能理解，我说怎么不能用啊？他说你所用的材料和标准件我们厂里都没有！我说材料手册和标准件手册上都有啊！他说，生产一个工艺装备，我总不能给你现做标准件，我现买材料去啊？你到我库房里看看，我库房有什么你就拿去做。我很苦恼，想了很久，我想通了，搞工程要有质量也要有进度，还要有成本，就是现在说的要“快、好、省”。这是第一件事，收获和启迪都很大。

第二件事挺有趣的，这个飞机是双翼机，但是上翼面长下翼面短，我们年轻人都好问，从空气动力学的角度，上面为什么长下面为什么短讲不清楚，从结构力学的角度，上面长下面短也讲不清楚，我们这些学工艺的没搞清楚，我们就去请教苏联设计集团的代表，是个年轻人，小伙子跟我们差不多大，他一听也愣住了，想了好几天也没能答复，他说这样吧，我写信回去问我们那个集团。他问后讲得非常有道理，对我们也有启发，他说这是个农用飞机不会在标准机场起飞，甚至庄稼地里就得起飞，地不平，老摇摆，摇摆机翼就触地了，一触地就把翼尖就给弄坏了，那个飞机不是金属的，是蒙布的机翼，以后翼尖包上铝蒙皮也不行，还是坏，设计师只好把下面搞短一些上面搞长一点。我得到的启示是，设计不一定都是理论上的结论，有的也是实践上的需求。

实习的时间不长，收获、启示都很大，由于反右运动的需要提前回校了，没有赶上飞机上天的时候。

神舟五号总设计师戚发轫院士

与航天结缘

1957 年我毕业的时候，做了思想准备，因为是学飞机工艺专业的，准备到飞机工厂为中国的航空事业奋斗一生。当时刚刚成立不久的国防部第五研究院也非常需要补充人员，组织上就把我们飞机工艺专业的三个人和更多的飞机设计专业的人分到国防部第五研究院。从到老五院的第一天起，我的人生之路就与中国的航天事业结下了不解之缘。先搞导弹、再搞运载火箭，1967 年又调到新五院，先搞卫星，再搞飞船，直到 2003 年神舟五号把杨利伟送上天，就退到二线。2003 年又到北航宇航学院当院长了，所以我的经历就是从航空到航天，从航天又回归航空。

虽然离校五十多年了，但母校五年的教诲终生受益，母校在心中总在惦记着。神舟一号回收成功当晚就回到母校和全校师生共庆胜利，神舟五号回收成功的第一时间也是回到母校欢庆成功。2004 年北航和科技集团的领导协商，我到母校宇航学院任院长，直到 2010 年，也算对母校的一个回报。

北航是新中国成立最早具有航空本科专业的高等院校，也是全国最早具有航天专业的高等院校，最具备航空航天特色的大学。祝愿母校不仅有专业特色、办学特色，更具有文化特色。记得 1962 年校庆十周年时武光校长总结的十六个字“艰苦朴素，勤奋好学，全面发展，勇于创新”，今日仍应大力传承和弘扬。

戚发轫院士受聘为北航宇航学院名誉院长

今年是北航 60 年大庆，扎扎实实地把北航的精神传承下去很重要，但是北航的精神归纳为什么东西？我觉得一定要形成一个有特色的北航的精神，我觉得要强化航空航天的特色，因为你就是国家第一个最好的最有权威的历史最久的一个航空航天高等学府，一定要在这个领域里头要有成绩，要和别人不一样，要有航空航天特色，传承这个航空航天的特色，但是现在提出叫“空天信融合”，我觉得这个也是对的。但是也就是说，必须要有这个特色。

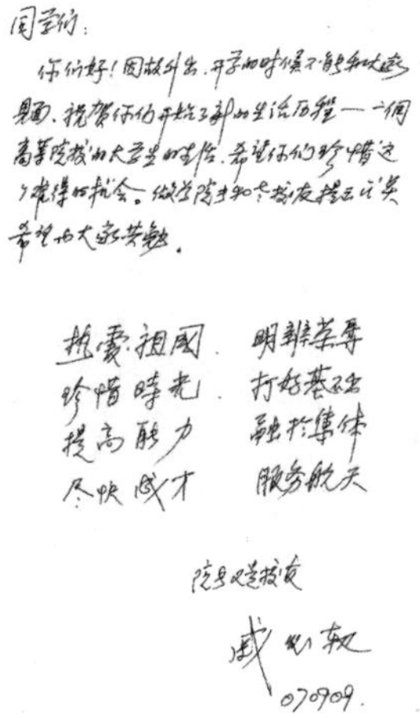

戚发轫院士寄语北航学子

我与我的母校——北航

□ 钟群鹏

钟群鹏院士

少年时代的钟群鹏

注：本文由钟群鹏院士于2012年5月应北航宣传部之约写成。原载《北航校报》2012年6月21日第849期。

作者简介：钟群鹏，浙江上虞人。1952年考入北京航空学院（清华大学一部），1957年北京航空学院研究生毕业（苏联专家指导）。北京航空航天大学教授、博导，学术委员会主任，中国工程院院士，机械（电）装备失效分析预测预防专家，我国失效分析预测预防分支学科的主要开拓者和我国失效分析学会组织主要创始人之一。40多年来在金属材料的断裂模式与机理、弹塑性断裂判据与安全评定、失效损伤的早期检测与治愈机制、宏微观断口物理数学模型与定量分析、失效哲学理念与安全管理系统等方面进行了卓有成效的科学研究和工程应用。主持或参与重大失效事故分析和预防决策500多案例。获国家科技进步奖2项、省部级一等奖7项、二等奖4项。1999年当选为中国工程院院士。

我1934年10月生，今年78岁。从18岁起就与北航有不解之缘，至今已有整整的六十年了！我的青年时代、壮年时代和晚年时代都是在北航度过的，是一个地道的“北航同龄人”。

今年是母校的六十年校庆，回顾六十年的岁月，真是心潮澎湃，感想万千。我是北航培养教育出来的，我的一切业绩都和北航分不开，北航是我的母校。

甲子弹指一挥间，母校辉煌业参天；
挑战机遇马加鞭，协同创新意志坚。

进北航前的一段往事：
欢庆解放，参加革命——激荡的青年时代

1950 年 5 月，浙江金华解放，我当时是在金华私立作新中学（教会学校）初三年级求学，当时我全家（父亲、大哥、二哥、姐姐和弟弟）都已参加了革命。我于 1951 年 9 月参加了中国民主主义青年团，并立即担任校团支部宣传员。初中毕业后报名参加金华地区干部训练班，三天后因年龄太小，被劝回家。1951 年 3 月我考入浙江省金华市省立中学高中部，担任高中部团支部书记。抗美援朝时，我报名参加志愿军空军，因身体不好未被录取。1951 年 8 月我高二上学期刚结束，作为浙江省优秀团干部调往北京中央团校第四期短训班学习，担任组长，1951 年 10 月作为团中央土改工作团（队）团员赴皖北宿迁县参加土改工作。1952 年 4 月土改结束时，被评为土改工作模范。

回京后，先被分配团中央办公厅工作，后因自己要求改分配“支持国家经济建设，报考大学”，1952 年 5 月—9 月在北京工业学院（北京理工大学前身）干部补习班补习，并担任班长。1952 年 9 月被录取为北京航空学院飞机施工专业本科，由于当时北航没有校舍，被附在清华借读一年，1953 年迁至现址至今。

中央团校是我真正参加革命的起点。在土改结束时，我用仅有一点生活补助费刻了一个牛骨图章，决心“俯首甘为孺子牛”，在团校成立 50 周年（1998 年）的文集《青春如歌》中，我撰写《革命的熔炉，成长的起点》一文。

中央团校土改队，革命教育熔炉炼；
立志甘为孺子牛，支援建设从头越。

清华一年的借读生活点滴：
支援建设，刻苦攻读——多彩的求学岁月

1952 年 10 月 18 日报到，10 月 25 日在市里东皇城根中法大学参加北京航空学院成立大会。我们是“全盘苏化”的北航第一届正规大学生。在清华借读的 327 名同学全部的专业定为施工专业，分

1998 年 10 月，与时任共青团中央书记处总书记合影

飞机施工和发动机施工专业，在清华的一年不分专业上课。327名同学来自三个部分，一部分是高中应届毕业生报考来的，如钱士湘等，一部分是四川航专并过来的（大约有30人），如李正荣等人，第三部分是调干生（可能是最早的工农兵学员），如李凝，叶家康等人，我属于调干生之列。大一上学期分11个班，我分在11班，开始担任政治课代表，后来担任团支部书记；大一下学期按数学成绩分班，共分了10个班，前五班成绩较好。我被分在2班，担任团支部书记，一直到大四上学期，我调作研究生为止。

在清华时，整个施工专业是一个党支部，支部书记是来自海淀派出所所长的调干生李凝（后改名为张宁，毕业后调北京市委做周天行同志的秘书，回校后担任图书馆馆长等职），组织委员是从中组部调来的调干生汤宁，宣传委员是从重工业部调来的范子真，当时，钱士湘已是候补党员，是个活跃分子。

在大一时，给我印象最深刻的几件事：一件是参加北航校址的奠基典礼，当时，副院长是杨待甫，最先奠基的楼是教学一号楼，当时基建青年突击队长是张百发，我有幸作为学生代表参加填土的奠基仪式，可惜当时没有留下照片。基石现在还在教学一号楼进门的右边基墙上镶着，我每次走过一号楼，都要看一下当年的珍贵的纪念，它是我校成立的见证者。

有一件事让我十分难忘。在大一上考数学时，我把一个两重积分看成了三重积分，算出一个不规则形状旋转体积，一出考场，我想坏了，当时的辅导老师是袁博纯老师，他事后对我说，你在两重积分的基础上算出了三重积分的结果，超出了考试的基本要求，应该得5＋。我想老师是多么客观公正啊！就因为数学成绩得了优秀，我被分在了2班，算是学得比较好的一个。否则还不知道会有什么结果呢。

还有一件事是选拔留苏预备班的学员。我被列为初选的名单，当时非常高兴，但后来被通知说没有我，得知是因为我社会关系不好（我父亲是伪职员），加上身体偏弱。我想出身是改变不了的，身体可以锻炼加强，于是我拼命加强体育锻炼，在当时劳卫制一级通过的基础上，又向劳卫制优秀进军，最后终于得到了劳卫制优秀奖章。记

上虞丰惠镇大池头 钟群鹏故居

得全大班 327 人只有两个人得到了劳卫制优秀，一个是大班体育干事杜昌年，后来当了哈尔滨 120 厂总师，一个就是我。这算是对我不懈努力锻炼的回报吧。让我深刻体会到“成功在于坚持，毅力源于理念”的本意，当时受清华的体育界马约翰教授的影响实在太大了啊！

新建北航只有两栋学生宿舍，一个饭厅，一些平房教室，风餐露宿，路灯下看书，条件非常艰苦，但精神头很好，学习非常刻苦，真正体会到“智慧来自勤奋”。

整个大学三年半的学习生活，我按当时调干七等五级（科员）待遇补贴，每月 25 万（货币改革后为 25 元），当时的伙食是非常好的，伙食费 10.5 元，剩下 14.5 元买点牙膏、牙刷等生活用品也绰绰有余，生活是十分“富裕”的。我是党一手培养出来的调干生，可能是最早或者比较早的“工农兵学员”了吧！直到“文化大革命”期间，时任工农兵学员班主任的我，与学员们讲我的“光荣历史”，他们也还有些半信半疑呢！

我在大学期间一直积极要求入党，终于在我 20 岁那年——1954 年 9 月 18 日，我被批准为一名候补党员（后来改为预备党员），我所在的班级也被评为模范班。当时北航只有两栋学生宿舍，我们住在学生一楼（即一宿舍），同房间的有陈耀明（班长）、白俊林（总干事）、冯肇华和我（当时是团支部书记），同学们称我们为“三巨头宿舍”。当时是十点钟熄灯，功课做不完只有在电线杆路灯下看书复习，特别是考试期间更是如此。我们宿舍的人都很懒，衣服没有几件，脏了也不洗，挂在宿舍中间的铁丝上“干洗”，从脏的衣服里挑一件比较干净的再穿上，每逢考试完了是我们宿舍最高兴的时刻，各人自愿买一点花生、瓜子来，聚餐一顿，实在是高兴！

记得当时我们同学很少有自行车，我们宿舍的白俊林是北京人，他有一辆自行车，破得“哪都响就是铃不响”的老破车，进城办事，只有厚着脸皮借他的车，一次我骑车进城，在长安街出了一次交通事故，人是幸免于难了，但车的前轮给扭成“麻花”了，我只好到修车铺花钱给扳过来，还给了他，轻描淡写地说修了一下车，现在想起来真有些对不起他的。

2002 年 10 月，钟群鹏（后排左一）与老同学王永志院士（后排右二）、原北航副校长夏人伟教授（后排右一）、戚发轫院士（前排左一）及原北航副校长叶家康教授（前排右一）在北航建校五十周年庆典主席台上的合影

1955年11月组织上决定调一批大四、大五的本科学生一共53人，去当时北航的四系航空冶金工艺系做研究生，党支部书记李凝通知我被调。我当时对飞机施工专业很有兴趣，立志做一名飞机制造“红色工程师”，已经大四了，专业课“飞机结构学”、“空气动力学”、“飞机制造工艺学”、“热工学”、“航空动力学”……都学过了，当时思想是很单纯的，“党组织的需要就是我的志愿”，我毅然决然地服从了组织分配，进了四系。当时四系的主任是吴云书教授，党总支书记是罗琦，一开始我编入基础课，总支书是樊恭烋（樊后来当了北工大校长）。研究生班由苏联专家授课，我在金相热处理研究生班。

研究生是从1955年11月开始到1957年3月，以上课为主，1957年3月我和其他三人（赵敬世、董宁辉等）突然得到通知，要在苏联专家1957年7月份回国以前完成课程设计和毕业作业，我们只好拼命加玩命，天天开夜车，几天几夜不睡觉，困了在桌子上趴一会就算了，终于在1957年7月11日完成了毕业作业，进行了答辩，还得了优等。我因此瘦了12斤，得了严重的夜盲病，走夜路撞到铁丝网上，头破血流，擦一擦继续上路，去大楼。真是成功在于坚持，毅力来自理念，人是要有点精神的！

专业改变，热情未减；
勤奋人生，憧憬未来。

1957年6月至7月正值反右斗争，由于做毕业作业基本上没有参加反右运动。研究生提前毕业后，我就参加教研室的工作，担任教研室实验室主任，负责安装从捷克进口的淬火机床。淬火机床是一台比较复杂而当时又是比较现代化的电气设备，光电发生器和控制装置就有半个房间那么大。我没有学过电子电器，只好边干边学，经过几个月的努力，终于安装成功。在测试机械设备时，右手食指被齿轮咬伤，拔出后留下“断口”，长好后至今短了一截，这是我生平第一次遭遇到“断口”的奇妙，可以从此断口分析受力和损伤过程，我开始对断口产生了好奇心。

1958 到 1962 年间的一点回忆：雄心壮志，创办专业

从 1958 年开始就进入了大跃进，当时党委书记是武光，他指出，“宁可得一百面卫生白旗，也要争一面教学科研红旗”，真正的“有所不为、有所为”（武光院长在我校成立 55 周年的题词），提出“高精尖虚实细重”的口号。我们一伙人创办新的绝密专业——高温陶瓷材料和原子能材料专业，没有设备自己造，没有成熟的课程就自己从原版著作选编，没有学生就自己招，还培养了一届高温陶瓷材料专业本科生。这批学生有的做出了很好的成绩，例如李东生、王崇琳等。后来专业被迫下了马，这些给我的启发是：办事、办专业一定要讲科学，要循序渐进，打好基础，光有热情是不够的。

甲子北航，千万感想；
催人奋进，志在远方。

新专业 1961 年底下马之后，我调回金属材料教研室，下决心刻苦攻读基础理论，如金属物理、原子物理、统计物理、电动力学等等，还给本科生开了“金属物理”课，这两年对我的教育很大，要学会做学问，奠定科学的基础，才能有发展的实力。

1962 年开始，学习毛主席的知识分子与工农兵结合的论断，我又下决心实践锻炼，到 420 厂实习，学会热处理“钓鱼”，与工农兵相结合，向工农兵学习，学到了书本上学不到的东西，体会“创新基于实践”的道理，一切要从实践出发，实践是出发点和归宿地，是“检验一切真理的标准”。

在教学方面对我影响比较大的是高镇同先生。高先生是我“材料力学”的辅导教师，他讲课不用讲稿，深入浅出，规范板书，讲究方法，我后来也学习高先生，在教学上狠下工夫，获得学生的好评。

我是怎么走上“断口”这条道路的：断裂力学，失效分析——奋斗的壮年时代

1920 年美国断裂力子的鼻祖 Griffith 提出了一个定性和半定量的

断裂判据，$\sigma_f=\sigma\sqrt{\pi a}$，被埋没了40多年之后，到了1968年才引起人们的广泛重视。1968年那年，美国北极星导弹在试验现场爆炸，引发了科学家们的极大震动，北极星导弹的壳体材料是D6AC超高强度钢，强度极限是1400MPa，材料的5大性能指标全部合格，为什么在试验过程中发生爆炸呢？美国国会E-24委员会研究认为，裂纹体的断裂行为的控制指标不是材料的五大性能指标，是材料的断裂韧性K_{IC}。材料，特别是超高强度钢有了裂纹之后，其裂纹尖端的应力强度因子K_I一旦大于或等于材料的断裂韧度K_{IC}就会发生脆性爆炸，这一成果引发了断裂力学的迅猛发展，真是“创新基于实践”的又一成功的范例。

1970年左右，钢研院的研究员，被人们称之为科技铁人的陈篪，他是搞X光结构分析的，后来转向断裂物理，研究金属材料的断裂行为和判据。他是我国断裂力学的先驱者，积极宣传和普及断裂力学的基本知识和原理。我听了他的学术报告，受到很大的启发，觉得断裂力学是一个新兴的热门课题，很多断裂事故都是有断裂力学和断裂物理问题的。

1970年开始我就深入研究金属材料的断口了，但是我对断口感兴趣，应该追溯到更早的时期。

1957年在安装运行淬火机床时，右手食指被咬断，露出“肉断口”，这是我第一次感到“断口”是可以分析的。

1960年，我从事金属材料的化学热处理工艺研究时，渗碳过程的质量检验中的断口方法，使我进一步感到，断口留下了工艺过程和质量的好坏判定依据，这使我联想到断口不仅是工艺过程，还有可能是构件材料使用过程的断裂断口是断裂过程、模式，原因和机理的忠实记录者和见证者。

1971年我接触到断裂力学原理，使我进一步认识到断裂过程不仅有力学问题，而且有物理问题，还有化学问题，这些“信息”都蕴含在断口中，断口是值得研究的。当时有人说，“断口有什么可以研究的？它只是一种工艺检查手段而已”，而我不以为然，毅然决然地投入到了断口分析为切入点的断裂学科中去了。

1977年我参加飞机大梁梳状接头的断裂原因的研究，更进一步使我认识到，断口信息的丰富和机理的深奥。

我搞断口是先从资料、经验、实验，再到研究、分析的过程。

我收集国内外断口资料，出版《断口文集》，举办各种类型的短训班、进修班、研究生班，编写《金属断裂故障分析》、《金属损伤扫描电镜图谱》、《金属材料缺陷检验方法》、《金属材料断口分析》、《金属材料断裂机理》等近十门教材，与此同时，我还到航材院、空一所等单位学习，学习他们从事事故分析的理论、技术、方法和经验，提高自己的能力。此外，还从1973年开始指导工农学员做毕业论文，日日夜夜做透射电子显微镜的修复和实验工作，结果我的转氨酶指数提高，得了急性肝炎。总之，万事开头难，一切从头开始，真是“事业始于足下”。后来的成绩和这一段的努力探索、学习实践是分不开的，也从侧面体现了“伟大寓于平凡”的道理。

在从事失效分析的初期，我和同事们征集全国学者的签名，经过一年多的努力，征集了117名学者的签名，并向当时的国家经委汇报，申请成立全国性的学术工作组织，一共去了国家经委13次，得到了质量管理局总师岳定仑的接见。后于1985年5月9日，得到时任国家经委副主任朱镕基同志的批示：“失效分析工作十分重要，国家经委将尽己所能给予绵薄的支持，希望失效分析委员会同志加强横向联系，加紧工作……”还给了5万元的开办经费，批准我们参加和主持全国重大机械（电）装备事故分析诊断和预防工作。1986年8月16日，终于在中国机械工程学会成立了失效分析工作委员会（一级半的工作机构），开展全国性的学术组织工作。出版了一套《机械产品失效分析丛书》（中级读物，全国第一次出版此类图书，11个分册，254万字，28个编委，我为副主编，由机械工业出版社出版），在全国起到了普及失效分析知识的作用，我还主编了全国高校必修课试用教材《失效分析基础》（19万字，机械工业出版社），使失效分析课程纳入到金属材料及热处理专业本科生的必修课程体系。

从1987年8月开始到1998年12月止，一共在全国主持和组织召开了三次“全国机械装备失效分析预测预防战略研讨会”、两次

2001年11月，与路甬祥副委员长（左二）、徐滨士院士（右二）、陈蕴博院士（右一）在苏州合影

2002年春节，与中国奥委会名誉主席何振梁（中）、曹春晓院士（右一）在北京合影

国际性的学术会议，一次是 1995 年“失效分析与预防国际学术交流会”（38 个国家参加，我担任国际委员会委员、学术委员会两主席之一和组织工作委员会两主席之一），一次是 2007 年“第九次国际工程结构完整性学术会议”（近 300 人参加，由中国工程院和英国皇家工程院共同主办，我是大会两主席之一），在国内外起到了普及和提高的作用，得到了两院院士师昌绪先生的好评：“钟群鹏教授……30 多年来一直在机械装备失效分析和预防工作中进行了系统的、有开创性的研究，”“为我国失效分析工作的开展与学术体系的建立做出了贡献”（师昌绪先生对钟群鹏的申报院士的推荐意见）。

万事开头难，师训记心怀；
功绩归团队，创业求发展。

我是如何主持或参加失效事故分析预测预防诊断分析和决策工作的：尊重事实，探索真谛——顽强的追求时代

1995 年 6 月，在中国举办的首届失效分析和预防国际学术会议（ICFAP-95）作学术报告

师昌绪先生在一次全国机械（电）装备失效分析预测预防战略研讨会的特邀报告中指出：“失效分析代表一个国家的科技人员的科学技术水平与管理水平。因此，提高我国机电产品失效分析水平是发展我国科学技术的重要组成部分”。40 多年来，我就是努力按照师昌绪先生的要求参加各种机械（电）装备失效分析和预防工作的。

我先后主持或参加了 500 多起失效事故分析诊断和预防决策案例工作，都得出了明确的结论。例如：

秦岭电站 200 兆瓦机组特大爆炸事故原因分析；

1990 年 1 月 24 日，安庆水上特大交通事故分析；

海淀东海餐厅特大爆炸事故分析；

1996 年 6 月 27 日，北京东方化工厂特大爆炸事故原因分析；

2004 年 11 月 19 日包头 ARJ200 特大空难事故分析，等等。《中华英才》、CCTV“大家”栏目等对我主持或参加这些事故的分析诊断曾做过大篇幅的报道。

2000 年 4 月，与师昌绪院士（右一）在北京合影

失效分析工作是一个跨学科的交叉团队有机配合和带有很强探索性的机械“法医”工作，在这个工作中，对我的教育很大，使我真正体会到“力量系于集体”、“业绩归于团队”，更使我认识到“做人先于做事，素质重于博才”，我觉得失效分析出了6个院士与它的工作属性不无关系，时势造英雄和英雄创时势啊！

这使我想到，我校要建成“空天信融合特色的世界一流大学”是多么的必要和重要啊！

甲子华诞庆母校，历史功绩尽荣耀；

融合特色闯新路，世界一流不动摇。

我申报院士三次，1995年试报，1997年再报，1999年11月当选，期间因1997年6月27日担任北京东方化工厂特大火灾事故原因分析专家组组长，正是我第二次申报院士期间，不顾“坚持专家组结论意见，对院士申报不利”的劝告，下决心“宁可不当院士也要得出科学结论，给全国人民有一个负责的结论”，并于1997年8月向朱镕基总理写信申诉，2000年12月才得到国务院的批复，同意专家组的结论意见。在此期间，我已于1999年11月当选为院士。

在申报院士期间，一直与陈懋章同行，直到最后两人同时当选院士，在最紧要的时刻，有人认为北航只能有一个人当选，我主动向院士提出，要把陈懋章排在前面，因为他是搞发动机的，对北航的贡献比我大。

1999年8月正是我65岁要退休的时候，学校和系里通知我退休，我提出等评不上院士我就退休，不再延聘，申请延至当年11月之后“执行”。我对评上院士的期望不高。

1999年底评上院士后，学校和系里要“庆祝”，我提出，不要庆祝，我认为陈昌麒比我的水平高，应该先当院士，我也推荐过他两次（我当时是机械工程学会常务理事，有推荐权），但因种种原因他未能当选，实在可惜，“我还是我，一夜之间没有变化，不要把我与群众分开，我还是群众的一分子”，低调处理了院士当选一事。

2003年9月，与原机械工业部部长何光远（中）、胡启恒院士（左一）在北京合影

我把当选院士作为新的起点，近十年来我一直在潜心研究“失效学的哲学理念”问题，并提出了由失效学的认识论、矛盾论、系统论和方法论所组成的失效学的哲学体系，和由失效基础理论篇（失效哲学、失效力学、失效物理学和失效化学）、应用基础篇（断口学、裂纹学、痕迹学和信息学）和工程技术篇（失效诊断学、失效预测学、失效预防学和失效管理学）组成的失效学技术体系。

当选院士新起点，勿骄勿躁静心田；

学术深化记心头，继承创新探理念。

我是怎么做校学术委员会主任的：立足北航，服务师生——丰富的“晚年”时代

2002年4月15日，我还在同仁医院做青光眼手术尚未出院，学校出了红头文件，任命我为校第六届学术委员会主任。在这之前，李未校长找我谈，要我“出山”，我说不行，我连系里干部都没当过，是科级干部，怎么去当校级干部呢？但还是任命了。4月30日，我戴着眼罩，上台讲话表态，我一定要做好这个工作，要贯彻科学、民主、公正，要在党委领导下的校长直接领导下，努力做好“咨询、评审和评定”工作。

2000年8月，与时任人大教文卫主任、原教委主任朱开轩（中）、北航过梅丽教授（右一）在北航

2002年是多事之秋，我校当时有四个学风事件，当时教育部还没有下文，如何做好这方面的工作，我向杜书记汇报、向李未校长汇报，要“认真调查，实事求是，以人为本，惩前毖后”，学术委员会的同志们十分认真努力做好学术不端行为的调查和处理建议工作。自那以后，虽也出过个别的学风事件，但2002年“大规模”的学风不端行为调查工作起了很好的作用。

2006年11月，与中国工程院常务副院长潘云鹤院士（右三）等在中国机械工程学会年会上（杭州）

校学术委员会在其他咨询工作、规划工作、学科建设工作、人才工作等方面尽己所能地做了不少工作，本着“定好位，说好话，做好事”，配合各职能部门和学校的中心工作，做好自己应该做的工作。本着“咨询不干政、建议不决策、反映不片面”，努力做到参谋队、

思想库和智囊团的作用。除了日常的工作以外，我们还出了咨询集、专题报告和调查建议，得到了书记、校长和有关职能部门负责人的好评。

2008 年 1 月 16 日，校学术委员会换届，杜书记讲话，对校学术委员会作了充分的肯定："学校成绩的取得，无不凝聚着校学术委员会的辛勤劳动和卓越工作。在校党委和校长的领导下，以钟群鹏院士为主任的校学术委员会充分发挥了教授治学的核心作用，特别是在学校发展战略、重点学科建设、高层次人才引进、学术道德建设等方面做了大量卓有成效的工作，对学校的长远发展做出了突出贡献。一些老专家、老教授急学校发展之急、想学校发展之所想，时刻站在学校发展全局的高度，不辞劳苦、亲力亲为，工作很投入、很认真、很严谨，提出了很多高层次、高质量和高水平的建设性意见，做了很多感人肺腑的事情，表现出了高度的责任感、严谨的学风和高尚的学术风范，在做人、做事、做学问方面也为全校师生树立了榜样。在此，我代表校党委对全体校学术委员会委员表示衷心的感谢和崇高的敬意！"这是对我们的鞭策和鼓励，也是我们今后应该努力的方向。

我 1951 年 8 月参加工作，1955 年 11 月参加教育工会，1957 年 8 月担任助教，1960 年 1 月评上讲师，1980 年评上副教授，1985 年 12 月评上教授，1993 年被国务院学位委员会评上博士生导师，1999 年 11 月当选中国工程院院士。

我从教 57 年来，共讲授过 10 多门课程，直接培养博士后、博士和硕士 50 多人，1989 年被评为北京市先进教师，1992 年获部突出贡献专家称号，并被评为国务院特殊津贴专家，2007 年被评为全国优秀教师。2011 年被评为北京市优秀共产党员。

我指导学生是教书育人、言传身教，希望三学、三会、三基、三成，即：学习做人，做好人，奠定人生基石，成人；学习做学问，学会做学问，奠定科学基础，成才；学习做事，学会做事，奠定基本功，成功。品德先于做事，素质优于水平，使他们立足社会，尽好责任，做出贡献。

在 50 多名博士后、博士和硕士中，有不少已成为骨干、中坚，如张峥教授、博导，新世纪人才，中国机械工程学会失效分析分会副

2006 年 8 月，与神六飞船总指挥袁家军教授在西昌发射基地发射塔前留影

理事长兼秘书长，第五届中国青年科技奖获得者，2008 年 5 月 12 日在汶川地震中舍己救人的行为，表现其品质高尚。朱立群教授、博导，材料科学与工程学院分党委书记，在工作中吃苦耐劳，不计报酬、勇担重任，品德高尚、作风踏实，值得学习。

现在我已经 78 岁了，精力不够了，心有余而力不足了，但我仍然力所能及地做好自己应该做的工作，站好最后一班岗，我已退居二线工作，我希望新的一代尽快地成长壮大，扛大旗，做大事。

我初步总结我的认识和体会是：

智慧来自勤奋，创新基于实践；

成功在于坚持，毅力源于理念；

做人先于做事，素质优于博才；

力量系于集体，功绩归于团队；

事业始于足下，伟大寓于平凡；

英雄出自少年，未来属于青年。

衷心祝母校更加辉煌，做出更大的贡献！

母校华诞六十年，桃李满天争贡献；

历史重任挑在肩，继往开来创新篇。

——李敏、钟群鹏共贺共勉

2003 年钟群鹏夫妇在外地度假

我的北航记忆

□王 浚

王浚院士

作者简介：王浚院士1954年9月至1959年7月就读于北航飞机设计系，后留校任教。现在是北京航空航天大学教授和博士生导师，北航科协主席和中国制冷协会常务理事，于2001年当选为中国工程院院士，是人机环境方面的知名专家。王浚院士主持了二十多项大中型环境模拟工程的建设，其中许多项目达到了国际先进和国内领先水平。在数十年的科研生涯中王院士成绩斐然，共获国家科技进步二等奖2项，国家发明三等奖1项，光华科技一等奖1项，解放军科技进步二等奖1项，部级科技进步一等奖1项、二等奖7项、三等奖5项，获发明专利10多项，国家甲级出版社出版专著三部，发表论文100多篇。

初入北航，励志做红色的航空工程师

我出生在山西省孝义市一个普通的农村家庭。初中，我考入了山西著名的百年老校汾阳中学就读。一次偶然的机会，我读到了前苏联著名火箭专家齐奥尔科夫斯基的一本关于航天及火箭知识的科普读物，并被其中奥妙的航天知识所深深地吸引，为奇幻的太空世界而着迷。从那时起，我对航空航天事业就有了深深的向往。

1954年参加高考，以优异的成绩考入了北航飞机设计系。北航

注：本文采访时间为2012年3月23日，由北航宣传部采访录音及整理，经作者本人审定。原载《北航校报》2012年5月1日第844期。

那时叫北京航空学院，作为国防院校，为第一批招生，有点像现在的军事院校第一批招生，而且北航当时录取名单不登报纸，是直接发通知。当年 7 月，我提前入学，坐火车到北京老站，就是前门外那个火车站。和现在北航的传统习惯一样，也是上一届接待下一届同学。我们坐着大卡车带着行李来到学校，行李很简单，就是个小铺盖卷，拿绳子一捆，有的同学拿网兜就来了。

北航当时只有现在的 1 号楼、3 号楼，老主楼正在建，2 号楼和 4 号楼还没有建，宿舍就是现在的 1 宿舍到 8 宿舍盖完了，其他地方像现在的家属区都是庄稼地。我当时住在现在的 6 宿舍，因为我提前到了，所以等了几天，同学们才报到完毕。

刚到学校，感到周围的一切都很新奇。最深的第一印象就是“励志做一个红色的航空工程师”。北航为国家培养航空工程师，对 18、19 岁的青年学子有很强的吸引力，意气风发的我们对自己的未来充满期待。当时的校徽是圆的，切掉一块，红色上面有两个金色箭头，像火箭一样，带上这个校徽，让我们觉得非常骄傲和自豪。

北航给我的感受，就是很温暖。从老师的教学、日常生活，到团组织活动都让我们感到暖融融的，对从农村来的我，没有觉得很拘束和陌生。记得在中学读书的时候，伙食比较差，一个月是 7 块钱的伙食费，到了北航一个月伙食费是 12 块 5 角，吃得比较好，没几个月就胖了好多。学校倡导德智体全面发展，提出来“为祖国健康工作五十年”，大家学习、劳作的劲头都很高。

在中国第一飞机设计研究

我的老师，教会我如何教书育人

我就读于飞机设计系，当时飞机设计系的老师都比较有名，很多都是从国外回来的。我们的系主任是王德荣，是北航的第一位一级教授，还有著名的空气动气学专家陆士嘉、飞机结构强度著名专家王俊奎等。老师们的学术水平都很高，而且教书育人的思想比较重，教师之间、教师和学生之间相处十分融洽。

在高度温度试验设备前

不管是讲课教师，还是辅导教师（我们称之为助教），他们都非常讲究教学方法，尊重启发学生，力求让学生将知识彻底弄懂，完全吸收。大班上完课，接下来是一个小班、一个小班进行辅导。比如数学课，辅导的时候，老师会将大课上讲的问题拿出来提问，提问之后还要再出题目，让大家举手回答。记得我当时的辅导老师是从北大毕业的姜老师，因为我来自农村，而班上好多同学都来自上海等大城市，刚开始举手答题有些拘束，后来在老师的启发和鼓励下，我变得大胆而踊跃。像机械制图，辅导老师会让大家将物件剖开观察，看看是什么形状，圆柱体剖切，横切是圆，斜切是椭圆等。在我看来，这种方式很好，是启发式、讨论式的教学。

我当老师后，学习我的老师，注重教学方法。在备课方面，不管课程讲了多少遍，到上课前一天，还会花多于课堂几倍的时间备课。当时没有现在的多媒体讲课系统，就是提前在小黑板上将要讲解、展示的内容写好、画好，带到课堂。控制好时间，先讲什么后讲什么，哪些是图形说明，哪些是文字说明，哪些需要在黑板上写，哪些需要口头阐释，这些都要考虑，需要研究。可以说，是我的老师教会了我如何教书育人。

学习上的刻苦努力，使我的成绩在班上一直名列前茅，考试的课程只有一门是“良好”，其他都是“优秀”。记得当时是39门课程，基础课占的比较重，考试是口试的方式，考期一般为一个月，每周考一门。老师们会准备好题签，每个题签里面有三到四个题目。我们各自抽到之后就去准备，准备好了就去回答，老师最后给分，有不及格，及格，良好，优秀四个级别。

北京一号，五天五夜不休息

因为北航是工科院校，所以重视实践与劳动。在我们的教学安排上，就有三次实习，第一次是在大学一年级与二年级之间，去本校的工厂，首先接触机床，机械加工。老师让我们做小榔头，需要多道工序，用不同工具。第二次是大三的时候到航空主机厂实习，每位同学都分到车间，由一个师傅带着学习，一个月住在工厂、吃在工厂。我当时去的是112厂，通过那次实习，我对飞机的整体结构有了较为清晰的了解。在我看来，这对北航的学生十 分重要，不管哪个专业，

工作照

都要了解飞机为什么会飞，飞机结构包括哪几个部分。要直观实际地了解，就要去工厂亲眼看、亲手做。第三次就是如现在一样的专业实习了。

大学四年级的时候，我们很荣幸地参与了“北京一号”（最早叫“北航一号”）的制造。“北京一号”从设计到制成100天，采用2台苏制 А И-14 Р 活塞发动机，下单翼，乘员2人，载客8人，1958年9月在首都机场首次试飞，完成了北京—天津、北京—上海的航线试飞。当时学苏联，我们的学习为五年制。五年级同学已经学完专业课了，他们在老师的带领下负责飞机的具体设计，画零件图、部件图。我们四年级同 学就作为工人，承担具体的制造工序。我当时做的是机翼和机身大梁的铰接，就是把机翼和机身大梁连起来，用螺栓穿进去，钻了孔还要铰孔，慢慢塞进去，然后磨光。我还做了其他好多结构的钻孔铰孔，被专门称为铰工。

100天很紧张，但是老师和同学们的劲头都很足，情绪都很高，一般都是连夜干，我最长时间有五天五夜没有休息，在总装车间（现在老的体育馆）干活。当时的条件比较艰苦，一点鸡蛋炒米饭就觉得非常好吃，能吃好多。最后“北京一号”制造出来，成功试飞，在当时是非常了不起的。参与型号的研制，不管对老师还是学生，这种锻炼的价值是不可估量的。一个学校如果不搞适合的型号研制，就不会深入了解和掌握整个飞机的设计、生产技术，也很难在教学科研上有所创新。

2012 军营行

记得“北京一号”试飞成功后，我还有幸被学校委派和别的老师一道坐上海牌小轿车到中南海内向北京市领导报喜。这是我第一次坐小轿车。

在砂尘模拟试验设备前

“文革”前，学校提倡教师与学生“三同”，即同吃同住同劳动，虽不是常年，但师生的感情较为浓厚。每年的夏天，学校还会安排师生去北京郊区的农村割麦子，基本上是一到两周，住在老乡家里，但是需要自己挑水做饭，冬天则是到农村搞宣传教育。通过劳作，了解农村，了解农民，我觉得这非常有必要。1958年，我们还参与了十三陵水库的修建，我当时个子高，身体比较好，就作为突击队成员在大坝上爬坡倒土。此外，学校现在的荷花池，也是1956年我们亲自参与挖的。我一直认为，教学与生产劳动相结合，对学生思想、心智、身体全面健康地发展是十分有益的。

国家需求，指引我前进的方向

50年代末，正值社会主义改造刚刚完成，社会主义建设全面启动，各界都面临着社会主义建设中出现的新问题、新情况。根据我国12年科学规划的要求，许多新型学科如导弹设计、液体火箭发动机等专业纷纷建立，这些都急需专业人才的注入。

当时的北航作为我国第一所航空航天高等学府，在国家的号召和整个社会建设的大气候下，也开辟了许多新的学科和专业，“飞机高空设备”就是其中之一，新成立的专业需要一大批与此专业相关品学兼优的生源注入。1958年12月，也就是在我临近毕业的半年前，放弃了已经学习了近五年的专业，在学校的安排下转向了飞机高空设备专业的学习与研究。我当时的想法是国家的需要就是我的需求，党和国家哪里需要我，我就到哪里去。

最初的飞机高空设备专业有三个研究方向，一是安全救生，二是液压，三是高空设备。我被转到了高空设备方向，一开始的任务就是熟悉这个领域的专业基础知识，热力学、传热学、流体力学等，虽然以前也学过一些，但大部分还需要自学。那段时间，我就每天在图书馆的最高层那里看书，一遍遍推导公式。由于没有注意休息和锻炼，1959年4、5月的时候，我患了肺结核。三个月病好以后，正式留校，参与到筹建专业的具体工作。

工作照

当时我们专业可以说是学校最“年轻”的一个专业，是由30多岁的主任带着留校的20多岁的年轻人筹建。我们到工厂把工厂用过的航空设备如头盔、面罩、座椅等要过来，做一个陈列室；然后将一些进口设备的说明书翻译成文，用作编写教材的参考；再就是自己动手建立实验室。如高空模拟舱，我们查资料、自己设计，然后联系工厂生产。最初是1立方米，后来是40立方米。当时我们完全靠自己动手建设，两年之后，高空设备专业就初具规模了。最初的学生是从别的专业调过来的，1961 年就有了第一届学生。

我常常对我的学生说，一个人能否取得大的成就，关键看他的工作是否符合国家的需求和服务于人民的利益。人要有一种精神，没有精神不行。作为教师的我们，无论是在科研工作还是教书育人上，都更应把爱国作为自己一生的信条。

科学研究，持之以恒、脚踏实地

1974 到 1984 的十年间，我很长时间是在部队里度过的。现在回忆起来，我还能清楚地记起每年在军队过八一建军节的情景。那时基地准备在国内建立一个地面模拟试验室，用于武器设备的环境适应和可靠性试验，我被定为这个实验室研制的项目技术负责人。当时国家正处于文革后期至改革开放初期，科学研究处于长期停滞阶段。我和我的团队面对的是前无任何经验可以借鉴的情况，但是我们没有退缩，克服了研制过程中的种种问题。例如：为了让试验室内部的温度调节达到要求，需要一个大型的换热器，用来完成试验室内部的冷热交换和温度调节功能。这么大型的换热器国内当时没有现成产品，而基地也不具备制造这样一个设备的条件。怎么办？经过不断的调研和走访，我们发现制氧行业中有一种大型换热器可以改造成试验所需要的换热器。但由于经费紧缺，购买制氧行业换热器行不通。于是我们又把目光放到了那些已经被淘汰的旧型换热器上。经过多方走访，得知在开封某工厂有一批 6000 标立米空分设备的换热器刚刚被淘汰，有可能用到试验室中去。几经波折联系到厂商，却得知这批换热器在几天前就已经被卖到了废品站。我就和另一位教师跑到开封的各个废品站里去找，终于在一家废品回收站里，找到了被卖掉的这一批换热器。虽然有一部分已经被处理掉了，但还有两个幸免于难，没有被熔化。我们如获至宝，急忙把它们买下来托运回基地。经过改装，这两个换热器被成功应用到了试验室中，这才使整个工程得以进行。该项目 1985 年获得了第一届国家科技进步奖二等奖，总结工程实践，上升为理论，我们团队编了一本专著，名叫《空气制冷机》，国防工业出版社出版。

王浚院士第一个项目 32 基地高低温

作为一名科学工作者，在几十年的科研道路上，“诚实”一直是我最为看重的。在某工程兵装备的环境模拟试验室研制中，联合调试是一项需要对所有设备进行 150 小时连续检测的最主要项目，以证明设备具有长时间连续运行的能力。调试时，设备在规定工况下运行 48 小时后出现露点高于规定的 −40℃情况，降温用高速涡轮发生结冰冻堵停转。按照实际情况，设备一般连续运行都在 24 小时之内，能够连续运行 48 小时已经足够，军方认为设备可以通过验收了。

当时我深知自然环境风云变化，很可能会碰到许多无法预料的突发事件。我主张必须要按照合同及军标的规定执行。在我的坚持下，又对出现问题的设备重新进行仔细分析研究，找出露点升高涡轮结冰冻堵的原因，改进了系统设计，使设备达到连续运行 150 小时的指标。这样，我才感觉自己的任务完成了，悬着的心也终于落下了。在这一实践中，我们发明了一种干燥再生的新方法，不仅申请了发明专利，还获得了国家发明奖三等奖。这告诉我们，做事情要持之以恒，遇到问题不要躲，要老老实实去 做就会成功，叫“诚实做事”。

北航特色，需继承与发扬

我从进入北航求学至今，已经有 58 个年头了。从大学毕业留校开始，我一直坚持在教书育人与科研工作的第一线，从讲师、副教授，到教授、博导，培养了多名硕士生、博士生以及博士后。一路走来，教师的责任和使命，北航的责任与使命已经和我深深地融在了一起。

多年教学、科研工作中，我总结出三句话：一是要把国家的需求摆在第一位。国家需要你干什么就要尽力去干好，就是要有强烈的使命感和责任感。二是“实践出真知、创新能进步”。真正的知识是从实践当中来的，在实践中你敢于创新才能进步。我们总结多年从事几十项环境模拟重大研制项目的经验，上升为理论，在 1996 年出版了一本《环境模拟技术》的专著（该书获首届 著作类著作部级科技进步二等奖）。该书在国内外首次较系统地介绍了“环境模拟技术”这一新交叉学科的理论体系。三是“诚信做人、诚实做事”，严师出高徒，对学生要严格要求，不压不成材。

王浚院士夫妇在度假

今年是北航建校60周年。60年来，我觉得北航有几个基本的特色：第一，始终把国家的需要放在第一位。北航从一开始建校就是为国家的需求而建，中间所有新设立的专业以及专业的变动都是根据国家的需求变动的。现在北航的大部分科研课题也都是国防的一些重大专项或者重点课题，所以离开国家的需求，北航是无法发展的。第二，北航的工科优势。我们不仅要做理论研究，也要重视工程实践，要跟国家重大专项科研结合起来。坚持工程特色，这样才能持续发展下去。第三，培养人才讲究教学方法，从学生中来到学生中去，加强学生基础知识学习及实践能力培养。第四，尊师爱生、朴素实干的校风。学校要将良好的传统在青年教师和学生中广泛提倡，把好的作风传承发扬。

我的北航情缘

□ 陈懋章

陈懋章院士

作者简介：陈懋章，1936年2月出生于四川省成都市，1952年考入北航发动机设计专业，1957年毕业后留校任教至今；1979年，作为改革开放后第一批出国的访问学者，在英国伦敦大学帝国理工学院航空系从事研究工作，1981年回国；1983年，国务院学位委员会批准为博士生导师；先后担任国务院学位委员会航空航天评议组成员，《中国航空动力学报》主编；现为北航能源与动力工程学院教授，1999年当选为中国工程院院士。曾获国家科技进步一等奖一项，国家技术发明二等奖两项，何梁何利技术科学奖，专著《粘性流体动力学基础》获国家级优秀教材二等奖，2009年被授予“全国模范教师”称号。

“五年的大学学习使我开始跨入现代科学技术的门槛——弥足珍贵的五年大学生活”

1952年秋，我作为北京航空学院的第一届学生被录取了。现虽已历经半个多世纪，但大学生活的点点滴滴仍历历在目。

那时还没有北航现在的校园，考入北航的新生，一部分暂到清华，一部分则到北京工业学院（即现在的北京理工大学），我属于后一部分。那时的北京工业学院在车道沟，主要建筑是延安大楼。我们上课

注：本文完成于2012年6月，由北航宣传部根据相关资料整理而成，经作者本人审定。

的教室是临时修的平房，既无暖气，更无空调，冬天就靠烧煤炉取暖，离煤炉近的同学烤的满脸通红，远的则仍感寒瑟。到北京的第一个春节也是在那里过的，那时的北京比现在冷多了，半夜从工棚改成的厨房里端了元宵回宿舍，没到宿舍就冻上了！这就是那时的北京，也是那时的北航。

大学五年期间，虽仍有不少政治运动，但业务学习基本是正规的。正是在这五年的时间里，我系统学习了近现代科学和工程技术的基础理论和知识，尽管这些都仍是基础性的、入门性的，但给我打开了一扇大门，让我看到了绚丽璀璨而又深邃无比的知识宝藏。每当心有所悟时，总感到无比的喜悦。

大学时期的考试非常严格，主要课程都是口试。有一次考高等数学，抽到的题卡上有四道题。我给老师讲完第一题后，他没有让我继续讲其余的题，就给了我最高的分数，也许是认为我理解得透吧。期末考试通常考 4-5 门，我觉得通过考试阶段的复习对我帮助很大，可以较系统深入地学习，加深理解，起到总结、巩固的作用，但体力脑力消耗很大，考完试后打篮球，跳起来轻飘飘的，好像身体都不是自己的。

1982 年，同学合影（前排右一为陈懋章院士）

大学期间，我较系统地学习了马克思主义三个组成部分的基础理论。由于对于人类未来美好社会的追求是建立在科学理论基础上的，因此受到了很大鼓舞。至今我仍感到受益匪浅的是对学术思想和学术研究的态度。其核心是批判的，分析的，严谨的，事实求是的，因而是科学的。他们鞭挞了资本主义，深刻剖析了资本主义的固有矛盾，但没有全盘否定资本主义，而是充分肯定了其进步的历史作用，特别是其初期对于社会生产力发展的巨大推动作用。他们的独立思考，他们对于科学研究所取的分析、批判、实事求是的态度、特别是一切都在发展变化的基本观点对我影响很深。“除了一切都在变这一点永远不变以外，一切都在变”，这样透彻的论述至今难忘。

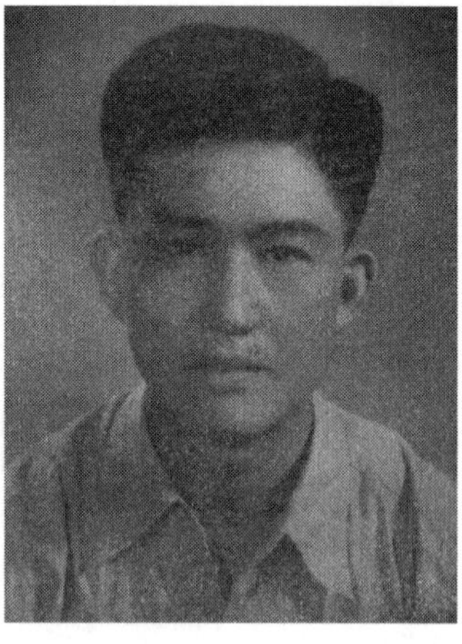

1957 年，北航毕业

1957 年秋，我大学毕业后留校当教师，对于教学科研工作和业务学习我是积极认真的，读书犹有兴趣。记得有一次，大概是 1959 年，二哥带我到一个餐馆吃饭，由于要排队就在门口等候，于是我拿出了一本买得的外文书坐在门口看，二嫂还说我太用功了，但我确实对书中的内容感兴趣，不读心中痒痒。

1961 年的困难时期，我被下放到学生食堂劳动，当炊事员，而另一位老师则下放当会计。1962 年我给本专业学生讲授“航空燃气涡轮发动机原理”课，课时约为 80 学时，上大班课，学生有 90 多人。这是我第一次讲授这样重要的本专业主干大课。走上讲台自我介绍并介绍辅导老师后，下面一片哗然，“怎么炊事员讲课，食堂会计辅导？”后来别人开玩笑说，北航水平真高，炊事员也能走上大学讲堂。为给学生上课，我编写了教材，由北京科学教育出版社出版，书名也是《航空燃气涡轮发动机原理》，但编者却不能用我的真名，因为那是“突出个人”，“名利思想”，于是我用了燕丹的名字。燕者燕赵也，丹者红也，当然，我也敬重燕太子丹。这是我正式出版的第一本书，现在看来，其优点是理论上说得比较清楚，但也许过分追求解释各种关系，有繁琐之嫌。

“国外的求学经历使我进一步知道了别人在做什么”

1979 年 4 月，我作为改革开放后第一批被派出国的学者，到英国帝国理工学院航空系学习，师从 P.Bradshaw，他是国际著名的湍流专家。在国内时我本来主要从事叶轮机械气动力学研究，由于意识到湍流理论对叶轮机械的重要性，在国内就已开始注意这方面的工作，于是决定在英国期间，主要从事湍流和转捩方面研究。在前人研究的基础上，我发展了边界层三维不稳定模态波的理论和计算方法，描写三维波在初期和中期随时间和三维空间的演化，得到了与实验基本符合的结果。写成文章后，P.Bradshaw 写道：“It is excellent and very well written。（文章很好，写得也很好）”，艰辛的劳动开始得到承认。

在斯图加特大学

1981 年秋回国后我仍在北航工作。领导和朋友们根据我在英国的研究，希望我讲授湍流方面的课程，并编写相关的讲义和书籍。我慎重考虑了这个问题：由于流体运动最经常、最大量存在的形态是湍流，它几乎涉及与流体运动有关的所有科学技术部门和日常生活，

在爱丁堡

但是湍流运动极其复杂，是流体力学和物理学中至今未获根本性突破的少数学科之一。如果一旦湍流理论获得有实用意义的重大突破，就可大幅度降低对于实验研究的依赖，由必然走向自由，这对于中国这种工业基础薄弱的国家具有重要意义。另一方面，从国内外已出版的书籍、教材和资料情况看，虽有不少很好的书籍，但作为教材则有这样或那样的不足，或系统性不强，或过于繁杂，或对二战以来湍流理论的现代发展、特别是与计算流体力学结合的相关发展反映不够；且文献资料浩繁，学派林立，初学者如坠烟海，难得要领。考虑到这些情况，我决定下力气做好这件事情。

为讲授课程和编写教材，当时我制定了两条原则，一是处理好数学公式和物理规律之间的关系。物理规律的数学描写更准确、更深刻地反映了客观世界本身，我们要利用这些先进的表述形式，但不能只停留在公式阶段，而应阐明它们所反映的物理规律本身，以建立清晰的物理图画；二是力图阐述科学理论是怎样产生和建立的，希望以此引导读者今后自己走上创立理论的道路。我通过实例说明，新理论的建立，一是要能敏锐感受到学科发展和生产实际发展提出的科学问题，二是要对研究对象做深入的观察，三是能在此基础上提出合理的假设，并进行合乎逻辑的分析处理，而抓住主要矛盾往往起着重要作用。

在格林尼治天文台

从回国到现在，我先后编写了《粘性流体动力学理论及紊流工程计算》和《粘性流体动力学基础》两本书，虽然基本的素材是前人做出的，但材料的消化选取、按上述原则阐述和组织、并用自己的语言而不是抄录，则是巨大的脑力劳动。常言道，文章是自己的好，我不能自吹自擂，但这确实是我呕心沥血、十年怀胎的产儿，现在甚至不敢想象再做这样的工作。

1992 年于红场

“在科学的道路上，我不是百米冲刺者，也不是急上急下的跳高者，而是持之以恒的长跑者”

20 世纪 90 年代末，我们团队接到一项科研任务，就是研究先进航空发动机压气机的新技术。我国航空发动机技术落后，是长期制约我国航空业发展的技术“瓶颈”，而压气机技术落后则是重要原因之一。

当时，相关技术在国外被视为必须突破的关键技术。对于这样的核心关键技术，国外对我们严加封锁，根本得不到任何有价值的资料。如何攻克技术难关，是摆在我们面前的严峻挑战。时间和我国的经济能力不允许我们重复过去西方走过的道路。经过研究，我们决定尝试走不同于常规的一条新路，即充分利用现代科学和计算流体力学取得的最新成果，对相关技术进行理论分析、数值模拟和数值实验，最后进行试验验证和基于试验的必要修改。后来，这项技术达到了一次设计试验成功，节省了资金，缩短了研制周期。

该项技术部件试验表明，与某大国的原型相比，新型压气机性能的主要参数都有不同程度的大幅度提高。将这种压气机装到发动机上完成了整机试验和试飞，结果表明，发动机功率大幅度提高，耗油率却明显下降，飞机性能显著提高。

国外某著名发动机公司得知我们研究成果的一些情况后，多次主动与我们联系，希望合作，并提出了优厚的条件。当时，团队内的一致想法是，这完全是我国自己研究的成果，且有相当的先进性，应首先用于国内，于是，我们婉言拒绝了对方。

在范堡罗航展

还有一次，某单位研制的发动机，在试飞时发生了空中熄火、空中停车等故障。我在现场和技术人员一道分析讨论，经过认真分析，我觉得故障可能出在压气机扩稳装置上，却遭到了其他技术人员的质疑，他们认为发动机上用的是苏联的扩稳装置，而这种装置素有无失速喘振的美誉，在这样的光环下，从没有人怀疑它可能有问题。

在快下班时，我再次来到车间现场，实地考察。经过反复推敲和检查自己的想法后，我更进一步确信了自己的看法。并且意识到这不仅可以解决问题，更是国内外都还没有过的新东西，有它特有的灵巧。

在剑桥

后来的试验结果完全证实了我的看法，解决了故障问题。经过加工改造，这种新型扩稳装置已成功用于国内几种型号的航空发动机上，配装该发动机的某型歼击机两次参加了珠海国际航展飞行表演，获得成功。

所以我认为，对科研人员来说，要有潜心钻研、敢于质疑的怀疑精神才能创新。

有学生问我，最大的幸福是什么？我想起了这些事，我说最大的幸福是困惑后的顿悟，即当你遇到难题时，经过艰苦奋斗，从困惑，寻觅，求索，达到豁然开朗、恍然大悟。我追求这样的幸福。

从1981年回国到现在，我先后负责过7个较大的项目，这7项中，有6项都取得了很好的试验结果，而且几乎都是一次成功。有人说我运气好，说我是福将。我也承认我的运气好，但我也不同意简单归结为运气好。如果说是“福将”，应有更深层次的因素，我想我主要得益于：勤奋，多思，正确的思维和诚实的劳动。

科学是老老实实的。我很喜欢美国杰斐逊总统的一句话：“诚信是智慧之书的第一章。”他没有简单从道德层面谈诚信，而是从智慧层面谈诚信，含义深，很有启示。我信奉这一思想，所以总是能把精力集中在科学技术问题本身，成为老老实实搞科学的受益者。在科学的道路上，我不是百米冲刺者，更不是急上急下的跳高者，我是持之以恒的长跑者。

在实验室

“作为大学教师，既要教书育人，也要创造知识”

作为一名大学教师，既要教书育人，也要创造知识。我以为育人的中心问题是培养成什么样的人，我心目中的标准，第一位是把国家利益摆在个人利益之上，这是衡量教育成败的第一个标准。人要正，要实，要大度，要有进取心，要有创新精神，这是我的标准。

教师当然要教书，但教书的含义不只是传授知识，我认为应该通过各种环节，把学生培养成为具有独立思考能力和创新素质的人才。

1997年，1957年毕业的航空发动机设计专业的部分学生在3号楼前合影

创新是一个国家、一个民族能够生存发展的灵魂。但创新的灵魂是什么？我认为是科学精神和科学思维。

我所理解的科学精神具有以下四个特点：科学精神是一种为了伟大目标、伟大梦想不屈不挠、永不停息的追求精神；科学精神的核心是实事求是，坚持实事求是是需要勇气的；科学精神追求对真理、对事物本质理性的、穷根问底的探索，追求对客观规律不断深化，不断提高，不断扩展其普适性的认识和经过实验证实的、对客观规律的科学描述；科学精神的本质是批判的，不为已有的观念和知识所束缚，因而是创新的。

科学的思维能力是能力的核心。我很喜欢哈佛大学的一句名言："决定你成败的不在你有多么高深的学识，也不在你有多么丰富的经验，而在你是否有正确的思维。"因为，知识，百科全书可以代替，可是，正确的思维，科学的思维，原创性的新思想却是任何东西都代替不了的。有两类思维：逻辑思维和形象思维。思维品质要优秀，一要保证思维正确（逻辑思维），二要思维有原创性（形象思维）。爱因斯坦曾说："想象力比知识更重要，因为知识是有限的，而想象力概括着世界上的一切，推动着进步，并且是知识进化的源泉。严格地讲，想象力是科学研究中的实在因素。"好的思维能力就是既要有严密的逻辑思维能力，也要有开放的不受约束的形象思维能力，具有丰富的想象力，具有敏锐的直觉，善于联想，具有从复杂纷繁的杂乱现象中直接洞察和领悟事物本质的能力。我总是力求这样引导学生。

我对我的学生的要求是非常严格的，博士生的论文我都会亲自动笔反复修改，因为我希望他们做出来的成果要经得住最挑剔的人的挑剔，要经得住时间的考验。在我看来，做学问与做人是教书育人中同等重要的大事，做人要傻，做学问要痴。教书育人的关键是教师自身的模范带头作用，身教重于言教，我们作为老师的，要通过自己的言行潜移默化，熏陶我的每一个学生，我们要以对学生负责的态度，对下一代负责的态度，对国家未来负责的态度，严格要求自己，规范自己的行为，树立良好的风气，作学生的表率。

我很喜欢鲁迅的一句话："别人说我是天才，我哪里是什么天才，我是把别人喝咖啡的时间都用在工作了。"现在的大学生进入社会前，要努力使自己具备三个条件——勤奋、情商和智商。

"我以虔诚的心，感悟音乐对心灵的净化和升华"

我很喜欢音乐。记得还在新中国成立前上初中的时候，听到别人哼唱德沃夏克第九交响乐中那段著名的曲子，立即被那忧伤和深沉

讨论课题

思念的情调所吸引，那时我还不知道作者和曲名。由于许多乐曲常能引发内心强烈的共鸣，在考大学时曾有过学音乐的念头，后来由于各种原因，打消了这个念头，但对音乐的感情却从来没有减退。1979年到英国后，第一次接触到了HI-FI（高保真）音乐器材，那时，非专业级的器材技术水平还不高，但对音乐的再现和还原已经很不错，于是节衣缩食，省下钱，买了一套带回国。那时出国人员生活费是很低的。有了这套，加上后来升级，便有条件接触更多的音乐作品，感悟作者的心灵。

我很喜欢黑人的灵歌，他们看不见希望，只能寄托升入天堂的灵魂。每听到这些，我无比惊叹，人类怎么能创造出如此震撼人心的作品。所以在我心中音乐已不只是消遣和娱乐，我总是以虔诚的心，在音乐殿堂外面聆听，感悟音乐对心灵的净化和升华。

我还是一名业余的摄影爱好者，我无意于记录大都市的繁华，却着迷于乡村的田园风光和宁静的大自然，我没有特别专注于某个固定的题材，也很少为了摄影而安排专门的行程，更不可能为了光线、气象等要求而在某处长期等待；更多的则是利用出差的机会，或是短暂的假日，带着相机，遇着什么，照什么，不拘形式，不拘题材，优点是“广谱”，缺点是难以精深。这不是说我没有追求，我追求的是美，在各种事物中，发现美，凝练美，用图像再现美。

对美的追求是人类的天性。在我看来，不论是音乐、美术、文学，甚至科学和政论作品，那些能引发内心强烈共鸣的都是美的。我追求这样的美。

作为北航的第一届学生，我已在北航工作生活了60年。北航培养了我，我随北航一道成长，我是北航的建设者，也是北航发展、成长的见证人。回顾过去的岁月，使我感到欣慰的是我诚实而辛勤地劳动着，不停顿地思考着，向更高的目标追求着，使我得以对人民做出了一些有用的事。但是，作为航空发动机领域的专家，至今未能根本改变其技术落后的局面，我是有愧的。我很喜欢一位伟大先哲的话：有幸致力于科学研究的人，首先应该拿自己的学识为人类服务。我将以此自勉。

2004年陈懋章院士夫妇在张家界

我与北航难忘的时光

□ 刘大响

刘大响院士

作者简介：刘大响，1937 年 10 月出生于湖南省祁东县，我国知名航空发动机专家，1995 年当选为中国工程院院士。他 1960 年毕业于北京航空学院，1986 年起任中国燃气涡轮研究院（原 624 研究所）总工程师和第一总设计师。1997 年获国家科技进步特等奖，并当选党的“十五大”代表。2001 年获中国航空工业“航空报国”金奖，2002 年获俄罗斯科学院荣誉博士学位，是我国自然科学界获此殊荣的第一人。2003 年被选为第十届全国人大代表，并当选为全国人大常委会委员，兼全国人大外事委员会委员。现任中国航空工业集团公司科技委副主任，北京航空航天大学教授、博士生导师，校学术委员会委员，北航“航空发动机数值仿真研究中心”主任。兼任总装备部科技委委员、国防科工局科技委委员、国家 863 航天航空领域专家委员会顾问、南京航空航天大学动力学院名誉院长、中国航空学会常务理事。

初入北航，参加国庆游行

我是属牛的，属牛的人都会有点牛脾气，但总是勤奋劳作、不畏艰辛、任劳任怨、奋力向前。我常想，自己的天分并不高，也不那么聪明，但笨鸟先飞，从小读书刻苦用功，所以学习成绩才比较好。高中毕业时，我本想报考清华电机系，但由于种种原因，没能去清华。

注：本文完成于 2012 年 7 月，由北航宣传部根据航空工业出版社出版的刘大响院士回忆录《我心飞翔》中有关北航的部分进行摘录编辑，经作者本人审定。

突然有一天父亲告诉我，说组织要推荐我报考北航。后来我才知道，是北航的一位领导，名叫张仲禹（即后来北航发动机系的党总支书记，是位革命老干部），带队到我们中学招生，挑选优秀毕业生。经政审后，选定了8名学生，其中有我一个。北航是国家重点高校，当时虽然是推荐保送的，但还是与其他同学一样，要到衡阳去参加全国统考，成绩太差也不行。

1955年9月初，当我跨入北京航空学院的大门时，第一眼就看到一条非常醒目的大标语——“欢迎您，未来的红色航空工程师！”那一刻，仿佛有一股热流涌向我的全身，心里感到无比振奋和喜悦。当时北航只有三栋教学楼，一系楼即飞机楼，三系楼即发动机楼，还有一个叫电子楼，在发动机楼的西侧，那栋楼基本上快建起来了，就这么三栋大楼。我们每天早上在东操场（就是现在图书馆的那个地方）出操、跑步、锻炼身体。

刚进北航，印象最深的就是参加国庆游行和狂欢。那时每年两次，一次“五一”，一次“十一”，白天有天安门前的阅兵、游行，晚上有天安门广场的群众大联欢。我们是9月进校的，由高年级同学负责组织。

1955年10月1日，我第一次参加国庆游行，通过天安门时，仰望城楼上的毛主席、周总理、朱总司令和少奇同志等老一辈无产阶级革命家，心情无比激动，是毛主席和中国共产党领导人民闹革命，推翻了“三座大山”，灾难深重的中国人民从此站起来了，只有共产党才能救中国！我眼里含着泪花，发自内心地同大家一起高呼“毛主席万岁！”“中国共产党万岁！”晚上又去天安门广场参加狂欢、看烟火，真可以说是“心潮澎湃，心花怒放”。自己从一个小县城来到首都北京，从来没有见过那么宏伟壮观的场面，感到非常震撼！当时曾想过，将来工作后如果有机会把父母接来看一看，那该有多好啊！那时没有电视转播，他们在湖南根本看不到北京鼓舞人心的场面。我的心情非常激动，思绪万千，对国家的繁荣富强信心百倍，也充满着种种幻想和期待。

与武光老院长在一起

社会工作，担任总干事和系学生会文化部长

后来学校分专业，将我分配到发动机系设计专业，从此与航空发动机结下了不解之缘。那时候对航空发动机真的不了解，一切听从领导安排，党的需要就是我的志愿，我就踏踏实实学好发动机，将来为之付出毕生的心血和精力，结果一干就是50多年。我之对于航空，尤其是航空发动机事业，可以说是“先结婚、后恋爱”，但爱得很深沉、很执著，从来没有后悔过。

发动机专业一个年级分为两个大班——前大班和后大班，前大班学设计，后大班学工艺。每个大班又分为几个小班，我分到前大班的5305班。那时候北航是五年学制，前两年主要学基础课，前后大班不分专业，在一起上大课，发动机课程也就是活塞式和喷气式两大类。

第一次开全班会议，由班主任老师宣布班干部，一个小班有3个班干部：团支部书记、班长和总干事。老师宣布由我担任总干事，负责班上同学们的生活。我领导3个干部，即体育委员、文艺委员、生活委员，都是为班上同学服务的。他们的分工很明确，生活委员负责组织打扫卫生、检查、评比。很多同学把我这个总干事戏称为“后勤部长”，当时北航的班干部就是这么一个体系。

到三年级的下学期，我当选为系学生会干部，小班的总干事就不当了。我在系学生会第一个学期当生活部长，领导系里各小班的总干事，主要组织全系同学生活、福利和卫生方面的一些活动。第二年改任文化部长，负责活跃同学们的业余文化生活。

在三系党总支书记张仲禹领导下，发动机系的体育活动非常出色，在好几届校运会上都获得第一名，拿过不少冠军。但文艺方面偏于保守，有一次系学生会开讨论会，有人提出，为了活跃业余文化生活，促进大家交流，希望我们系多办舞会，也可以跟北京医学院（简称北医）搞点联欢，多邀请一些女同学来参加，并决定由我这个文化部长负责组织。尽管中学时期我男扮女装扭过秧歌，但没有和女同学跳过交谊舞。我这个人很保守，交谊舞始终没有学会，当时也很少去舞厅看热闹。

1958年5月，刘大响于北航

我将组织发动机系的“交谊舞会”一事交给一位副部长来主持，并找了几位文艺骨干分子参加，出海报、找场地、给北医发邀请函。以后搞了几次规模较大的舞会，声势虽不算很大，来的人还真不少。作为文化部长，出于职责，我不得不去看看，跑前跑后，帮忙张罗，有时也参加乐队打打鼓。但究竟取得了什么样的“成果”就不得而知了。

那时北航还搞文艺比赛，每个系都要出节目。我找来一位文艺积极分子当编导、选演员，组织演出。为了编好、演好节目，我还同他们一起到农村去体验生活。最后效果不错，当年我们发动机系，体育在全校得第一，文艺比赛得了第二名。

义务劳动，参加十三陵水库建设

1958 年初，北京开始建设十三陵水库，各高校学生分批去参加义务劳动。十三陵水库工地离北航较远，是坐汽车去的。当时我刚刚学会骑自行车，回来的时候，也许有点儿心血来潮吧，就借了马云凤同学的一辆自行车。结果骑车回学校的时候出了洋相，差一点掉进了河里。这件事对我的教训非常深刻，从那以后我就不敢再干太冒险的事儿了。

十三陵水库工地义务劳动，10 天一期。

去之前开了各班总干事会。总干事去号房子，就是把去的同学分到老乡家里住，睡火炕。火炕中间很热，大家都不愿意睡在那个位置。我是总干事，要起带头作用，就说我睡这儿吧。那些天确实自己被烤的一点儿都没有睡好觉。

1959 年 9 月，刘大响于北航

十三陵水库劳动很艰苦。去了以后，工地领导跟我们讲，某大学有个学生，因为晚上吃包子撑破了胃，被送往医院治疗。领导以此作为典型例子，教育大家不要再出类似的事情。整个劳动期间，我们早餐吃得比较简单，中午送一些咸萝卜、窝窝头到工地。那时虽是春季，但天气仍很寒冷，窝窝头都冻得很硬，难以下咽，所以大家都是随便啃两口就算了。晚上回来改善生活，吃的是包子、饺子、蛋炒饭，还有土豆炖牛肉，不定量、敞开吃。那是 1958 年的事，当时物资供应还比较好，所以领导一再提醒同学们，千万别把胃撑坏了。

我这个总干事管的就是住房、安排上工，谁有了病就照顾一下。我们的任务是挖土、挑土，往大坝上垒。夯实、压实是专业工程队的事。后来才看到报道，毛主席、周总理、朱老总和少奇同志，这些中央领导同志都去劳动了，为我们做出了榜样。

那年天气很冷，我的手都冻裂了。南方来的同学中，手脚冻伤的很多。学校里有暖气，十三陵水库工地那边就没有了，北风一吹，地冻得很结实，一镐刨下去只见一个小白点儿，但刨不动也得刨。我是总干事，必须带头干，最后双手都磨出了血泡，回校后得到系里的表扬。

互帮互助，进保密专业班学习

三年级的时候，北航成立了33A班。当时北航新增两个绝密专业，一个是火箭专业，叫六系，在学校东南角专门建了一栋六系楼。我们成为33A专业，学冲压发动机，也属于绝密专业，把我选上了。

这个班主要由调干班的学生组成，有30多人。调干生基础相对较差，不少是从速成中学毕业后送到北航的，当然其中也有学得很好的。学校从成绩较好的同学中挑选了十几个人与他们一起学习，显然是要在学习方面帮一帮他们。一共30多人组成一个特别班，我担任团支部书记。

当时班上党支部书记曹楷同学找我商量，要在班里开展“一帮一、一对红”活动。那时候讲政治，要保证全班同学顺利毕业。由我们团支部负责组织这一活动，大家分别结成“对子”。班上同学们的关系都很好，很团结，互相帮助，心情舒畅。

党支部让我帮助两位同学，一个是袁三民，还有一个是曹志稳。

袁三民同学为人很正直。据说他当过林彪的警卫员，立过战功。来学校之前已经享受部队连级干部待遇，带工资上学，而且组织上把他夫人调到了北航。我与袁三民的课桌紧挨着，我经常帮助他，遇到不懂的地方我就给他讲一讲，一起讨论，直到他搞懂为止。这个过程也是我复习功课和深化学习的过程，应该说起到了互相帮助和促进作

1959年于颐和园（右为老同学袁三民）

用。毕业前，他不幸得了黄疸型肝炎，因医治无效去世，实在太可惜了。后来学校把我们几个和袁三民接触最密切的人全都拉到医院去抽血化验，怕我们受到传染。我和曹楷首当其冲，所幸两人都平安无事。

曹志稳同学政治上强，为人和蔼可亲，学习也很棒。曹志稳毕业后分配到航天五院 31 所工作，后调国务院办公厅秘书局当处长，之后又调到国家监察部任办公厅副主任、中共中央纪委监察综合室副主任。他曾邀我有事可去中南海找他，因中南海是党中央、国务院所在地，由于怕给我们双方都带来不必要的麻烦，所以，他在中南海工作期间，我一直没去找过他。但我们两人关系一直很密切，现在联系也较多。

我们班上这些调干同学都是好样的，有些人虽然基础差一点，学习有些吃力，但都非常认真，刻苦用功。除曹楷、曹志稳、袁三民之外，杨思霜同学对我的帮助也很大，他经常主动约我谈心，交流思想、帮我进步。毕业后，他分配到西安红旗机械厂（即 430 厂）工作，当过吴大观同志的助手，后担任工厂设计所实验室主任；唐瑞成同学原则性强，严格要求自己，敢于批评与自我批评，毕业后留校当教师，担任过教研室党支部书记，后因患癌症英年早逝；王润宗同学，童工出身，踏实苦干，后来与我一起入党，一起在 624 所山沟里搞高空台建设，是高空台设计研究室的“八大金刚”之一，后来还当过 624 所机动处处长和教育培训中心主任，默默无闻一辈子，为高空台和 624 所建设做出了重要贡献。

1958 年于北航航空馆（右为老同学杨思霜）

积极进步，全班第一批入党

1959 年，我入党了。我记得很清楚，当时是 6 月 25 日。我是大班中第一批加入中国共产党的，与我同时入党的还有王润宗同学，当时学生党员很少，我所在的班上，调干生党员较多，党支部书记曹楷是我的入党介绍人，还有一位介绍人就是曹志稳同学。

入党介绍人曹楷（中）、曹志稳（右）照片于 2010 年 9 月拍摄

争取入党是我在中学时期就立下的志愿，这可能与我担任过 3 个中学的学生会主席有关。因工作关系，我同学校党支部、团委的负责人接触较多，受到他们的教育、帮助和熏陶也就较多，如邓国瑛、

刘纪生老师等。尤其是祁阳中学党支部书记邓国瑛老师，他多次同我谈话，讲革命道理，表彰我当学生会主席能牺牲个人时间，主动做好社会工作，与团总支书记配合得很好，同时还能把自己的学习搞好。

1956 年夏天，我正式向党组织递交了入党申请书，向党表决心，要把一切献给党，不畏牺牲，为共产主义远大理想奋斗终生。我们整个前大班设一个党支部，小班没有党支部。第一任党支部委员有我们小班的徐才通同志，他毕业后分配到中国科学院工程热物理所工作，当过世界著名科学家吴仲华先生的学术秘书。他接到我的申请书后很高兴，给了我许多鼓励，并送我一本刘少奇同志的《论共产党员的修养》。此后，我就成了大班的入党积极分子，参加听党课，也常有党员同志找我谈话，我也经常向组织汇报自己的思想。

通过党课教育和党支部的培养、帮助，我在思想上有了很大提高。经过党组织长期考验，我于 1959 年 6 月 25 日被批准为中共预备党员。1959 年 7 月 1 日，我在党旗下庄严宣誓：“愿为共产主义事业奋斗终生！”正式成为伟大、光荣的共产党组织中的一名新党员。

科研攻关，参与研制“北京四号”

1958 年，北航要搞飞机型号研制，我参与的是“北京四号”，搞冲压发动机。

当时，学校以发动机系 304 教研室为主成立了一个设计班子，由教研室主任宁榥教授任总设计师。宁先生是国家一级教授，是我国航空界暂不退休的四位专家之一。当过沈元校长的老师，在学校中有很高的威望。课堂上，他画的图很漂亮，讲话幽默，深得同学们喜爱。

设计班子里分四个小组，即总体组、燃烧组、喷管组和控制组。每个组都由一位老师当组长，两个学生当副组长。我在总体组，组长是魏佑海教授，副组长是马继华同学和我。马继华比我高一届，也在北航读研究生，导师也是宁榥教授，我常叫她马大姐，毕业后留北航当教授。她对我很关心，1961 年我身体不好，胃疼得很厉害，

共贺恩师宁榥教授九十华诞

她经常安慰我，还从家中弄点好消化的食物给我吃，当时正值国家三年困难时期，使我非常感动。魏佑海先生出生于外交世家，和蔼可亲，学术造诣很高，是我最尊敬的师长之一。

搞“北京四号”的研制，需要建设高马赫数的冲压发动机试验设备，气源是暂冲式的，由杨再明老师担任实验室主任。我当时是学生，与老师、工人师傅一起劳动，积极参加实验室建设。有小零件需要焊接，我就提着零件骑自行车跑到清华大学去求援，请他们帮着焊接。

我们实验室有一位工人师傅叫李文模，个子瘦小，技术很高，人也很好，为实验室的建设立下了汗马功劳。2000 年我到北航后还见到过他，他一下就认出我来了，还记得我的名字。他年纪大了就去守航空馆的大门，退休之后又修自行车，始终在辛勤地劳作。实验室建成后，在读大学和研究生期间，我曾参加过超声速扩压器和燃烧室的一些实验研究工作。

1962 年 3 月，离别北航的纪念

在北航五年的学习为我奠定了坚实的理论基础，期间加入了中国共产党，在政治思想、文化知识和个人素养方面都有很大的提高。1960 年毕业之后，我免试留校读研究生，那时向苏联学习，叫副博士研究生，我的指导老师是宁榥教授，研究方向是燃烧学。

宁榥先生是我国著名航空发动机专家，懂英、俄、德三国语言。在他的指导下，我参加了北航 304 教研室的冲压发动机和燃烧室实验研究，并编写了副博士研究生学习计划。只可惜这个计划未能实现，因患有较严重的胃病，1962 年 3 月我就中断了研究生学习，提前结业分配到沈阳航空发动机设计所（即 606 所）工作。

1962 年在 606 所（摄于沈阳）

606 所是我国航空发动机设计研究的摇篮，我有幸在那里工作了 8 年，这是我从校门到“工作门”、从书本到实践的 8 年，是我奠定坚实技术基础的 8 年，也是我铸就动力人生路、茁壮成长的 8 年。

重返母校，为根治飞机“心脏病”鼓与呼

为了支援三线建设，1970 年我与 606 所的 308 位同志一起分迁到四川江油 624 所工作，一干就是整整 30 个春秋，从 33 岁到 63 岁。

624所是我的第二故乡，它地处大西南的偏僻山沟，那里虽然山清水秀，鸟语花香，但一切都是从头开始，当时条件十分艰苦。来自祖国四面八方素不相识的科技人员和建设者，为了一个共同目标，“献了青春献终身，献了终身献子孙”，大家一起摸爬滚打、战天斗地、团结拼搏，无私奉献，突破了国外的技术封锁，克服了一个又一个难关，30年如一日，硬是用自己的双手，将亚洲第一座“争气台”建立起来，屹立在世界的东方，使我国成为世界上继美、俄、英、法之后第五个拥有大型连续气源“高空台”的国家。与此同时，624所还先后开展了两项大型先进航空发动机关键技术预先研究工作，取得了多项重大技术成果。

到2000年，我完成了上级交给的在624所的主要任务，当航空工业总公司领导要调我入京的时候，正赶上中央政府领导换届，进京户口被冻结，人事调动暂缓。北航的沈士团校长、楼士礼书记、徐纵巍常务副校长多次找我谈话，热情地欢迎我到北航工作，说他们可以帮我解决进京户口问题。北航是我的母校，是全国重点高校之一，进北航工作当然是很好的选择。后来经过北航和总公司商议，将我的党政关系暂时保留在624所，档案和户口放在北航。就这样我很快地调进了北航，在航空发动机系（现为能源与动力工程学院）担任教授、博士生导师，兼校学术委员会委员，后来又担任北航“航空发动机数值仿真研究中心”主任。2001年中航工业第一集团公司正式任命我为科技委副主任，两个航空集团合并后，现任中国航空工业集团公司科技委副主任。在这些岗位上，积极参与大型飞机、航空发动专项的咨询和建议，参与多项大型发动机研究计划的专家委员会工作，为根治飞机“心脏病”鼓与呼。

2007年4月给北航大飞机培训班讲课

北航是国内一流、世界知名的航空航天大学，是我引以骄傲和自豪的母校，是我获取知识的殿堂，筑梦蓝天的摇篮。北航有我时时思念的老校长武光、沈元，曹传钧和沈士团，有我感恩不尽的研究生导师宁榥教授，有给我以知识、以启迪的众多可尊敬的师长，有我许多当年天真无瑕、活泼可爱的老同学和学兄、学弟、师姐、师妹。

观雾山下的624所，山清水秀，鸟语花香

母校给我以智慧，给我以动力，让我飞向东北，飞向西南，飞向全国和全世界。2000年我又从四川深山老林中飞回北京，回到了母校的怀抱，这是我感到十分温暖和幸运的大事。

今年的金秋十月，母校迎来了建校60周年华诞，我为母校感到无比高兴和自豪。母校辛勤耕耘，培养出一代又一代高水平科技人才，奋斗在航空航天和国民经济建设的各条战线上，做出了许多可喜可贺的出色成绩，为国家的繁荣富强，为中华民族的伟大复兴做出了震天地、撼鬼神的突出贡献。借此机会，我对母校致以衷心的感谢、崇高的敬意和真情的祝福！

弹指一挥间，如今自己也是75岁的老人了。看到为之奋斗了大半辈子的祖国航空发动机事业正在蓬勃发展，我感到由衷的高兴，浑身还有使不完的劲儿。

我对中国航空发动机充满信心和希望，为使国产的军民用飞机都装上健康、强劲的"中国心"，我愿在有生之年坚持不懈，锲而不舍，"老牛自知使命重，不用扬鞭自奋蹄"，继续为根治飞机"心脏病"去鼓与呼，继续为发动机贡献一点微薄之力，直到自己的生命之光熄灭为止。

与陈懋章院士在实验室

2003年3月，在十届全国人大选举国家领导人时投下庄严的一票

我的北航之缘

□ 李伯虎

作者简介：李伯虎，中国工程院院士，博士生导师。1961年7月毕业于清华大学自动控制系计算机专业。1980年1月至1982年5月为美国密执安大学和加州大学洛杉矶分校访问学者，研修数字仿真技术。长期从事系统仿真与制造信息化技术研究开发和应用工作。在复杂系统建模仿真理论与方法、仿真支撑平台技术与仿真工程应用技术及计算机集成制造系统等领域的研究成果获国家科技进步一等奖1个，国家科技进步二等奖3个，部级科技进步奖14个。论著近300件。2012年获国际建模与仿真学会授予的“终身成就奖”。

李伯虎院士

桥梁三十载 耕耘六春秋

北航是中国自动化学会仿真专业委员会及中国系统仿真学会的挂靠单位，在系统仿真技术研究方面处国内领先单位行列。我从60年代起就开始搞仿真技术研究与应用，因此，远在70年代，我和北航的缘分就已经开始，当时，我就与北航的文传源教授、王行仁教授、陈宗基教授、彭晓源教授等有密切的联系，在他们的领导下开展学会工作，并和他们有着广泛的学术交流。1987年我正式被北航聘为兼职教授，1995年被聘为导航、制导与控制学科的博士生导师。

2012年获国际仿真学会的“终身成就奖”，与大会主席Prof.Bruzzone合影

注：本文采访时间为2012年6月8日，由北航宣传部采访录音及整理，经作者本人审定。

2003年，那时正值学校搞教育改革，要引进企业界科研单位专业人员，促进产学研结合。陈宗基教授就推荐我来任北航自动化学院的院长，当时李未校长与航天科工集团夏国洪总经理商定，让我在中国航天科工集团二院及北航两边工作，希望通过我作为桥梁，进一步联合、凝结两方的力量与优势，可能做出更多、更好的工作和成果。我也就是从那时起又兼任了北航自动化科学与电气工程学院院长。

李未校长希望在我就职期间，使我校的"控制科学与控制工程"一级学科从全国第10名上升到第5名，"控制理论与控制工程"和"机械电子工程"等两个二级学科成为国家重点学科，还要设立"电气工程学科"博士点等等。细细想起李校长给的这些具体指标，我顿时感到任务很是艰巨，但是聘书已下，也就是已下了责任令，已无退路，我也就下决心干下去！对我来讲，这是一项新的使命，也是一个新的挑战。

在2003年至2009年的院长工作中，我对北航的总印象是：具有光辉的历史，校领导班子团结、有力、有远见，教师与学生水平高。特别是亲眼目睹了学校近年来在人才培养、科研创新、学科建设、师资队伍、基地建设等方面取得的显著成绩，我由衷地为学校的飞速发展感到高兴。

863计划15周年成果会上

当时我们学院有三十多位教授，七十多位副教授，十来位博士后，我叫他们"一百零八将"，另外还有一千多名学生，他们都具有很强的实力。与此同时，在院长的工作中，我边学习、边实践。参加了每年的校暑期工作会，深深地为学校的持续发展目标和宏伟规划鼓舞，并不断地领会着学校的"特色立校、质量取胜、创新引领"，"空天信融合"等的发展思路。6年来的工作中，学校给了我们正确的领导和大力的支持，特别是在2004年，那时我们学院教学楼很多设施老化需要更新，校长办公会特批500万元支持我院改造、完善了6号教学楼，我们全院师生都深为感动和鼓舞。

863计划CIMS主题专家去鞍钢

2008年，我们比原定的计划（原定十二五期间完成学科建设指标）提前实现了杜书记和李校长给我们的学科建设指标。"电机与电器"学科2004年被评为博士点；"控制理论与控制工程"和"机械电子工程”两个二级学科成为国家级的重点学科；“控制科学与工程”一级学科成为国家一级重点学科行列，其排名从全国第10位跃升至第5位，大家都感到十分高兴。这些成绩是在学校各级领导的指导、关心和帮助下，在学院院务会真诚地依靠学院全体师生，在全体同志努力奋斗下取得的成果。在此，我十分感激他们在我担任院长6年来的工作中予以我的巨大支持。

在工作实践中我们深深地体会到：“规划”是发展的纲领，只有科学的规划，才能引领学院科学发展，只有创新的规划，才能引领学院创新发展；人才、队伍是发展关键，全院教师、学生的进取是学院发展的源泉，什么水平的技术与管理队伍，造就什么水平的学院，6年来，学院工作的进步主要依靠了全院教师、学生的进取与努力；学院发展是一项系统工程，学院发展必须围绕学科与创新基地的建设为龙头，融合与优化“人、组织、管理、技术、设备、文化”等诸多因素；学院发展是量变到质变的持续发展过程，学院的各项工作要“突出特色”，“持之以恒”，“实事求是”才能得到持续发展。

1982年作为访问学者在UCLA大学校园

2009年，校领导同意让年轻的老师接替了我的工作。现在我已是自动化学院荣誉院长，但我将继续努力，做好有关的本职工作。

不懈科研路 勤奋铸妙思

1980年作为访问学者在密执安大学校园

搞了几十年的科研，我没有什么动人心弦的故事好讲，我只能谈谈科研工作中的一些体会。

首先，“选准科研方向、立好科研项目”是科研成功的前提。有人甚至说“选题正确，则成功了一半”。具体地讲，首先所选择的科研方向要符合国家需求，要有技术发展前景。例如，我的研究方向是计算机仿真和计算机集成制造。这两个方向符合提高国家竞争力的迫切需求，同时，随着应用需求和相关技术发展的推动，这两个研究方向的技术正发生着日新月异的变化。当选准科研方向后，立好科研项目是至关重要的。科研项目是使科研方向目标逐步实现的具体保证和措施。以计算机仿真方向为例，20世纪六七十年代，我有幸参与了我国首台航天用大型模拟机及首台晶体管大型混合模拟机的寻优

1981年在密执安大学访问学者期间参加排球比赛

机的研究项目；70年代末至今，围绕复杂系统建模与仿真，我有幸参与了国家重点工程“北京仿真中心”项目，“基于先进分布交互仿真技术和虚拟现实技术的大规模复杂应用综合仿真示范系统”项目，“复杂产品虚拟样机仿真技术与演示系统研究”项目，“复杂系统综合仿真示范系统”项目，“复杂产品多阶段一体化建模仿真支撑平台研究与应用”项目等等，这些项目使我有可能在建模仿真理论、方法与软件，仿真支撑平台技术及仿真系统工程技术等方面努力地做出一定的贡献。否则，方向的选择只是一句空话。

科研方向满足了国家需要，技术也有不错的前景，但是后面的工作还得一步步落实。怎么去落实呢——我想谈的第二点就是，“严格要求，勤奋努力，不断学习，坚持不懈，终成正果。”不管项目多大，不管项目经费多少，我觉得完成项目都是一次作出贡献的机会，因此，我总希望在每个项目中自己都能提出与众不同的想法、方法或解决方案与技术，这就是我理解的“严格要求”。我搞的建模与仿真技术是以相似理论、模型理论、系统技术、信息技术以及建模与仿真应用领域的有关专业技术为基础，以计算机系统、与应用相关的物理效应设备及仿真器为工具，根据对系统仿真的目标，建立并利用模型对系统（已有的或设想的）进行研究、分析、试验、运行和评估（系统全生命周期活动）的一门综合性、交叉性技术。目前，建模与仿真技术正向“网络化、高效化、智能化、协同化、普适化、服务化”的现代化方向飞速发展。我搞建模与仿真技术已经50年了，我深深地体会到只有靠“勤奋努力，不断学习，坚持不懈”才可能取得一定的成果。正如北京理工大学周立伟院士在他的《科学研究的途径》一书中引用的爱因斯坦在1953年说的一句话：“我很清楚，我本人没有特殊的天才。好奇心、专心一致和顽强的耐心，结合自我批评的精神，这些给我带来了我的概念。”爱因斯坦况且如此说，我们这些凡人更不待说了。我们周围有很多“小聪明”的人，他们脑子很快，但是就是不会坚持，成不了事。不可否认，有人说他的一些新想法来自机遇和灵感，但是，我觉得大半灵感也要基于他的脑子里已积累了不少的问题或方案，才可能“灵机一动，产生妙思”。例如我们提出

2010年在制造信息化会上做报告

作为2002亚洲仿真会主席主持大会

1984年向宋健部长汇报仿真中心成果

的“全生命周期虚拟样机工程”、“并发仿真工程”、“云仿真”、“制造网格”、“云制造”等理念和方法都是基于我们多年来在仿真技术和制造信息化技术实践中积累的问题和解决方案而得到的。

全面塑人才 勇攀新高峰

我希望我的学生毕业后能逐渐成为不同层次的创新型领军人物。

我在清华念书的时候，一直努力按照清华对学生“德、智、体全面发展”的要求锻炼自己。我是校排球队的国家二级运动员，每天都要训练两个小时，练得很苦，但是晚上我们照常去晚自习，不会因为打球耽误了学习的成绩。其实，体育训练不光是锻炼了身体，同时也磨炼了我们的品质，因为打球时一定要争“赢”，要协同，要动脑，要刻苦，这些都很好地锻炼了我们，也会让我们在科研工作中体现出力争上进，重视协同，开动脑筋、不怕艰苦等素质。总之，重视全面发展是培养一个领军人才的重要途径。

我在培养研究生的时候，十分注重学术研究与工程实践相结合：学生通过进入国家 973、863、国防基础科研等国家级重点项目这一好的理论与实际应用结合的平台，能更好地在实践中总结提炼，形成具有应用价值的学术成果。做一个项目，我希望学生能够参与到项目全生命周期活动中去，从一开始就靠自己的能力去争取这个项目，自己写论证报告参与到课题的竞争中，而不是只听老师指挥在项目的某个难点上做出点成绩，这不是培养全面创新人才的办法。

毕业前于清华园（1961 年）

此外，通过产学研结合的培养方式，研究生往往在系统总体、学术提炼以及动手实践方面会具有更强、更全面的能力。目前，我的学生们毕业后大部分正活跃于航天、航空、船舶等国有大型央企的研究院所，成绩不错。近年来，我带领的科研团队还取得了包括国家科技进步奖、国防科技进步奖等在内的科研成果奖项。这之中都包含了学生的重要贡献，而这些学生在项目研究过程中自己都有了各种珍贵的收获。

李伯虎与夫人陶华在日本亚洲仿真学术会场（2006 年）

我还想说，“淡泊明志，宁静致远”、“要有度量，要尊重别人”是工程技术领域领军人才的重要素质。当今的工程科学技术项目都要成百、上千甚至数万人协同完成。比如你当一个项目负责人，就要有度量，不要因为别人对你的一点批评就不高兴，要学会从大局出发，虚心听取大家的意见，充分集成大家的智慧和力量来完成工作；在名利方面，更要看得开一点，要能吃“亏”，不要总去和人家攀比，就只跟自己比，不断超越自己，就会进步。在我参与的项目中，看到的成功的领军人才大都具有上述素质，让我们共勉吧！

北航的培养目标是领军人才。从长远看，要按照胡锦涛总书记在中科院院士大会和中国工程院院士大会上的讲话对创新型人才提出的6点要求去努力，这些是高等教育改革深化改革的重要方向，也是北航培养学生应有的要求。我们共同努力奋斗吧！

严谨治学　精心育人

□ 李椿萱

作者简介：李椿萱，中国工程院院士，1939年生，空气动力学、航空航天飞行器设计、高速碰撞力学专家，第9届全国政协委员。1967、1972年分别毕业于美国新墨西哥州立大学与纽约州立大学获硕士、博士学位。回国前在美国洛克希德导弹及空间公司从事航天飞机及导弹的型号及预研工作。1980年回国，分配在北京航空学院5系，主要从事飞行器空气动力学的研究与教学工作，在天地往返运输系统气动力、热特性，飞行器/推进系统一体化气体热动力，以及飞行器动态特性等研究中取得了一批成果。先后荣获全国有突出贡献中青年专家、全国优秀教师、航空航天工业部劳动模范、国防科工委863计划先进工作者、中国人民解放军总装备部863计划先进个人等称号，以及何梁何利科学技术进步奖，自1991年起享受国家特殊津贴待遇。现任北京航空航天大学航空科学与工程学院教授、国家计算流体力学实验室主任。

李椿萱院士

1980年，怀着对祖国的眷恋，和对社会主义制度、对人与人之间平等生活的向往，我从美国回到中国。那时候同我一道回来的人不少，大概由于自己专业和工作经历的原因，国家安排我来到北京航空学院，分配在5系从事科研和教学工作。

当时回国人员的接收单位会先让回国人员在友谊宾馆住一段时

注：本文采访时间为2012年4月19日，由北航宣传部采访录音及整理，经作者本人审定。

间以适应国内的生活条件。我一来便住进了北航第一招待所（现如心培训中心的位置）。在国外生活过的老北航应该都能体会北航一招和国外旅店的差距，但我还是克服了。从此，我便在北航扎下了根。事实上，我们决定回国除了报效祖国的理想外，对回国工作、生活多少都有心理准备。正因为当时的中国正受到国际强权的封锁，国家还相对贫困落后，改革开放处于起步阶段，海外人才归国参加国家建设才具有特别的意义。如果国家强大了，物质条件好了，我们回来的意义就没有那么大了。

谈教学方法：强调基础 注重引导

回国前虽在美国有过当助教的经历，但从未真正执过教鞭，因此初到北航，教学对我来说是一个全新的领域。当时整体的教学情况比较规矩，每一门课程都有非常详细的教学大纲，每一名教师都非常认真讲课。教师总要经过试讲才能上岗。直到现在，我仍然非常认可那时整体的教学安排和工作流程。

对于工科学生，一方面必须重视学生对基础知识的掌握，另一方面必须重视学生联系工程实际，培养学生应用所掌握的基础知识解决工程问题的能力。力学是空天飞行器设计的基础，力学又是一个古老学科，即使是与空天飞行器技术相关的力学学科发展也已有一个世纪的历史，科研成果丰硕，而目前专业基础课及课程的学时严重压缩，如何保证特别是本科学生在此条件下掌握到足够的专业基础知识。我认为除了按客观规律科学地设置专业基础课和安排学时外，必须通过比较完整的教学安排，通过课堂听课、课余作业、课外阅读和学期报告、实验和工程实践等环节，让学生从小学到高中所形成的、习惯性的被动学习方式在本科四年中逐步过渡到主动学习的方式，培养独立思考的能力。对于研究生，教学的关键在于如何引导学生在具备扎实的专业理论基础的前提下尽量拓宽知识面，通过实习实践和参与科研任务培养实际工作能力。前者必须强调专业基础课程的物理概念，以及如何用数学来表达。但这恰恰又是当前学生的弱点。例如，在批阅试题的时候，我发现很多学生能够顺利地计算出一个结果，然而对

李椿萱院士

物理概念的解释却不甚清晰，不明白计算出的答案到底反映什么物理意义。我会根据自己的理解，将一些内容进行系统的整理，将基础知识和典型科研成果进行浓缩，从方法论的角度进行教学，力求让学生在了解知识的同时掌握思考问题和研究问题的方法，将来做实验研究也好，做理论研究也好，总有一个立足点。因此我在教学中非常在意如何培养学生从方法论上把握内容。

我一直强调学生要有扎实的基础知识和宽广的知识面。对于博士生的培养，除必修和选修课程外，我还选择部分教材和专著要求学生自行安排进度进行自学（或结合听课），以强化与其研究方向相关的专业以及若干外学科的基础知识。对于硕士生和本科高年级学生，我也鼓励他们选修外专业和学科的课程。我的部分研究方向涉及多学科交叉。对于选择涉及加交叉学科作为论文课题的学生，这种安排固属必要，对于其他学生也可拓宽视野。

我个人喜欢活跃一点的课堂，而不仅仅是教师在讲台上讲，学生在座位上听。尤其是研究生课程，我希望我的课堂是启发式的，能够不断引导学生根据学习到的知识产生自己的想法。上课的时候，我会定时，每节课剩下 10 分钟，让学生问一些问题，或者讨论，再逐步根据学生的要求调整授课速度。我会要求学生精读一本教科书，还会安排每名学生每一个学期阅读一到两次文献，就不同的科学问题在课堂上结合文献内容发表自己的看法，并提交阅读报告。这样做，学生能够更系统地将知识融会贯通，运用教科书中的方法解决不同的具体问题，训练学生去深入地驾驭这门课。我认为，在压缩学时的情况下，这种教学方法实施起来有一定难度。

李椿萱院士与学生合影

谈科研育人：培养能力 强化素质

我希望跟学生之间是一种平等的关系，特别是研究生，都是成年人，彼此应相互尊重。但作为教师，不仅有责任培养学生的科研和工程实践能力，更有责任引导他们树立良好的社会责任感和职业道德。因此，在科研上，我通常比较严格，该严肃的时候就必须严肃，因为这是在为他们一生的事业打基础，积累能量。在安排学生学位论

李椿萱院士为第七届研究生论坛做报告

文的研究课题时，一般我会尊重学生在我所承担的科研任务中选择他感兴趣的内容。但作为工科人才的培养，课题的研究目标一旦确定，不论是学生自己选择还是我指定的，就必须按目标完成，不允许换题。

具体地说，在科研工作中我比较强调培养学生如下素质：

一、结构性思维方式。任何研究课题都有一定的内部结构和需要研究的几方面。在给学生论文课题时我即开始要求学生对研究课题进行课题分解，按照内部结构细化成多个小问题或问题的几个方面，再按部就班开展工作。通过以上实践逐步培养学生对工程任务的课题分解能力。

二、创新能力。科研活动本身总是在前人工作的基础上开展的，而创新又是科学研究的本质。在学生的论文研究中，我通常强调学生以自己的思路根据培养计划按部就班地开展工作，自主地解决所遇到的问题，取得新的成果。在答疑和师生的互动讨论中，我经常向他们提出是否可以从正在进行的工作中提炼出新领域、新方向、新问题，或者是否可以在工程实践中有新的应用，并鼓励他们在不影响其论文课题进度的前提下进行探索研究。

三、团队协作意识。现代科学技术，特别是航空航天技术研究，不可能一人包打天下，必须依靠科研团队整体的力量。我现在每年都带着 20 几名学生，覆盖从大三到博士各个年级，每一个学生的研究内容都不一样，如何培育他们的团队精神，形成整体，既是科研任务的需要，也关系到培养学生适应日后进入科研单位和工业部门的需要。我们团队安排有定期的学术讨论班，以便彼此交流。讨论班是团队同学和教师一起参加，无论从形式上还是氛围上都是比较自由的。学术上的不同观点，科研工作中的疑难问题，谁都可以表达自己的看法，学生之间、教师之间、学生和教师之间，不论谁的观点被反驳，大家都可以坦然接受。

李椿萱院士为北航新书展阅室揭牌

谈学校发展：突出特色 强调优势

今年北航将迎来学校 60 华诞，我在北航任教也已 30 余年，深深感受到北航伴随着国家的发展而茁壮成长。学校整体面貌可谓日新月异，北航在人才培养、科学研究、服务社会等各领域都取得了丰硕的成果和令人骄傲的成绩。回首过往的同时，北航还必须要正面未来。接下来的路怎么走？学校提出建设“空天信融合特色”的世界一流大学，其实在现代航空航天技术领域中，“空、天、信”本来就是无法分开的，我想这里面应该蕴含着一层意思，就是突出特色、强化优势学科。

我国的航空航天技术从无到有，建立了亚洲唯一完整的基础设施，开发了不少高技术成果。但是与发达国家比，还有一定差距，尤其是发动机领域的研究比较薄弱。提升我国航空航天实力，必须加大人才培养力度，完善科研体系，高校有义不容辞的责任。北航在这方面的空间还很大。当前航空航天领域出现了很多新的研究方向，例如，石油的日益枯涸、碳排放控制等带来了发展新能源、再生能源飞机的需求。航空用生物能源已在进行飞行试验。事实上，人畜排泄物，甚至“地沟油”都可以考虑成为石油替代品。具有类似前瞻性的研究，可以通过校企合作、产学研结合的形式进行，推动相关学科发展。

航空航天技术是诸多高新技术的组合。发展航空航天技术所产生的效益并非仅局限在行业内部，还可以成为高新技术产业最重要的推动力量之一。换句话说，即可以通过航空航天技术的进步牵引整个国家的高新技术发展。因此，北航保持并继续强化空天和国防科学技术特色可以推动学校所有理工院系的发展。从更广的视野看，北航突出航空航天特色应可涵盖全校院系。例如，重点开展航空法、航天（空间）法以及涉及安全的国际法应该是我校法学院可以并且处于有利地位去做的。我们学生的就业选择不一定局限在航空航天业内，但强调航空航天特色的专业学习对他们事业的发展也不无裨益。

亲切看望归侨侨眷代表李椿萱院士

我与北航的故事

□ 冯培德

冯培德院士

作者简介：冯培德，1941 年生，广东恩平人，中国工程院院士。1963 年本科毕业于北京大学数学力学系，1966 年研究生毕业于南京航空学院自动控系陀螺与惯导专业。1967 年到 618 所，1984—2001 年任 618 所所长，航空惯导学术带头人。曾先后获得国家科技进步特等奖一次，国家科技进步二等奖一次，国家发明三等奖一次，国防科工委及省部科技进步奖 12 次，是国家航空金奖获得者，国家级有突出贡献专家。现任中航工业科技委副主任、北京航空航天大学博士生导师、中国机载与运载工程学部副主任、国家大飞机专家委员会成员。曾被选为全国先进工作者，航空一集团优秀领导干部，是十一届全国政协委员。

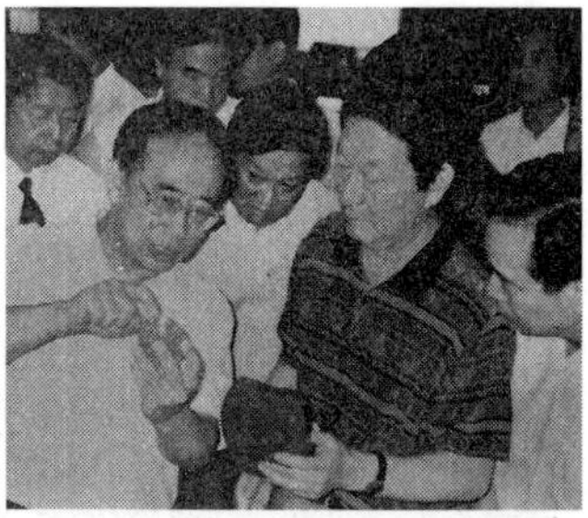

1998 年 8 月，时任中共中央政治局常委、国务院总理朱镕基视察 618 所，冯院士向朱总理介绍激光陀螺

注：本文采访时间为 2012 年 5 月 19 日，由北航宣传部采访录音及整理，经作者本人审定。

忆往昔，情深谊长

我和北航的缘分要从 1960 年说起，那时北航和北大合作承担国家某工程项目惯性导航系统论证工作，北大两个老师带着我们 6 个学生（理学院毛剑琴教授也在其中）介入该项工作，有机会接触到林士谔教授，还有徐学贤和徐鹤年等老师。这是我步入惯性导航系统漫长之路的零公里点，从那时算起至今已过去 52 年了。记得那时我们还在北航二系旁听过陀螺仪表课，在某种意义下我也算北航的校友吧。

我和北航的第二次交集是在 1967 年。当时 618 所成立了一个敌机残骸分析组，国内许多研究所和高校的科技人员都汇集在南山脚下。大家知道，惯导系统和航空发动机、机载雷达一样，同属西方国家对华严格限制的高科技产品，越南战争的战利品给我们研究对手的难得机会，当时“文化革命”势头正猛，但这没影响科技人员的日夜奋战。当时北航派来的老师人数最多，参加工作的时间最长，做出的贡献最大。范耀祖老师和我住在同一个宿舍，他给我的印象就是一位责任心很强的人，崔中兴老师是一位想法很多的老师；王壬林老师则做事非常严谨，我从他们身上学到了不少东西，而且成了一条战壕的战友。

至于我对北航的回馈也有两件事可以提及。90年代我参与分配惯导的预研经费，那时经费分配是按行业，学校并无单独的渠道，北航光纤陀螺的预研经费就成了问题，张维叙老师很着急，当时我和航空部诸葛豪同志商量，由618所主攻激光陀螺，北航主攻光纤陀螺，这样就可从科工委分配到航空口的经费中划拨两百万元给北航，支持北航光纤陀螺项目的攻关。在经费那么紧张的年代，我们之所以有此举，就是因为相信北航有能力把这件事情做好。第二件事是我与著名可靠性专家杨为民老师之间的合作。对可靠性问题我曾向杨老师请教，还请杨老师到618所做过报告，我很赞赏他在可靠性领域所作出的贡献。当时杨为民老师正在创建可靠性中心，但遇到经费迟迟不能到位的困难，他就来找我借两百万元打算尽快购置新型振动台，而618所刚由户县搬到西安新址，经费也很紧张，但我还是咬咬牙助了他一臂之力，这是我当所长17年对外唯一一次“大额贷款”，换来杨老师一句话：“老冯够朋友！”。后来618所的惯导可靠性增长实验都安排在北航做，大家在互相支持中建立了很深的友谊。

冯培德院士与来访美国专家交谈

1978年出访法国代表团合影

本世纪初，崔中兴老师负责北航长航时无人机飞行控制和导航方面的工作。他选择配套用惯导系统时，首先想到618所，我们当然也全力支持北航的工作。2002年我生病住院，崔老师来看我，他知道我即将调到中航工业科技委工作，就建议我到北航带研究生搞科研，后来在张广军、房建成等老师积极推动下，校领导下了决心，还专门跑到中航去谈并促成了此事。2003年我在北航组建了惯性技术与组合导航实验室。至此我干惯导从北航起步又回归北航，真可谓：忆往昔，情深谊长。

冯培德院士全家合影

论创新，难能可贵

首先我认为北航的创新精神和实干精神相当不错，这给我留下了很深的印象，同时也是我最欣赏的地方。

现在高等院校都在创办一流大学，什么是一流大学？最重要的是要培养一流的人才。要想培养一流的人才，在科学研究方面必须要引领潮流，而不能跟着别人后面跑。而在引领潮流方面，我觉得北航做得很出色。我参与了很多年的国家科技进步奖的评选，看到北航取得了很大成绩，可以说是硕果累累。今年北航又评上了一个发明一等奖，是我们那个组唯一的一等奖。北航在飞机、发动机、计算机、电子信息技术、精密仪器、仿生、材料、工艺等众多领域内都能够得大奖，是很不容易的。这么多年来，北航在航空航天领域里面取得了突破性的成果，在科学研究和引领潮流方面表现都是非常突出的。

冯培德院士悉心指导学生

在陀螺和惯性导航这个领域，国内最早的液浮陀螺和挠性陀螺都是北航首先研发出原理样机的，精度比较高的光纤陀螺也是北航首先做出的。在高等学校当中，敢于这样真刀真枪地研制样机的，并不多见。现在 17 系正在研发原子陀螺又是一项创新型的工作，很值得赞赏。

与学生座谈

搞科研既需要有创新的精神，也要有实干的作风，学校不发表论文不行，光会发表论文也不行。国家发展到今天，光靠苦干和低档产品已经不行了，没有自主创新就解决不了经济结构调整和产品升级换代的问题。在这样的形势下，高等学校无论是在培养高素质人才，还是在引领科技潮流方面，都将发挥不可替代的关键作用。北航人的敢为人先的品质给我留下很深刻的印象，这种敢于创新、勇于实践的精神是难能可贵的。在这样一场新的关乎国家崛起、民族复兴的大拼搏中，相信北航能继往开来作出更大贡献。

乐今朝，教书育人

科研攻关

我在北航组建的这个实验室，从 2006 年开始就维持三十人左右的规模。虽然人不算多，但这支团队经过“八年抗战”竟然已研发出和正在研发着八种不同类型的惯性导航系统样机和完成了三项专题研究，这些样机分别采用挠性陀螺、激光陀螺、光纤陀螺和微机械陀螺，针对空、天、海、地不同应用对象，具有高、中、低不同档次，其中精度最高的船用惯性导航系统已完成了海上试验，价格最便宜的系统可用于制导滑翔炸弹，取得这样的进展原本是我不敢想象。我觉得北航的学生真有一批好样的，他们肯干、能干，我们的责任就是引导，就是为这些学生自主创新、真刀真枪的实干创造良好的环境。自己近来在惯导领域有些新想法，正和年轻教师和研究生们共同切磋，抓紧实践，或许在不久的将来能在自主创新的道路上迈出新的一步。

最近这些年我一直在想，到我们这个年纪培养人才恐怕比自己再多干一点事更重要，因此我心里明白，尽管面临的工作依然千头万绪，培养人才的事必须摆在第一位，这件事不能请假，不能偷懒，不能马虎。我这个半路出家的“教师”曾有一个愿望，那就是希望能培养 100 名研究生，其中北航 55 名，今后还要招生 15 名左右，现在看来只要身体能撑得住，这一愿望有可能实现。这些年使我最感到欣慰的是绝大部分毕业生都被对口单位接收，这些学生走上工作岗位后普遍感到能适应工作需要，进步很快；而一些用人单位也向我表示，要把其中的尖子人物朝学术带头人的方向培养，我听了这些反映真是乐在其中，比以往得奖都痛快。

冯培德院士参加全国政协第十一届二次会议新闻发布会

创未来，特色发展

六十年来北航走了一条不寻常的道路，取得了很辉煌的科研成绩，也为国家培养了大量栋梁之才，这些成功都相当引人注目。回顾我国高等教育的发展历程，我觉得新中国成立前的三十年基本上是学德国模式，1949 年以后的三十年基本上是学俄国模式，而改革开放以后又开始学美国的模式。在中国崛起的新形势下，如何博取各家之长，走出有中国特色的新模式，已成为我们高等教育面临的新挑战。需要摆脱现行评价体系对高等学校的束缚，在科研创新上能更好地引领潮流，做出更大的成绩；在培养人才方面能更上一层楼，努力培养出一大批基础好，能实干，敢创新，受到用户欢迎的人才。我相信，北航在走过六十年成功之路的基础上，一定能继续发挥敢为人先的精神，在创办世界一流大学的征途上展翅高飞，再创新辉煌！

2010 年 3 月，冯院士在“院士行”座谈会上发言

下篇：岁月抒怀

春华秋实尽硕果　蓝天玉宇皆桃李

——忆北航建校初期的十位元老

□ 周自强

北京的西北郊区，有一个村庄名叫“柏彦庄”，一大片农田之中有几户农舍，萋萋芳草，菁菁田园，远树衬托着蓝天。每天夕阳西下时，农家炊烟袅袅，宁静祥和。六十年前，就是在这里，新中国铺就了一张宏伟蓝图，第一所航空高等学府——北京航空学院，诞生在祖国首都的这片热土之上。

建校初期，伴随着共和国前进的步伐，北航开始了艰辛的创业之路。带领着我们奋斗的，有十位功勋卓著的前贤。他们是：老院长武光，老书记周天行，还有来自八所大学航空院系的带队者——沈元、王俊奎、林士谔、王洪星、王绍曾、吴云书、饶国璋、张锡圣等八位教授。那时候，他们都风华正茂，朝气蓬勃，斗志弥坚。

为了开创祖国的航空教育事业，他们勇挑重担，一往无前，用心血建造了历史功勋。当我们庆祝北航建校六十周年华诞之际，这十位元老的辉煌业绩和崇高品格，令我们无限赞叹和景仰。今天，他们之中还有三位健在，都是耄耋之年，他们是北航发展历史的亲历者和见证者。而另外七位已经离开我们，令我们魂牵梦绕，但愿他们魂归故里，与我们一道，共庆北航六十年的光辉历程。

一. 北京航空学院的第一任院长武光同志

武光，原名张青甫，1912 年 10 月生，河北省深泽县人。1930 年

注：本文由周自强教授于 2012 年 2 月应北航宣传部之约写成。原载《北航校报》2012 年 3 月 1 日第 838 期和 3 月 11 日第 839 期。

参加革命，加入共产主义青年团。1931 年转为共产党员，同年 7 月担任共青团北平市委书记，他以拉洋车（人力车）做掩护，开展党的地下工作。1932 年 11 月，他不慎被国民党反动派逮捕入狱，在狱中他坚贞不屈，秘密建立狱中地下党支部，他担任书记，鼓励同志们坚持斗争。1937 年抗日战争爆发，他被监狱宣布“无条件”释放。出狱后他立即改名为武光，并经过千辛万苦终于找到了党组织，中共中央北方局书记刘少奇同志亲切会见了他。1939 年春，北方局决定调武光去延安学习，他进入了延安马列主义学院，系统地、认真地进行了理论学习和专题研讨。1941 年秋天，武光被派往敌后工作。1945 年日本投降后，武光同志任中共北平市委副书记。新中国成立前夕，他带领 5000 余名解放区干部和青年学生，奉命南下，他首任长沙地委书记，在新解放区开辟群众工作。广东解放后，他奉命继续南征，任粤西区委第一书记兼军区政委，开辟军地工作。

中央一声令下，创建北京航空学院，武光于 1954 年元月奉调北京。担任北京航空学院的首任院长，走上了航空教育事业的新战线。他认真贯彻党的教育方针，正确执行党的知识分子政策。他深入到教师中调查研究，了解知识分子的思想和意志。他在全院干部会议和全体教师大会上，郑重宣讲道：“知识分子不仅可以信任，可以依靠，而且同样是国家的主人”。1956 年，武光同志兼任北航党委书记。1957 年“整风反右”时，武光同志根据他所了解的北航实际情况，在全院党员大会上提出“应该坚持实事求是的原则，不能强求划右派一定要达到某项比例”，他顶住压力，保护了北航的一批老教授和中青年知识分子。为了提高教学质量，武光同志全面贯彻教育与生产劳动相结合的方针。在 1958 年“大跃进”、“浮夸风”和“插红旗、拔白旗”的情势下，武光同志坚定地疾呼：我们“宁可要一百面白旗，也必须拿到教学、科研这面红旗”。正是在武光同志的带领下，北航没有“大炼钢铁”，而是结合航空航天特色，组织师生设计、试验和研制了“北京一号”、“北京二号”等飞机、火箭、导弹和无人机等型号，提升了北航的教学和科研水平；加强了师资队伍和学科建设。在此基础上，武光同志积极领导建立火箭、导弹和电子计算机等新专

武光老院长

业。武光同志坚持培养全面发展的具有创新意识的人才，他卓有远见地提出北航的校风是：“艰苦朴素，勤奋好学，全面发展，勇于创新”，在20世纪60年代，他提出的这十六个字，特别是“勇于创新”，至今还闪耀着与时俱进的灿烂光辉，体现出北航“敢为人先”的精神。他还为北航校园规划和保持北航早期圈定了的一平方公里“版图”做出了积极努力，为北航今天校园建设和持续发展奠定了难得的空间和基地。这一切，值得全体师生员工永远赞颂和感念。今年他整整100周岁，还总是牵挂着北航。他去年到沙河校区视察，语重心长地勉励青年学子们：要勤奋学习，快马加鞭。我们真诚地祝愿，武光老院长寿比南山，洪福齐天。

二. 北京航空学院的第一任党委书记周天行同志

周天行，原名周丙光，1920年12月17日生，广东省开平人。1936年夏，考入广州市一中，积极参加革命活动。1937年6月加入了中国共产党。1937年抗日战争爆发，他先后担任开平、阳江和粤中区等县地的地下党组织的领导工作，曾任县委书记、中区特委宣传部长。1945年8月日本侵略军投降后，周天行任中区临时特委兼宣传部长。1946年6月，周天行受党组织派遣前往香港，担任海员党委书记，领导海员工会和洋务工会，开展工人运动。1949年7月，周天行任粤中地委书记，10月14日广州解放，同年11月，周天行任江门新会区军管会主任。1952年，周天行调任湛江市委第二书记。

1954年6月，周天行奉调北京，担任北京航空学院的第一任党委书记。此前，北航还没有建立党委。当时，全国高等院校实行校长负责制。周天行同志任党委书记后，负责全校党的工作、政治思想工作和干部工作。他与武光院长相互尊重，配合一致，认真贯彻党的知识分子政策，把思想政治工作深入到了师生群众中间。在周天行同志领导下，全院各系、各教研室和学生班级先后都建立了党的组织；加强了党的建设，积极发展一些思想素质高的教授、副教授和讲师入党。他经常给师生员工做国内外形势报告、讲党课，深入浅出地阐述社会主义理论和马克思列宁主义。他的理论水平很高，思想认识深

周天行老书记

远。例如，他于 1954 年在全院教师和干部大会上作了《加强学生的思想教育工作》的报告，提出了“教书教人”的口号，并指出这是“人民教师的政治责任”。1956 年 6 月，周天行同志奉调去西安筹建“飞行研究院”，作为研究院院长，在等待苏联专家进行技术设计的两年多时间内，周天行同志返回北航到干部特别班插班学习，以坚强的毅力完成了航空专业的学习，获得大学毕业证书。从北航毕业后，周天行回到飞行研究院改任党委书记。该院从无到有、从小到大，直至建成和承担国家任务，他倾注了大量心血，做出了重要贡献。1962 年夏，周天行同志又回到北航工作，担任党委副书记。他继续高度关注学生的思想政治教育，他在全院教师大会上作了题为“把思想工作深入到对学生的教学中去”的报告，要求教师一定要教书教人、对学生全面负责。他说：“我们提倡又红又专，但红要落实到专上，政治要落实到业务上。”“文革”中他饱受迫害冲击，但他坚持原则，实事求是，不推托责任，勇于承担，表现出了一个共产党员的襟怀坦荡，深受北航广大师生的钦佩和拥戴。1970 年，周天行同志重新工作，担任北航党委副书记。当他重新出现在全院群众大会上时，师生员工们报以长时间的热烈掌声，这表达了北航人对他的信任和赞扬。他深受感动和鼓舞。他不计前嫌，对“文革”中曾经反对、批判甚至迫害过自己的人，注意做好团结教育的工作；使一些“文革”中说过错话、做过错事的人安下心来自我反省，提高认识。使整个学校局面比较稳定，为北航在“文革”以后迅速恢复教学和科研工作秩序发挥了重要作用。

周天行同志因长期患病医治无效，于 1992 年 4 月 23 日与世长辞，终年 72 岁。北航的共产党员和广大群众都对他表示深切的怀念。

沈元教授

三. 空气动力学专家沈元教授

（原清华大学航空工程学院院长）

沈元，1916 年 4 月 26 日生，福建省福州市人。1936—1940 年北平清华大学（后西南联大）航空系毕业。1940—1943 年任西南联大航空系助教。1943 年，沈元考取英国文化委员会提供的奖学金，到英国伦敦大学帝国理工学院航空系当研究生，1945 年获得哲学博士学位。沈元的博士论文《大马赫数下绕圆柱的可压缩流动的理论探讨》，获得很高评价，被推荐在英国皇家航空研究院报告上发表。1945—1946年，沈元在英国罗伊斯·罗尔斯航空发动机公司考察制造技术，然后于1946年夏天回到了战后的祖国。沈元回到清华大学航空系任副教授，一年之后升任教授。1948年4月，他发表了《高亚音速下可压缩性流体绕似椭圆柱体的流动》的论文，在理论研究上更接近于机翼外形的实际，载于《清华大学理科报告》。与此同时，为了开展教学与科研工作，他在当时极为困难的条件下，设计并建造了一座当时国内院校最先进的低速回流式风洞。1948年12月，新中国成立前夕，沈元积极参加清华大学的护校活动。在航空系地下党员推荐下，沈元被推任清华航空系主任。根据中央指示，厦门大学航空系、北洋大学航空系和西北工学院航空系于1951年并入清华大学，与清华大学航空系一起组成清华大学航空工程学院，沈元被任命为院长。1952年全国院系调整时，沈元带领清华大学航空工程学院师生参与创建北航的工作，被任命为北京航空学院副院长。建院初期，从校址选择、基建计划到专业设置、课程安排和师资培养，沈元全心全意地投入。他亲自领导师资培养工作，组织大批青年教师向苏联专家学习，使学院的师资队伍及时得到了充实。1956年沈元加入了中国共产党。他参加了国家在1956年制订科学技术远景规划的工作，随后与北航领导一道，从1957年起，积极组织建立了火箭导弹方面的一系列新专业，这为中国航天事业培养了大批技术骨干。沈元主持和组织力量于1958年自行设计制造了国内第一座中型的超音速风洞，为教学和科研发挥了重要作用。沈元一贯强调理论联系实际以培养学生动手能力的教学原则。1978年，北航恢复招收研究生128名，沈元提出了“精选苗子、宁缺毋滥、打好基础、严格要求、能力培养和科研任务结合”的方针。他还亲自指导培养了四届研究生。

沈元对科学技术发展的新动向比较敏感，50年代末，他就组织选派教师到中科院计算技术研究所进修学习，并批准购置了国产第一代电子数字计算机。“文化大革命”后期，在他组织领导下，北航于1975年从国外引进了第三代中型电子数字计算机，建立了计算机应用专业。沈元积极倡导同国外大学、研究机构、航空航天企业的国际交流。1973年北航开始聘请英国专家为名誉教授，开展学术交流，增派进修教师，为改革开放、对外办学及人才培养创造了有利条件。1980年，沈元成为北航的第一位中科院院士（学部委员），同年并被任命为北京航空学院院长。1981年他应邀在巴黎国际首届航空航天学术报告会上发表演讲，介绍中国航空航天成就和学术活动。1983年沈元为北航的名誉院长。1988年以后为北京航空航天大学名誉校长。1990年12月被国家教委授予"从事高教科技工作四十年成绩显著"荣誉证书。1991年被授予航空航天工业部"劳动模范"称号。1992年被授予航空航天工业部"有突出贡献专家"称号。

沈元同志因病于2004年5月30日在北京逝世，享年88岁。在纪念北航建校60周年的时候，我们深切怀念这位把毕生心血奉献给祖国航空事业和北航建设发展的科学家和教育家。

四. 固体力学专家王俊奎教授

（原华北大学航空系系主任）

王俊奎，字醒园，1908年4月24日生，山西省广灵县人。1929年，考入北京大学数学系。1931年，日寇侵占东三省，王俊奎积极投身于华北学生的爱国救亡运动，被推选为北京大学南下示威团副总指挥，带领同学去南京游行示威。王俊奎遭到当局逮捕，被押送回北平。王俊奎深感科学技术的落后给中国人民带来屈辱和痛苦，他决心学习航空。1936年，他公费留学考入美国加州理工学院。在世界著名流体力学家冯·卡门（Von Kármán）指导下，于1937年和1938年先后获机械工程和航空工程双硕士学位。1938年他考入美国斯坦福大学，师从世界著名固体力学家S. P. 铁木辛柯（Timoshenko），于1940年获航空工程博士学位。毕业后，王俊奎于1942年在美国沙德梯–沃提飞机工厂任高级应力分析专家，参加了教练机和轰炸机的设计工作。王俊奎研究加筋圆筒受压稳定问题时提出的理论公式，即"加筋筒轴压临界应力公式"，1943年被美国全国咨询委员会出版的NASA—RBJ28称为"王氏公式"。1945年他到诺斯拉普飞机工

王俊奎教授

厂担任高级结构研究工程师和组长，参加了世界上第一架夜间战斗机“黑寡妇”和“飞翼”飞机的研制工作。1947年太平洋恢复通航后，王俊奎便毅然返回祖国，开始在西北工学院任教授和航空系主任，讲授空气动力学。1948年，应邀到北京大学工学院担任了机械系教授和系主任。1950年，王俊奎受邀担任华北大学航空系教授和系主任。根据中央指示，1951年王俊奎教授带领华北大学航空系师生与来北京的中央工业专科学校航空工程科合并，在北京工业学院校址内办学。1952年全国院系调整时，王俊奎教授参与创建北京航空学院。建校初期，他担任建校委员会副主任兼办公室主任，还担任热强度研究室主任，经过几年奋战，终于建成，为航空、航天器结构的研制发挥了重大作用。1954—1978年，他还担任了北京市政协委员、常委。1957—1979年，在他担任中国力学学会常务理事期间，受学会理事长钱学森的委托，于1958年在西安主持了板壳力学学术讨论会。在王俊奎的发起下，1964年成立了中国航空学会，他于1964—1983年任该学会第一届常务理事兼秘书长、第二届副理事长兼秘书长。“文化大革命”以后，王俊奎虽已年逾古稀，但他为教育和科研事业奋斗的雄心未减。他除了指导研究生研究复合材料力学外，还多次组织学术交流会议。他创办的北京航空学院《科研资料》、《北航学报》和《航空知识》都是国内最早创办的一批科技刊物之一。1984年，王俊奎又组织出版了《复合材料学报》。他发表了《加筋板受剪稳定问题》、《复合材料多层板的一种新的杂交应力元素分析》等论文。1989年，中国复合材料学会成立，王俊奎担任第一届理事长。他主持研究了纤维增强树脂基复合材料的杆、板、壳结构的稳定性问题，其中包括在轴压、外压载荷下，加筋或不加筋筒壳、锥壳的稳定性，非保守载荷作用下杆的稳定性，以及复合材料平板、曲板的稳定性和动力稳定性等问题。此外，还研究了复合材料板的层间剪切问题和不同的拉压模量对复合材料力学分析的影响问题，研究纤维和晶须增强增韧陶瓷基复合材料的断裂力学机制等。王俊奎在《中国科学》、《航空学报》、《复合材料学报》、《固体力学学报》、《应用数学和力学学报》等学术期刊上，以及在国际学术会议和国际刊物上，发表了百余篇论文。他翻译出版了铁木辛柯的著作《板与壳学》（第一版）和《板壳理论》（修订版）的翻译工作。他还完成了《板壳的弯曲与稳定》、《弹性固体力学》等著作。多年来，王俊奎始终关心青年人在德育和智育上的成长，他共培养了9名硕士研究生和16名博士研究生。由于王俊奎在力学研究和教育上的重大贡献，1990年，他被评为国家级有特殊贡献的科学家。

1998年5月，王俊奎先生与世长辞，享年90岁。我们深切怀念这位为航空事业和北航建设发展做出了杰出贡献的固体力学专家和教育家。

五. 自动控制专家林士谔教授

（原厦门大学航空系系主任）

林士谔，1913年7月1日生，广东省广州市人。1924年因父亲病逝，林士谔生活无着，只得随其母投奔北京姑母处。1925-1927年就读于香山慈幼院。1927年考入北京汇文中学，1931年高中毕业后考入上海交通大学电机系。1935年7月毕业后，林士谔被广东省录取为公费留学生，赴美入麻省理工学院学习航空工程，师从世界著名陀螺仪表专家德雷珀教授，翌年获硕士学位，1939年6月获博士学位。他在博士论文《飞机自动控制理论》中，创造性地提出了高阶方程劈因解根法。这种方法后来被国际数学界命名为“林氏法”（Lin’s Method)，至今还在被广泛应用。林士谔获得博士学位后，毅然回国。于1940年初到成都空军机械学校担任航空仪表高级教官。1942年夏，林士谔调至空军仪表修造厂任副厂长，在此期间，林士谔成功研制了一种膜盒式真空速度表，获得当时航空委员会颁发的“光华发明奖”。1946年10月，林士谔应厦门大学聘请，担任航空系教授兼系主任。在厦门大学，林士谔教授除讲授《航空仪器及设备》等课程外，还从事飞机控制的稳定性专题研究。1951年，根据中央指示，林士谔教授带领厦门大学航空系师生来京，与北洋大学航空系、西北工学院航空系一起并入清华大学，成立清华大学航空工程学院。1952年全国院系调整时，林士谔教授参加了创建北京航空学院的工作。林士谔教

林士谔教授

授是北航飞机设备系的奠基人之一，担任该系副主任。他致力于专业建设，亲自编写专业教材。他讲授的专业课程有：航空仪表、自动驾驶仪、飞机设备、自动器元件、陀螺稳定系统及惯性导航理论。林士谔同时积极倡导学术研究，1958年，他在《中国科学》上用英文发表了《真高度表的设计原理与试飞数据》，在《北航学报》上发表了《飞机在自动控制下侧向及横向过渡过程曲线的理论分析》、《调频式无线电高度表误差的理论分析》、《陀螺仪安装支架误差》以及《半解析式惯导系统参数选择》等论文。这对学科专业建设、教师队伍成长以及学生的培养都起到了极其重要的示范作用。1958年林士谔教授作为中苏陀螺仪理论及其应用的协作项目负责人之一，去列宁格勒光学精密机械学院进行交流访问，参观有关的教学及科研设备。回国后，他积极筹建了国内第一个陀螺与惯性导航研究室，并与青年教师们一道，设计制造出一种新型的液浮陀螺仪，填补了当时中国航空陀螺仪领域中的一项空白，促进了中国惯性技术的发展。 1960年在他指导下，北航研究出了动压气浮陀螺马达样机。林士谔教授十分注意国际科技发展的动向，他主编出版《陀螺仪理论及其应用译文集》、《动力调谐陀螺》，并撰写《双轴挠性陀螺补偿线路分析法》、《陀螺及惯性导航系统综述》、《应用分析法解K值根轨迹方程理论》、《航天飞机中的惯导系统与几点建议》等论文，及时跟踪国外科技前沿水平。林士谔教授所领导的研究室后来在光纤、激光、半球谐振、超导等新型陀螺仪以及GPS/惯性、天文/惯性组合导航系统和捷联式惯导系统等项目都能紧跟国外发展，有些项目处于国内领先地位。由林士谔教授创建的陀螺惯导专业，至今已培养本科生逾千人，经他亲自指导的研究生有20多名。这些毕业生遍布航空、航天和航海各部门，不少人已成为学科带头人和技术骨干。他关心中青年教师的成长，经他培养的几名中青年教师，目前都成为专业梯队重要后继力量。

1987年9月27日，林士谔教授因病医治无效，与世长辞，终年74岁。我们深切怀念这位举世闻名的自动控制专家。

六. 机械学专家王洪星教授

（原北洋大学航空系系主任）

王洪星，1915 年 11 月生，湖南湘潭人。1930—1932 年就读于湘潭第一中学，1933—1935 就读于长沙第一中学，1936 年考入位于天津的北洋工学院航空系。1937 年 7 月 7 日，日本发动全面侵华战争。7 月 30 日，天津沦陷，北洋工学院迁往西安，后合并其他院校组成西北工学院，校址迁入陕西固县古路坝。王洪星于 1940 年毕业后，留校任助教一年。1941 年，经人介绍去湖南洪江机械化学院任教官兼任研究所研究员。1946 年秋，航空委员会派遣王洪星等人赴美国伊利诺依州空军基地，参加航空工程师组，进修实习。完成实习任务后，王洪星于 1947 年底回国到上海，他对国民党政府的腐败和黑暗早已痛恶，决定不回国民党空军，而去他的母校北洋大学机械系任教，并兼任航空系副教授。1949 年王洪星升任北洋大学航空系教授、航空系系主任。新中国的成立，王洪星教授展开了为祖国航空教育事业服务的新篇章。1951 年，根据中央指示，北洋大学航空系、厦门大学航空系和西北工学院航空系并入清华大学，成立清华大学航空工程学院。1952 年全国院系调整时，王洪星教授参加了创建北京航空学院的工作。建院初期，他担任机械原理及机械零件教研室负责人。他首先是组织教学力量，把教师分为机械原理、机械零件和起重运输机械课程三个教学组，每位教师的任务明确。接着是组织教师向来华的苏联专家马卡洛夫教授学习，辅以集体备课。王洪星教授组织教师翻译和编写教材，重点试讲和集体讨论，虚心向苏联专家请教。他带头在全教研室试讲机械零件课程，虚心征求意见、修改讲稿；他还参加各教学组的备课讨论。他对同志和蔼、亲切、谦虚，有长者之风。经过他和其他同志的共同努力，面向北航全院的机械原理和机械零件等课程的教学工作得到了学校的肯定和表彰。1958 年以后，王洪星教授的主要力量转向科学研究。70 年代开始，他着力于谐波传动研究，并且与校外研究单位和生产单位合作，研究制造了新的谐波传动装置，王洪星教授成为我国谐波传动、齿轮传动技术以及牵引传动技术的开创者之一。在七十多年的教学和科研生涯中，他一直勤奋耕耘

王洪星教授

在教学科研第一线，他严谨治学，实事求是，奋斗不息，为北航培养和造就了一批优秀桃李。为了资助来自灾区的贫困优秀学生，他奉献自己的微薄之力，2008 年 6 月，他将自己的 10 万元积蓄，捐献给北航教育基金会，建立“王洪星扶贫助学金”。 这深深感动了全校师生。今年已经 97 岁高龄的王洪星老教授，身体健康、思维敏捷，深赞改革开放以来社会主义中国的美好时代。他曾在网上发文：“给大学生谈谈几个问题”，他说：“我希望大学生们立定志向，努力学习，善于学习，有坚实的专业知识，又有广泛的兴趣爱好，关心国事，学成后报效祖国。”王洪星老教授语重心长，对北航学子们寄予厚望，这不仅是对学生们的勉励，也是对广大北航中青年教师的殷切期望。我们衷心祝愿王洪星教授健康长寿！幸福吉祥！

七．航空发动机专家王绍曾教授

（原云南大学航空系系主任）

王绍曾，1912 年 12 月 20 日生，河北省高阳县人。1925 年王绍曾考入北京温泉中学（系中法大学附属中学）。1929 年经保送就读于中法大学理学院预科，两年后升入该校物理系学习。1935 年王绍曾以优异成绩毕业并被选送去法国里昂大学理学院留学。1937 年春他在法国参加了抗日救亡运动的青年团体——中华民族解放先锋队，课余从事抗日救国的宣传活动，他产生了“航空救国”的强烈志愿。1938 年当他获得了硕士学位后，决定放弃攻读物理学博士学位的机会，转而进入法国国立高等航空学校攻读航空工程。1941 年王绍曾获得了航空工程师学位。此时欧战正酣，欧亚间交通中断，他只得滞留在法国，应聘去法国席格玛（SIGMA）航空发动机工厂任设计工程师，从事发动机设计和实验。1945 年 8 月王绍曾怀着报效祖国的迫切心情，回到抗日的大后方重庆市。1945 年 10 月，王绍曾应邀到昆明云南大学担任教授兼航空系主任，从此他开始了为祖国航空教育事业奉献的生涯。根据中央指示，1951 年 8 月，云南大学航空系并入四川大学航空系。王绍曾教授等到北京参加了北京航空学院的筹建工作。1952 年 10 月北航建立，王绍曾是参与筹建航空发动机

王绍曾教授

系的负责人之一。他特别重视实验室的建设。当时北航仅有几台院校合并时带来的外国发动机，王绍曾就亲自参与到各处收集和调拨各类航空器材，建设航空发动机陈列室；同时自行设计、研制实验设备。经过大家的不懈努力，先后建成了活塞式发动机陈列室、喷气式发动机陈列室、热工实验室、传热实验室、发动机强度、振动实验室以及一批供科研使用的专用设备，例如暂冲气源等。在学科建设方面，王绍曾教授也费尽心血，初建时只有发动机教研室，之后有活塞式发动机、涡轮喷气发动机、冲压发动机，后来又筹建液体火箭和固体火箭发动机专业、螺旋桨专业和发动机控制专业等。到 1987 年北航航空发动机设计专业被评为全国首批重点学科。在人才培养方面，王绍曾教授特别注重对学生的工程训练和实践，认真实行教育、科研和生产劳动相结合。几十年来发动机系从初期全面学习苏联开始，以后逐步根据本国情况，遵循党的教育方针在培养德、智、体全面发展人才的道路上进行积极探索，使教学改革不断推陈出新，渐趋完善。王绍曾特别关心学生和青年教师的成长，以自己的实际行动教育青年同志。发动机系从 1956 年开始培养研究生，几十年来这个系所培养的人才，已陆续成为航空航天事业的骨干，其中已有四名被选为两院院士。王绍曾历任北航二部副主任，航空发动机系副主任、主任，飞机系主任，院教务部副部长，副教务长、教务长，院党委委员，北航学报编委会主任，院学术委员会副主任，动力系名誉主任等职。王绍曾于 1956 年 4 月加入中国共产党，1960 年被评为北京市先进工作者。几十年来王绍曾教授对工作一贯认真负责，踏实苦干，忠于党的教育事业，无愧为优秀的教育家。他是享受政府特殊津贴的专家。

王绍曾教授于 1997 年 4 月 1 日因病逝世，享年 85 岁。他朴实无华的一生，得到北航师生员工无限的崇敬和怀念。

吴云书教授

八. 材料科学专家吴云书教授

（原西北工学院航空系系主任）

吴云书，1918 年 6 生，陕西高陵人。1942 年毕业于西北工学院航空系。1945 年年赴美国进修实习，1947 年回国。回国后到母校西北工学院任副教授，后晋升为教授。1951 年，根据中央指示，西北工学院航空系、北洋大学航空系和厦门大学航空系并入清华大学，成立清华大学航空工程学院。1952 年，吴云书教授参加了创建北京航空学院的工作。建院初期，他任北航院务委员会委员，参与学校的规划和建设。当时北航只设立了三个系，即飞机系（一系）、航空发动机系（三系）、飞机设备系（二系）。1954 年，吴云书教授奉命开始筹建航空冶金系（四系），这是一项开创性的工作。经研究决定，该系从研究生教育开始起步。在吴云书教授直接参与下，先从飞机系和航空发动机系抽调一批低年级学生，转为攻读航空冶金专业的研究生。在苏联专家指导下，这批研究生于 1958 年毕业，成为了本系的专业人才和教师队伍中的骨干力量，其中有的后来还成为中国工程院院士。紧接着，航空冶金系于1956年开始招收本科生，根据学科发展的需求，改为航空热加工工艺系，设立锻造、铸造、焊接、金相热处理等四个专业，每个专业都有一位苏联专家进行指导。根据中央指示，1957 年 10 月，西北工学院和西安航空学院在西安合并成立西北工业大学，北航奉命将锻造和铸造两个专业的师生于 1958 年初并入西北工业大学。这样一来，吴云书教授和本系的其他领导共同谋划了本系今后的发展。根据当时学科发展和国防建设的需要，1960 年，做出了将航空热加工工艺系改为航空材料系的决策，分设航空金属材料、精密合金、金属腐蚀及防护、航空非金属材料及工艺、粉末及陶瓷材料、航空原子能材料等六个专业。1962 年，又进行了适当调整。1978 年，改为材料科学与工程系，进一步拓展了学科和专业面向。吴云书教授参与和主持的这些改革和调整，跟踪了航空航天工业发展的需求，体现了学科建设的预见性和前瞻性，符合材料科学发展的需要。这为此后北航材料科学与工程系（学院）的进一步发展奠定了基础。为了加强科学研究，当年吴云书教授还组建了材料系的科研组，亲自领导和组织科研工作。后来扩大为材料研究室（第八研究室），研究方向是：高强度铝合金、金属基复合材料以及飞行器和机械产品的失效分析。为了提高材料系的师资和教学水平，吴云书一方面到有关院校去挑选和引进人才，充实师资队伍；

另一方面专门为中青年教师讲授“工程数学”等课程，亲自编写教材和讲义，组织答疑和布置课后作业；他还做过“金属学原理”课程的示范性专题讲授，以提高中青年教师的讲课效果。改革开放以来，吴云书教授积极组织本系的对外学术交流，邀请发达国家院校的专家教授来系讲座和做报告；他积极支持派遣中青年教师出国留学进修，鼓励他们学成回国，为北航材料系的建设和发展多做贡献。他积极提携中青年教师挑重担，推进材料科学与工程系的建设。吴云书教授曾担任北航学术委员会的副主任，为北航的学科建设、学术交流和人才培养做出了重要贡献。 我们衷心祝愿吴云书教授，健康长寿！吉祥如意！

九. 热加工工艺专家饶国璋教授

（原四川大学航空系系主任）

饶国璋，1899年4月1日生，江西进贤人。1917年10月，他怀抱“工业救国”的理想，东渡日本自费留学。1919年5月，国内爆发了“五四”运动，许多留日学生为抗议美、英、法、日等帝国主义在“巴黎和会”上瓜分中国的侵略阴谋，毅然回国，其中就有饶国璋。他于5月下旬回到上海。为了探索真理、振兴中华，上海的“赴法勤工俭学学会”非常活跃。1919年10月，饶国璋与一批青年朋友一起离开上海，远涉重洋去法国，开始了他的勤工俭学。他先后在法国胥乃德飞机制造厂、贝来盖飞机工厂、雷诺发动机制造厂、鹤尚飞机工厂和胥勒克水上飞机制造厂等五、六家工厂做工和实习，参与这些工厂多种产品的设计、制造和具体生产实践，苦干了整整八年。饶国璋于1927年11月回到祖国。他踌躇满志，立即全身心投入了飞机设计和制造。经过两年的不懈努力，克服了许多困难，由他负责设计和制造的中国第一架飞行教练机“成功第一号”终于在1929年于上海虹桥机场试飞成功。但是，在当时的社会和经济条件下，不可能进一步试验和生产。于是，饶国璋只得转向“教育救国”。1931年11月，他受聘于杭州笕桥航空学校。笕桥航校是为空军培养飞行员和飞机发动机维修人员的。1937年“七七”卢沟桥事变爆发，日寇大举南侵。饶国璋随着

饶国璋

笕桥航校师生从杭州转移到昆明，为抗日战争继续培养飞行员和地勤维修人员。但在抗战胜利后不久，航校已经成为蒋介石发动“内战”的工具，饶国璋毅然离开航校。1946 年，四川大学聘请饶国璋为航空系教授，后来升任系主任。新中国成立后，根据中央指示，云南大学航空系于 1951 年并入四川大学航空系。1952 年，全国院系调整时，中央决定成立北京航空学院，饶国璋奉命于当年 9 月，率领四川大学航空系全体师生共 107 人（其中教师 17 人，学生 90 人），从成都出发，经重庆坐船，顺长江而下到武汉，坐火车于 1952 年 9 月底抵达北京，为全国八所航空院系合并、创建新中国的第一所航空高等学府——“北京航空学院”铺上了一块重要的奠基石。建校初期，饶国璋先生是北航院务委员会委员，并主持金属工艺学教研室和实习工厂的工作。他极其注重培养学生的基本技能和实际动手能力，对学生的金工实习进行了细致安排。1956 年，北航正式成立航空热加工工艺系；后来，该系改为航空材料系，饶国璋教授担任副系主任，主管教学工作，他为该系的建设和发展倾注了全部心血。饶国璋教授对师资队伍建设极其重视，他提出教研室必须要进行教学研究，教师要对教学内容和教学方法进行讨论和研究。他对教学实验和生产实习特别关注。他要求航空材料系的每门专业课除了课堂教学之外，都必须有相应的教学实验课；学生到航空工厂进行生产实习，必须到生产第一线去顶班劳动。他广泛阅读和收集各国航空研究进展的信息资料，为我所用。饶国璋教授掌握法、日、英、俄等四门外语，经常在图书馆期刊阅览室搜集资料，在外文书库常常见到他指导学生阅读文献资料的身影。饶国璋先生的拳拳爱国之心，令人敬佩。1962 年 10 月，在北航建校十周年时，他撰文写道：“我厝身于航空教育，已三十余年，到今，方见到欣欣向荣、蓬勃而健全发展的航空教育。在北京航空学院建院十周年之时，不禁要为祖国欢呼，为社会主义建设前途庆祝！在人民的伟大事业中，勇往迈进。”今天，重读饶先生 50 年前的这段激励他自己又激励后人的文字，令人深深感动。

1968 年 11 月 22 日，饶国璋教授因病医治无效，溘然长逝，享年 69 岁。当我们庆祝北航建校 60 周年的时候，要学习饶国璋先生的崇高风范和奋斗精神，创造我国航空航天教育事业更加辉煌的未来。

十．动静压轴承专家张锡圣教授

（原中央工业专科学校航空工程科主任）

张锡圣，1920年生，湖南永顺人。1934年考入湖南常德省立三中初中，1937年考入湖南泸溪四中高中，1940年考入因抗日战争爆发已经迁至重庆的上海交通大学机械工程系。1944年毕业后在重庆的航空委员会机械处和成都第三飞机制造厂从事技术工作。1945年受航空委员会派遣，赴美国丹佛航空学校及航空工厂进修和实习，1947年回国。张锡圣先在贵阳高等工业学校任教，后受聘于中央工业专科学校航空工程科，主讲机械零件和机械设计。不久他晋升为航空工程科教授，并担任主任。1951年，根据中央指示，张锡圣教授率领中央工专航空科的师生来京，与华北大学工学院航空系合并，在当时的北京工业学院校址内办学。1952年10月，张锡圣教授参加创建北京航空学院。北航建院初期，张锡圣教授参与筹建航空发动机系，担任航空发动机系副主任，他协助系主任为航空发动机系的专业课程建设和实验室建设做出了积极贡献。后调任北航副教务长，协助教务长负责全院的教学组织管理工作，为建院初期北航全院的教学工作付出了辛勤劳动。1957年，北航成立火箭系，有5位火箭导弹的苏联专家来北航。1960年，张锡圣教授曾担任火箭系的系主任。他曾编写了《机械零件》、《火箭发动机原理》等教材，为本科生和研究生讲授过“机床液压气压传动”、“火箭发动机原理及构造”和“润滑油理论”等课程。他还曾指导液体火箭发动机专业的博士研究生。张锡圣教授长于火箭发动机高频振荡燃烧理论和流体润滑理论的研究及实验。在改造机床设备方面的研究成果已被推广应用。他的研究成果，两项获得国家发明奖（即，33万转/分气体浮环动静压混合轴承超高速精密主轴；Φ35-540液体静压深孔内圆磨杆），三项获得国家专利（即，孔式环面浅腔可调瓦动静压轴承；耐磨塑料衬动静压新型精密机床轴承；高精度动静压油膜支承简易数控车床）。张锡圣教授曾任北航分院院长、北京市航空学会理事长，为北航的建设和

张锡圣

发展留下了光辉业绩。1990 年 12 月被国家教委授予“从事高教科技工作四十年成绩显著”荣誉证书。1992 年被授予航空航天工业部“有突出贡献专家”称号，并享受国务院颁发的特殊津贴。

张锡圣教授于 2007 年 12 月 28 日与世长辞，享年 87 岁。他勤劳朴实、埋头苦干、严谨治学、不断创新的精神值得我们永远怀念和学习。

以上十位元老，是我们北航建校初期的杰出代表，值得我们永远学习和怀念。此外，还有成百上千的老同志，为北航的诞生与成长做出了历史性的贡献。在庆祝北航建校六十周年之际，我们要向他们致以崇高的敬意，表示深情的感谢！让我们继续前贤们开创的事业，团结一致，开拓创新，为把北航建设成为具有航空航天特色的、空天信融合的、世界一流的研究型高水平大学，做出新的贡献！

永远的怀念
——回忆父亲杨待甫与北航

□ 杨大曼 杨二曼 杨大林 杨小絮 杨小林 杨小叶

注：本文由杨待甫子女于2012年4月写成。原载《北航校报》2012年6月11日第848期。

在北航建校六十周年之际，我们为北航对祖国做出的巨大贡献感到无比欣喜，也深深怀念建院时期在北航工作过的父亲。我们的父亲杨待甫于一九五二年春任北航筹委会副主任，一九五二年十月二十五日北航正式建院，中央人民政府毛泽东主席签发任命书，任命父亲和沈元同志为首任副院长。父亲还兼任院党总支书记和院务委员会主席。在武光院长到任之前的两年里，主持建院初期的领导工作。一九五五年六月父亲调离北航到外省工作，“文革”期间受迫害逝世。

父亲离开北航时，学校赠送给他三本相册，至今仍珍藏在家里。每当我们翻看相册，都深深为一幅幅珍贵的历史照片所感动。

在父亲留下的相册里，我们看到了他为北航选址，为奠基典礼揭幕和讲话，以及奠基典礼大会的盛况；他与苏联专家交谈和举行会议等镜 头。看到了学院大规模建设和开展教学等感人至深的壮观场景，也看到过他在前排正中和毕业生合影的照片。每幅照片都配有文字说明，并且是中俄两种文字。

相册第一页用毛笔写道：“从这里可以看出新中国第一所航空学院的成长过程。当一九五三年的春雪覆盖了这一片平坦的麦地的时候，人们还在这里追赶过野兔，可是在一九五四年的春雪融化了的时候，这里已经是一幢幢的高楼了。人们在这里紧张地工作学习，愉快地生活休息，他们也将不会忘掉在创立过程中伟大的邻邦所给予的友爱和帮助。”这是历史的见证。在党中央国务院及有关部委高度重视和领导下，创建北航的规格之高，速度之快，师资之强，得到了高度评价，全院师生员工和参建人员为之倾注了心血和汗水。

我们的父亲杨待甫在抗日战争时期奔赴延安抗大，一九三九年历任晋冀豫太行革命根据地左权县县委书记（当时的山西省辽县），地委组织部长等职务，一九四八年到西柏坡中央党校学习后留北京工作。我们全家在北航生活过四年多，当时院领导住址是现在的邵逸夫大楼所在地。虽然我们现在已经远离北航，但永远都怀念北航，祝福北航。对北航的回忆珍藏在我们心底，父亲留下的北航相册，我们也将一代一代传下去。

杨待甫（左二）和苏联专家视察北京航空学院院址地形

杨待甫为北航奠基典礼揭幕

沈元院长把我“扔下水去学游泳”

□ 朱永昌

我是北航的教授，是北航腐蚀科学和防护工程专业的创始人。1932年出生在上海。1953年大学毕业于上海复旦大学化学系。毕业时才21岁。当时正值国家第一个五年计划开始的第一年，国家迫切需要大量人才。毕业时的革命激情真是难以形容。

毕业时的第一件大事就是工作分配。由于新中国成立后一系列政治运动的生动实际教育，我们的政治觉悟和积极性有较大提高。国家采取个人填报志愿和统一分配相结合的政策。我是独生子，当时国家有照顾独生子留在父母身边的政策。我抱着满腔的革命热忱、感觉自己应该报效祖国。祖国哪里最艰苦、哪里最需要，我就到哪里去。我说服了父母，毅然决然地报了以下五个志愿，第一西北、第二东北、第三华北、第四华东、第五无条件服从分配。最后组织上把我分配到北京航空学院。

6月底还没有放假，赶程报到。我和另外两个同学一起同行（一个分配到北京钢铁学院，另一个是地质部）。当时生活是挺艰苦的，买的火车票是坐铺。每个人各带一大包行李。三个人都是第一次出远门，都缺乏实际生活经验，好在三个人互相帮助、照顾，亲如兄弟姐妹，一路上没有发生事故。吃得也很简单，是父母准备的食品。虽然艰苦，但革命精神是饱满的。疲倦时，互相低声唱革命歌曲或者讲革命故事

注：本文由朱永昌教授于2012年6月写成。

来鼓励自己。

在 1953 年 7 月 1 日党的生日这一天，我们终于到达伟大的中华人民共和国首都。第一次到首都，心情多么激动。我们在老北京火车站下车。人生地不熟，真是丈二和尚摸不着头脑。当时还处在解放初，朝鲜战争停战后不久，交通很不发达。我的目的地是钱粮胡同，它在哪里？怎么去？他们两人也遇到相同的问题。虽然如此，我们不气馁，有三张嘴，多想多问就能解决问题。最后找到了三辆古式马车。于是三人各自找自己的目的地。

到了钱粮胡同，接待我的是王世荣同志，她也和我一样是应届毕业生，毕业于北大化学系，待人热情诚恳。她说，她和我一样也分配在化学教研室。暂时住在钱粮胡同临时宿舍里。住宿条件也富有革命性：男同志安排在一间四合院老式客堂里，大概有 50 平方米的面积，大约住了 48 人，双人双层铁床，双人铁床之间的间距只有一个人的肩宽，行动很不方便。晚上睡觉发出各种声音，犹如一台交响乐。60 年后的今天，回忆起当年，真是富有诗意。

第二天，王世荣同志找到我，说沈元院长要找我布置任务。

来到沈院长办公室，沈院长请我坐下后，说："永昌同志，今天找你有两件事：一件事是，从今天起，你被调到飞机系飞机工艺专业教研室工作、任教；第二件事是，有一项紧急的教学任务要做。今年下半年（大约在 9 月、10 月至 12 月及 1954 年 1 月）有一门专业课，要由你担任讲课任务，课程名称是'飞机表面保护施工法'，这是一门大学四年级的专业课，是新设的专业课。还有三个多月的备课时间，好好努力吧！我们北京航空学院是我国第一个五年计划内 148 个重点建设项目的内容之一。这是一项光荣艰巨的任务，务必要完成好。"我听了之后，又惊又喜，惊的是，领导将这么重要的任务交给我，我能行吗？喜的是，领导这么信任和重视、培养、锻炼自己。我说："沈院长，我刚毕业，我的能力还不够，先让我做辅导、答疑等助教工作，锻炼锻炼。"沈院长鼓励我说："有党的领导，有组织的支持，你有能力完成讲课任务。我们采取的方针是：积极培养青年人才，扔下水去学游泳，大胆地在实践中磨炼提高。这是很好的锻炼方式。"于是，我大胆地接受了领导交给的讲课任务。心想，务必好好努力干，

1962 年，朱永昌与"金属科学和防护工程"专业老师刘永辉、本专业学生曹磊、曾庆福等合影留念（以上都是其教过的学生）

不辜负党组织的信任、重视和期望。

在三个多月的准备工作中，飞机工艺教研室主任梁炳文教授，尤其是许建鉞副主任都做了许多深入细致的指导，安排陈克锵老师翻译苏联专家提供的教学参考书，给我借阅《航空概论》。为了向工厂技术人员、工人以及向实际学习，许老师还安排我下到北京市南苑飞机厂，与工人同吃、同住、同劳动，虚心当小学生。虽然只有一周时间，但思想和业务上的收获很大，还安排了绘图员苏弥章老师绘制挂图，安排了讲课前的试讲工作（几乎全体老师参加），老师们都能友善地、严格地、诚恳地提出意见，这对提高教学质量有益。另外，还安排向苏联专家请教和答疑等等。

北航位于当时名为“十间房”的地方，是一片农田。一号教学楼用作临时图书馆，我们在这里借阅图书、写教材和备课。主楼正在建造。全院教师大会只能露天开，苏联专家也是如此。没有食堂只能露天用餐，尤其是大冬天，刮西北风，又冷又脏，尘土满天飞，饭菜很快凉下来，沙土飞扬在饭菜上，真不好吃啊！同志们乐观地说：这正需要我们发扬抗大革命精神。大家都毫无怨言，对没有正规的厕所也能适应。

1988 年，航空工业部 621 所、空军装备部邀朱永昌作为专家教授对银锌电池鉴定，会中李金桂是 621 所所长，也是朱永昌教授的学生

教学条件也差，没有正规的教室，只能在简陋的土平房里讲课、听课，苏联专家、教授、老师们都是如此，在土平房里没有暖气，只有土煤炉取暖。这与现今的教学楼相比，真是天地之别啊！

在我们班里有顾昌耀和张宁，我认真备课、讲课，学生们认真听课。我从不迟到、早退，他们也一样。他们的年龄普遍比我大，我又是第一次上讲台讲课，他们热忱地支持我，尊重我。他们努力向上、刻苦学习的精神感动着我，师生之间十分融洽，我经常听取他们的意见，改进自己的教学工作。他们对教学效果反映较好。

万事开头难，在艰难的条件下，“扔下水去学游泳”确实是培养磨炼青年教师的好方法之一。

1986 年朱永昌、王行仁、张锦三位北航老师去美国麻省理工学院（被该校聘任为访问科学家），在学习、工作期间，原北航周天行老书记和叶家康副校长专程去看望和关心三位老师，并合影留念

由于党的领导，老教授的指导，老工人的指点，老师们的帮助，教辅人员的协助，再加上我自己的刻苦努力，苦干加巧干，终于取得良好效果。

我与林士谔先生的故事

□ 黄俊钦

1958年，为满足“两弹一星”工程惯性制导技术的急需，在钱学森先生提议下，林士谔先生在北航主持创建了我国第一个陀螺与惯性导航研究室和陀螺惯导专业（北航仪器科学与技术一级学科的前身），带领研究室于50年代研制成功国内第一个液浮陀螺，60年代研制成功国内第一个气浮陀螺，70年代研制成功国内第一个挠性陀螺，为我国惯性技术的创建与发展做出了卓越贡献。

初识林士谔：都是客家人，倍感亲切

抗日战争期间，我所在的中学校舍遭到日本飞机的狂轰滥炸，不得不搬到乡下去上课，条件非常艰苦。日军轰炸过后，满目疮痍，惨不忍睹，同学们都非常愤慨。当时我就决心报考航空系，立志航空救国。1944年，我如愿考入厦门大学航空系。当时，厦门大学为躲避日军轰炸，迁到了福建长汀，直到日本投降后1946年才迁回厦门。也就是这一年，林士谔先生从空军来到厦大航空系担任教授。1947年，我开始学习林先生讲授的航空仪器及设备方面的课程，和其他教师讲授的空气动力学、飞机结构等课程。1948年，我在林先生亲自指导下写毕业论文。也是在这个时候，我有机会经常和林先生一对一的交流，这成为我们交往的开端，通过近半年对我毕业论文的指导，提高了我对新知识的接受能力和理解程度。尤其林先生做学问的方法和态

林士谔先生与学生们在一起

注：本文采访时间为2012年4月，由北航仪器光电学院和宣传部采访录音及整理，经作者本人审定。原载《北航校报》2012年6月11日第848期。

度，以及对航空领域的热爱都深深影响了我。当时厦门大学有个学生公社，是学生课外活动的地方，周末还有美国牧师做礼拜。林先生是基督徒，自然经常去。我们这些年轻学生，好奇心重，也常去那儿玩，看到林先生和美国牧师用英语交流，觉得很新鲜。在那里我们经常和林先生相遇，再由于我是广东兴宁县人，林士谔先生也来自广东，两人都讲客家话，因此我们两个算他乡遇故知，倍感亲切。所以我和林先生建立了比较好的私人友谊，常常被他邀请去家里做客。毕业之后，我留在学校做林先生的助教，并在此后的几十年里，一直担任他的助手。

从厦门到北京：克服重重困难，填补国内空白

1951 年夏，厦大航空系并入清华大学航空工程学院，我也跟随着林先生来到清华。当时清华缺少教航空仪表方面的教授，林先生就开设了航空仪表课程，填补了这个空白。那时候新中国刚成立，很多方面都是一穷二白，我们研究的内容在国内又是全新的事物，不仅没有中文参考资料，连国外文献中专业词汇的中文翻译都找不到，林先生就带着我们一齐学习。那时候信息交流不像现在这么发达，所谓的英文资料其实就是学校图书馆的几本英文书籍，和一些外文杂志。这些书在书店买不到。由于只能看英文资料，用英语学习，所以最后我们的英语反而硬生生地练出来了。

在厦门大学，只有一些飞机上拆下的零件，而清华大学则有比较多的日军留下的航空仪表和一些实验设备。所以我们来到清华后，看到这些实验设备，非常高兴，林先生负责讲课，我和胡炳（空军地勤仪表师转业的高级实验员）负责准备指导实验和批改报告。当时的教学条件无法和今天相提并论。巧妇难为无米之炊，实验设备数量不够，只能几个学生一组做实验，没有教材就自己动手写，没有仪表传感器实验设备就自己动手做。老师和学生都全力以赴、如饥似渴般地进行探索，即使这样艰苦的条件，我们也坚持把 10 个实验课上好。

1952 年，清华大学航空工程学院和四川大学、北京工业学院等几所院校航空系合并成立北京航空学院（现北京航空航天大学）。林先生又来到了北航任教，成为我校惯性技术的奠基人之一。1958年，林先生创建了国内第一个航空陀螺与惯性导航专业，筹建国内第一个陀螺与惯性导航研究室，由钱学森先生的大力推荐担任研究室主任，这是“一五”期间前苏联援建的122个重点项目之一。苏联援助我们，可语言不通怎么学？包括林先生在内，大家都没有俄语基础，为了能与苏联技术人员进行畅通无阻的交流，林先生身先士卒，带着大家一起突击学习俄语，从字母发音开始，每天在教研室里背单词，学语法。林先生有英语底子，学起俄语也比我们快，这让苏联专家也感到惊叹。林先生后来翻译了大量俄文资料，为我国的惯导事业留下了宝贵的财富。

1960年，苏联专家来北航讲课，全国各地的科技人员都来听。咱们有俄语翻译，但是只会翻译一般用语，不懂惯导，不会翻译专业词汇。于是林先生让我在课上为苏联专家做翻译。我头天晚上才能看到讲课稿，第二天就要现场口译，压力很大。不过最终还是顺利地完成了这项任务。

特别回忆：满怀救国热情，发展航空航天

林先生在国外学有所成，拥有优越的科研和生活条件，但他怀着满腔热血，回到祖国，是想为国家和民族贡献力量。他在40年代研制出一种膜盒式真空速表，试飞数据证明仪表符合理论设计要求，和国外后来采用的真空速表设计原理相同，但性能要好，发明要早。林先生也因此获得当时航空委员会颁发的“光华发明奖”。北航建校后，林先生又率领我们在建校初期极其艰苦的条件下设计出了液浮陀螺仪等一系列重大成果，填补了当时我国航空陀螺仪领域中的一项空白，促进了我国惯性技术的发展。林先生治学严谨认真，勤于钻研，敢于不断尝试。在麻省理工学院读博士期间，他在分析飞机稳定性时遇到了求解高阶方程这个世界性难题。当时计算机科学尚不发达，要解四阶以上的高阶代数方程，非常困难。他没有回避问题，刻苦探索，创造性地提出了高阶方程劈因解根法，受到他的导师世界著名科学家、陀螺仪表专家德雷珀博士的极度赞赏，并获得国际数学界的高度评价，被国际数学界命为“林士谔法”。而且他非常好学，50年代，钱学森先生在中科院力学所礼堂讲授他开创的《工程控制论》，林先生常带我们去听，和我们一同学习。林先生还非常注重学生和青年教师的教育与培养，当时学校缺少权威的专业教材，林先生就自己动手，利用自己丰富的专业知识，编写了大量的专业教材，并亲自给学生和年轻教师讲授。

在那个时代，物质条件匮乏，但我们确实有时代锤炼的精神：没有条件，创造条件；没有仪器，自己制造；缺少资料，刻苦钻研。艰苦奋斗，百折不挠，让我们国家的惯导事业从无到有。应该说，正是始终抱着一份热情和钻劲儿，我们才能够克服那些所谓的困难，跨越了无数阻碍，白手起家，从无到有，开创了我国航空仪表领域的新局面。

“我愿意成为探索的一个小卒”

——记已故北航建校元老陆士嘉

□ 孙琛辉

陆士嘉，1933年毕业于北平师范大学物理系，1937年考入德国哥廷大学学习物理，并以优异成绩获得洪堡奖学金。1942年，写成优秀的论文《圆柱射流遇垂直气流时的上卷》，获得博士学位。1946年回国后，先后在北洋大学、水工研究所、清华大学任职。1952年，参与筹建北京航空学院，后任学院教授。主持建设我国第一个空气动力专业，参与创建一整套低速风洞和我国第一个高速风洞。曾任中国空气动力学研究会第二届副理事长、中国力学学会理事、中国航空学会理事、《力学进展》副主编、《力学学报》编委等职。

2011年3月19日，新中国流体力学专业奠基人之一、北航建校元老陆士嘉先生百年诞辰纪念会在北京航空航天大学举行。北航党委书记胡凌云、校长怀进鹏、郭永怀先生的夫人、中科院李佩教授、清华大学党委副书记史宗恺、中国空气动力研究与发展中心总师、中国空气动力学会理事长邓小刚少将、国家自然科学基金委原主任、清华大学金国藩院士等200余人出席纪念会。陆士嘉先生的第一个研究生、清华大学龙驭球院士用“老师的培育之恩终身不忘、终身未忘、终生难忘”，表达了后辈对陆士嘉先生的景仰和感恩之情。

陆士嘉教授

注：本文原载2011年4月26日《科学时报》。

陆士嘉是国内外很有名望的流体力学家，是现代流体力学大师和奠基者之一普朗特的学生。她参与创建了北京航空学院，是我国第一个空气动力学专业的创办者。她被列为中科院增补学部委员（院士）的候选人，却主动要求让给更多有成就的中青年科学家。在“纪念陆士嘉教授逝世一周年学术报告会”上，钱学森先生曾饱含深情地致辞说：“陆士嘉教授是我所尊敬的一位女科学家。”

普朗特唯一的女研究生

陆士嘉 1911 年出生于江苏省苏州市，幼年时逢国家内忧外患，寄居在叔叔家中。由于长期过着寄人篱下的生活，使她精神上常常感到孤独和苦闷。在这种环境下，她自幼养成了坚强的性格、抗争的精神和独立生活的能力。

1929 年，陆士嘉考入不收学费的北京师范大学物理系，靠半教学半读书维持生活和学习，直到坚持完成 4 年学业。大学毕业后，陆士嘉曾先后在河北大名第三女子师范学校和北京志成中学教了 4 年书，但是渴求留学深造以改变祖国科学技术落后面貌的愿望更加强烈。1937 年，她克服重重困难，借钱自费赴德留学，开始在德国柏林高工学习，1938 年进入了德国哥廷根大学学习。

当时，闻名世界的近代流体力学奠基人普朗特教授在该校执教。她想到祖国正在遭受日本帝国主义的轰炸、蹂躏，学航空将来能对祖国有贡献，便毅然选择了航空科学，并决心做普朗特教授的研究生。

普朗特教授从未收过女研究生，也不愿意接受处于落后地位的中国学生。陆士嘉很不甘心，抱着“外国人看不起中国，我就一定要为中华民族争口气”的信念，向普朗特勇敢地提出考试要求，并表示：“如果我考试成绩不好，我决不乞求。”面对这位有强烈民族自尊心的倔强和自信的中国姑娘，普朗特同意她参加考试。陆士嘉的考试成绩之好使普朗特深感意外。她以自己坚强的毅力和优异的成绩成为普朗特唯一的女研究生，也是唯一的中国学生，同时也是这位著名教授的关门弟子。

陆士嘉在哥廷根大学学习时，正值第二次世界大战之际，该校的空气动力研究所对中国留学生有种种苛刻的限制，尤其在实验技术方面对她更是严格保密，加上生活条件艰苦，她在整个学习过程中困

张维、陆士嘉教授一九七三年全家福。后左张克澄（子），前左张克群（女），后右高立人（婿）及外孙子女

难重重。尽管如此，她并不沮丧，她用严密的理论方法处理了一个复杂的流体力学问题，所得结果竟然与空气动力研究所的实验结果完全吻合。至此，她在1942年初完成了《圆柱射流遇垂直气流时的上卷》的论文，获得了哲学博士学位，并以优异成绩获洪堡奖学金。博士毕业后，陆士嘉与后来担任清华大学副校长的著名力学家张维院士结为伉俪。

普朗特被陆士嘉的爱国思想和刻苦顽强的学习精神所感动，他们后来一直保持着良好的友谊。

中国第一位女流体力学家

1946年7月回国之后，陆士嘉曾先后在天津北洋大学航空系、清华大学水工试验研究所任教。1952年全国高等院校调整时她担任北京航空学院建校筹备委员会委员，为创建北航作出了贡献。

在20世纪五六十年代，陆士嘉在北航开设了磁流体力学专题讲座，为先进高速飞行器技术研究打下了基础。她曾提出精辟论断“流体的本质就是涡，因为流体经不住搓，一搓就搓出了涡”已被许多流体力学著作多次引用。此外，她积极从事黏性流体力学、电磁流体力学和高超声速空气动力学的研究和组织工作，亲自开出了黏性流体力学课程，带领年轻教师共同写出了中国最早的上述学科分支的讲义或著作，如高速黏性流体力学、电磁流体力学、高超音速流、附面层理论等。不仅为北航，也为其他高校提供了早期教学的教材。

1962年，陆士嘉作为北航数学力学系副主任，积极主张和筹建了空气动力学研究室，并首任该研究室主任。20世纪七八十年代，她又积极关心生物流体力学分支的发展。考虑到水洞实验对研究湍流和减阻的重要作用，她支持和帮助北航中年教师建成了北航第一个水槽。该教师随后利用这一水槽取得了不少有价值的成果。

普朗特的《流体力学概论》是流体力学发展中的一本经典名著。普朗特逝世后，他的学生们根据流体力学的新成果、新发展修订该书，改写了大部分章节，使内容大为丰富。为把当代流体力学奠基性权威著作的新版本介绍给年轻读者，大病刚愈的陆士嘉于20世纪

陆士嘉教授和学生在一起

70年代末重新翻译了该书德文第七版的修订本。

1982年，作为空气动力学学会副会长的陆士嘉发起并主持了在福州举行的全国第一届边界层和黏性流体力学会议。两年后，她又亲自参加了在四川峨眉山召开的第二次会议，在自己生前最后一次参加的这次全国性学术活动上，正式确定该系列会议为分离流和漩涡运动会议，并建议委托卞荫贵和张涵信共同负责此项学术活动。此系列会议每两年举行一次，延续至今，为这一新兴流体力学分支在中国的发展起到了很大推动作用。

陆士嘉几十年来研究的问题，常是选自本学科前沿有待开拓的问题。她认为越是空白的，就越应该去研究，否则总会落后于国外。有人劝她不要搞这种不易见效的问题，她却说："我深知这类问题在短时期是见不到成果的，甚至可能下一代也难见到。但科学研究往往是需要几代人的努力的，科学工作者的职责就是要探索，不然是徒有虚名。我总希望我国有所突破，并不是说我搞什么研究一定要突破，我愿意成为探索的一个小卒，一个铺路石子，为后面的人做点探索工作。"这种对科学探索的思想和精神，深深教育了周围的年轻流体力学工作者。

陆士嘉的理论和数学水平很高，但她坚持导师普朗特的学风，理论与实际紧密结合。她的言传身教对周围年轻教师和流体力学工作者影响很大。她曾对她的一个学生说："实验能说明一些问题，但我们不能仅限于对一些表面现象的解释，要从这些现象看到它的物理本质，提出一个物理模型，从物理模型归纳整理出数学模型，再结合边界条件，解决实际工程问题。上升到了理论高度才算真正了解掌握了本质，才是我们自己的东西，在世界上才有发言权。"

陆士嘉教授帮助青年人学习

丹心育人的教育家

1954年在陆士嘉主持下招收了空气动力学学科最早的研究生。1956年为适应中国航天航空事业发展的需要，在她和其他专家的提议和论证后，学校决定创办中国最早的空气动力学本科专业（前苏联无此专业）。她明确提出，这是为航空航天建设服务的工程性质的专业，教学计划要根据中国实际情况制定，教学上应理论教学与实验教学并重，强调教学科研要结合生产实践。这为北航空气动力学专业的教学和研究奠定了基础。数十年来，北航的空气动力学专业，为国家培养了近千名学生，为推动中国空气动力学发展作出了很大贡献。

由于担任了很多社会工作，陆士嘉白天忙于开会和工作，只好把备课放在深夜。她曾说："在教学上我花时间很多，我讲课之前，首先要分析学生的学习情况、基础程度和专业特点，然后确定教法，并尽早备好课。在讲课前要考虑如何讲才使学生最容易接受，哪些概念应仔细讲，哪些只需提一下，哪些根本可以不提，这些都需要作出细致的安排。我讲 2 小时，至少要用 6 小时来备课。"

陆士嘉对中青年科学家的成长极为关心，1981 年中科院增补学部委员时，在两次酝酿讨论中她均被列为候选人，但她为了让更多有成就的杰出中青年科学家作为新鲜血液充实学部，主动写信给中科院，恳请从候选人名单中删除她的名字。这种高尚的情操在力学界，及至科技、教育界传为佳话。她认为："年纪大的同志应该主动设法为中青年同志创造条件，应该让他们在前面发挥作用，我们这些人不当委员也会提意见、出主意，绝不能由于我们而挡住了他们，这样对我国的科学事业发展不利。"

张维、陆士嘉夫妇回国后的第二年就长住清华园，胜因院 23 号记录了他们工作和生活的点点滴滴

陆士嘉一贯重视国际流体力学的发展，重视与国外的交流和合作，她先后推荐过几十名流体力学工作者出国学习、进修、交流和合作。她要求他们要充分利用国外良好的学习条件多出成果，为国争光，同时专心学习，开阔眼界，掌握国际上最新的发展方向，以便回国后能和其他同志一起更快地进入世界前沿的研究领域。并叮咛他们在国外学习和工作时要保持中华民族的高尚情操。

1955 年陆士嘉老师出席全国人民代表大会

1982 年陆士嘉不顾年迈多病，接受德国洪堡基金会的邀请访问了德国，访问中从多方面做了许多增进相互了解、加深友谊的工作，为进一步打开中德学术交流的大门作出了贡献。同年又亲自写信，邀请美国著名边界层理论和计算专家 Cebeci 教授来北航讲学。年迈多病的她坚持和大家一起听完了三天的讲课，并主持了讨论，不仅

充分表现了对国际交流的重视，并赢得了国外专家对她学识和人品的钦佩和尊敬，建立了北航和 Cebeci 的合作关系。所有这些活动无不倾注着她推动中国流体力学发展的大量心血。

陆士嘉还一贯重视中小学教育，在担任全国人大代表期间，她常常利用各种机会到中、小学校去了解教育情况，写出调查报告呈送到人大常委会或教育部。由于她曾经在中学任过教，深深体会到中小学教育的重要性。她经常说："对我们的青少年培养得好或坏，切实关系到祖国的前途和命运。"她还积极倡导和组织民盟成员开展培训幼儿师资的教育工作。

北航建校前期及初期往事追忆

□ 郭可谦

四川大学和云南大学的航空工程系师生员工调北京参加建设北京航空学院

1951 年初，四川大学航空工程系接到川大领导传达上级意见：在西南地区建立航空学院，昆明云南大学航空工程系和重庆西南工程专科学校（前中央工业专科学校）航空科调到成都四川大学，建立西南航空学院。川大工学院和航空系立即开始准备。

川大航空系员工听了都非常兴奋。成都是抗日战争期间建成的"航空基地"，有国民党统治时期建立的航空研究院、空军机械学校、支矶石大风洞、层板厂、飞机场（美军 B-29 轰炸机远飞轰炸日本从这里起飞）……以及附近各县的飞机厂、航空发动机厂、航空仪器仪表厂。空军机械学校分高级班、中级班和初级班，分别招收大学毕业生、高中毕业生和初中毕业生（相当于现在的硕士研究生班、大学班和中专班）

云南大学航空工程系师生员工几乎全体乘汽车从昆明出发，经贵阳和重庆到达成都。川大工学院和航空系为他们准备好了住处，并派人到成都东门外的牛市口迎接。准备好了当年的大汽车和大卡车，派我和几位同学前去。

大家见了面非常高兴，坐着汽车缓缓走近工学院大门时，工学

20 世纪 60 年代，参加中国民航总局改进安 -2（运 -5）飞机农药喷洒设备，到徐州九里山机场实践调查时与民航同仁合影

注：本文由郭可谦教授于 2012 年 7 月应北航宣传部之约写成。

院的师生员工早在门口列队等候，汽车队伍到达，一阵欢呼。

那时正是1951年的暑假中，云大航空系师生员工安排住下后，就开始分工备课，准备开学了。

准备迎接重庆西南工业专科学校航空科到来的工作也在积极进行。

这样到了1951年底或1952年初，一天接到川大转来的上级指示，西南工业专科学校航空科调北京的北京工业学院（前华北工学院），不到成都来了。接着又传达了云南大学航空系和川大航空系合并的川大航空系将于1952年暑假全部调北京，组建北京航空学院。

这个消息使川大航空系包括原云大航空系的师生员工十分高兴。虽然有些人是四川本地人，对家乡有些舍不得离开，但一想到到全国人民向往的北京，是多难得的机会，就豁然开朗了。

于是川大领导和工学院及各系热烈欢送，于1952年9月里离开成都，乘刚通车不久的成渝铁路火车到重庆。略事休息和参观，乘江轮到湖北宜昌，换乘江轮到武汉，与先来到武汉的北京工业学院过鼎成见面，他带整个大队买了火车票，乘京汉铁路火车，到了北京。

初到北京的情况和北京航空学院建院初期的一些工作与学习

到北京已是1952年10月2日上午了，没有赶上国庆纪念活动，大家感到可惜。

先安排住下。当时，先期来到的四川、云南航空系师生员工有川大航空系的罗德伟，云大航空系的王绍曾和崔济亚，重庆西南工业专科学校航空科的张锡圣、陈道南、黄少颜。他们都已住在北京工业学院的北京城里宿舍。西南工业专科学校航空科的学生也住在城里。川大航空系包括云大航空系的师生员工来了，只能住在北京郊区的北京工业学院宿舍和清华大学校区了。

因此，报到时分为两批，一批向北京工业学院报到，领取北京工业学院职工校徽和家属徽章，一批向清华大学报到，领取清华大学职工校徽和家属徽章。在北京航空学院正式成立前，教职员工各有一短暂经历：北京工业学院职工和清华大学职工。

北京工业学院郊区宿舍，包括部分教室，在西直门外紫竹院过去西边的车道沟。那时西直门外西行不远就是农田了，紫竹院湖也有很大部分“退湖还田”种庄稼了。车道沟也是很多农田，有一座三层楼房，周围特别是楼房北边有不少“工棚”和新建的简易平房。平房间有几口水井（那时那里没有自来水）。调来北京的川大航空系包括云大航空系的部分师生员工就住在平房里。有几个大的平房作为教室。大楼作为所谓“分部”主管人员的办公室和开大会之用。就这样的住下，接着上课了。还开辟了一个篮球场，场边有单、双杠。

这个大楼当时还有些名气，上过新闻纪录片。是因为它是新中国成立后新建的，但楼顶交接处出现了裂缝，新闻报道是提醒大家注意为主。这个报道很多人在成都时就看到了。

住在清华的教师就住清华园内教师宿舍，当然，那里的环境、生活条件比较好些，离圆明园、颐和园也不远。

当年，教师职工每星期上班 6 天。教师职工每天要到城里北京工业学院上班，个别住城里的教师要到车道沟校区来上课。住清华的教师职工也如此，学校准备了签约的木炭车接送，也安排个别车次由北京工业学院校车接送。木炭车是当年北京用的公共交通工具，有大型的和小型的。北航用的是小型的，比现在的中巴瘦小。司机座右侧是木炭炉，有一助手协助摇转鼓风机。司机座后是木制客舱，后面开进出口（没有门），舱内两侧放置长条凳坐人，进出口挂一小梯以便上下。木炭车的行车路线是：早上开到车道沟校区，接人后沿西直门外大路东行，进西直门东行到新街口南转，到平安里后东转经北海公园后门等地，到东皇城根大街南转到北京工业学院大门口。当时，对这一路线的沿途景况真是熟极了。

有一天上午坐木炭车走到北海后门附近发生意外：车的前轮轴在装右前轮处突然“啪”的一声折断了，只见前轮仍转动并向右侧人行道飞去，而车子只有前后三轮，立即向右倾斜，减速到人行道边停下。坐车的随之摇晃，但没有一跌倒受伤，只是“受惊吓”。大家下车，急于上课的人坐拉人的三轮车赶去东皇城根，其余的人走路前去。木炭车没有翻倒的原因，当时判断为：车速不高，车身较小，还有 3 个轮子支撑。

那时，车道沟教区没有暖气设备，冬天来了，要生火取暖。对于从南方来的要学生炉子。其实，那个教区及周边没有馆子，也没有卖蔬菜的。平时吃饭，也要用炉子。炉子是用煤球或煤砖，可以请店家送来买到，但生炉子防煤气仍要花精力，时刻警惕。至于蔬菜，则要集中到西北边数里的蓝绽厂去买，用水是自己打井水使用。

这样的生活，一直到 1954 年 1 月底搬到北航现址，就不再每天上下班奔波，只偶尔有事才到城里北京工业学院去了。

坐木炭车上下班上还有一“风景线”，就是有些教师手拿着橡皮筋捆在一起的长约 7.8 厘米、宽约 2 厘米的纸条，一面写有俄语单词，背面写的是相应汉语，默默地念着。那时学习苏联，要加紧攻读俄语，主要是科技俄语。在大食堂排队买饭菜时，也有教师读俄语的镜头。可见时间抓得很紧。

当年，全国学习苏联，高等教育领域更是“猛着先鞭”，在教师中开展学习俄语。

原在北京清华大学的教师在清华大学先一步学了俄语，清华外语教师编了一本适合于高校科技教育工作的简易读本，16 开本，约 0.8 厘米厚，概括了有关科技俄语语法的典型问题，包括单词的“格”用法。住在车道沟教区的教师们办了俄语学习班，特请制图教研室教师陈剑南教俄语，从字母学起，学完了那本简易读本。再借俄汉词典之助，有问题问问俄语翻译，加上借助专业知识，就基本可以阅读和使用俄语教材了。真是“速成班”。

当时，只有一本俄汉词典，是陈昌浩在苏联编印的。那时苏联帮助中国，输送很多教材和参考书，包括这本俄汉词典。售价低，教师一般买得起。虽然这本俄汉词典更适合社会科学界，但在自然科学界也起了很大作用。

之后就靠在工作中继续学习俄语了。我概括出一种方法，戏称“一本书主义”。就是找一本专业小册子，俄语单词、名词术语、表述方式，都是常遇到的“老一套”，借助专业知识，把它翻译出来。再看同类书就提高“层次”了。我曾翻译了一本俄语小册子《齿轮传动的简化计算》，请张锡圣老师合作，后来经联系，由机械工业出版社出版了。这本小册子讲了当年苏联专家带来推荐给北航使用的、也是莫斯科航空学院使用的苏联教材中齿轮传动和蜗杆蜗轮传动的一些关键问题。那本教材是苏联多布罗窝利斯基编写的机械零件，中国全国高等工科学校的机械类机械零件课程都用这本。北航建院之初也用，也由教师翻译，刻（蜡纸）钢版油印，但没有机会出版，因为东北的东北工学院和大连工学院学习苏联先行一步，已翻译并联系重工业出版社出版了。我参加了小部分翻译工作。我和张锡圣合译的《齿轮传动》小册子解答了多氏苏联教材中提到的齿轮传动和蜗杆蜗轮传动计算中的关键、来源和计算方法的更全面、完整的问题。

北航建院初期的机械原理及机械零件教研室

机械原理及机械零件教研室的召集人（后改称主任）是王洪星教授，副召集人是张锡圣副教授。这个教研室分 3 个教学组。一是机械原理组：张启先讲师和白师贤讲师分任正副召集人（后改称组长）；二是机械零件组，我任召集人；三是起重运输机械组：陈道南副教授和陈燕生讲师分任正副召集人。

教研组当年重要工作之一是学习苏联教学。这要学习俄语、翻译苏联教本、编写或直接用苏联教本、翻译苏联其他教学环节教材，如习题课、家庭作业（也叫大型作业）设计题目、机械零件课程设计题目、起重运输机械课程设计题目等。当年，学生们的机械设计能力是通过金属工学（连工厂实习）、机械制图、机械原理、机械零件及其课程设计、起重运输机械及其课程设计等多门技术基础课来培养，起重运输机械课程设计起着总结性的作用。因此，机械原理及机械零件教研室的教师们也很注意与上述相关课程的联系。

当年的机械零件课程的内容是：绪论和总论后依次为联接（现在国家标准规定用“连接”）件、传动件和轴系零件三部分。可以说是设计总论后讲“三大件”。是把培养学生们对组成机械的零部件认识和熟悉，再通过以后的有关课程培养完整的机械设计能力。这就

1981 年夏，重组后的北航机械设计教研室部分人员在 3 号楼前合影

像一个不恰当的比喻，先练好跳舞的各环节基本功，再把各环节有目标的连成为一套舞蹈。当然，在学、练基本环节时也要时而联系某项舞蹈。

当年的苏联专家起了重要作用。来了8位专家，一位组长在教务处，其他7位分到飞机、航空发动机等教研室。都在专业教研室，而有的专家还联系某个基础课程教研室。每位专家配有一名专业翻译，都是先一步学了俄语的教师。

联系和指导机械原理及机械零件教研室的专家是马卡洛夫，翻译是唐荣锡老师。

我被派随马卡洛夫学习，事实上与马克洛夫专家接触的时间不多，听听课，跟随他看怎样进行机械零件课程设计答辩。

马卡洛夫中等身材，微胖，态度和蔼。那时，北航的第一班毕业生补修机械设计课程设计，设计绘图就在老第四住宅西头门进去的住房里。我是课设指导教师之一。怎样答辩，指导教师都没有进行过，就请马卡洛夫示范。在一小房间里把两张双抽（屉）桌对拼成一方桌，铺上桌布，图纸摊放在桌上，马卡洛夫站着看图纸，微笑的提出一些结构布局和细节问题，学生答不出时，他也微笑的解释。

这种真实的示范，我记下来了，以后照办。还有几位老师也如此。

马卡洛夫还应邀到教研室向教师们解说一些教学常见问题。有一次他讲到教师的讲课各有特色。在苏联有一位教师把讲稿的提纲写在卡片纸上，讲课时看一下，也可说“扫瞄”一下，就写黑板，滔滔不绝地讲起来了。中间下课（一大节两堂）休息时，教师去休息室了，卡片留在讲桌上。学生好奇，有的到讲桌前翻看。忽然一下教师进来了，学生赶忙散去，教师微笑一下继续讲下去。我听了觉得有趣，也仿照用卡片讲课。

有一次机械零件教师为主听苏联专家费拉戈讲机床课，他讲一段，翻译翻一段。他写黑板的功夫很好。

那些专家都是莫斯科航空学院来的专业教研室教师。苏联帮助中国，他们还带来大批教学资料，包括一些教学环节的作业题目和学生作业。以机械零件课程而论，有教科书、当时的大型手册、习题课题目、家庭作业（也叫大型作业，是堂下，可带回家做的）题目、课程设计和学生课程设计作业，都是“成本的”。教研室请绘图员们用描图透明纸描下来晒蓝，分给有关教师使用。苏联学生课程设计图纸更“棒”，图纸硬朗（当时中国少见），线条清楚“深入”，图中文字、尺寸工整。这些图纸展出给做课程设计的学生们看。

可惜的是，虽经教学领导人一再招呼教研室人，特别是保管人保存起来，但是教研室每搬一次家就当做废纸卖掉（或丢掉）一部分，连当年中国学生好的作业也没有了。

来北航的苏联专家是（山海）关内高等院校中最多的。从全国范围看仅次于关外东北地区哈尔滨市的哈尔滨工业大学。其原因之一是东北地区先解放，而北航是全国建设的重点——航空工业建设和首都北京。

当年，不少外地区高校都有教师来北航参观、学习，包括北京的清华大学。当年的教学文件，如每学期教师上课前必须填写的教学日历、学期终了必须写的教学总结，其格式和写法都是北航传出去的；还有每门课程的教学大纲及其说明，以及各教学环节的学生作业题目。

教机械零件课程时配以零部件实物和模型到课堂上备用或专门展出，北航也做得不错，可算是“开风气之先”。

当年，北京工业学院（城内东皇城根）东南角有一条不长的街道叫大佛寺街，街边行人路上有摆摊的，卖些零碎旧物。我一天走过发现摊上有一对旧钢制斜齿圆柱齿轮，小轮直径约 8 厘米，大轮直径约 16 厘米，是平板式的，没有轮毂，中间有轴孔带楗槽。我立即买下作教学之用。这对齿轮在那时是很不容易得到的。用了几年，丢在教室中不见了。

当年，北京前门外大街接近大栅栏处东边的一条小街是卖旧货集中之地，我也在那里买到一些旧的机械零部件，用于教学。那时，得到这些看似“废品”的旧物真是不容易的。

更有意思的是按照学生机械零件课程设计图纸做出的木制减速器了。三类课程设计题：圆柱龄轮的（分直齿的、斜齿的，二级的），

日本千叶工业大学留影

圆锥齿轮（直齿的）带动圆柱齿轮的（直齿的），蜗杆蜗轮的。我去北京市内找到一家小作坊“小器作”手工操作制出。当年北京有少数这样的作坊，他们主要做铸造时应用到的木模。我在城内北海南边附近一条街上找到这家作坊，是天津口音的人开的，承接了这项工作。做好后，由一位50多岁、脸上皱纹不少的人送，我先坐公共汽车回学校，在门口等着，看他费力的踏三轮车送减速器来，心中“别是一番滋味在心头”。

那时，买一个旧减速器很困难，一来很少机会碰到旧货，二来限于经费。因此，机械零件教学组想到做木头的模型，轻便，可以带到课堂，不上课时陈列在教研室内。于是就选了三份不同类型的课程设计学生作业图纸，带动“小器作”作坊制作。很快做成使用。

北航教务处举行了一次教学经验交流会，不是大规模的请兄弟院校同行参加的，只在一天下午还不是全下午在教职工食堂举行。食堂在现在北航东南门大路的路边，大约在现在校医院和东边家属宿舍一带处。食堂饭桌也就供应不到100人，平房。把饭桌在食堂东头集中一下，让出西头一些空间，供主持人和教学经验介绍人使用。会议一项介绍就是机械零件课程设计作业的题目、要求、指导方式和方法。由张锡圣介绍，我拿着木制减速器协助。张锡圣报告的最后一句大意是，指着木制减速器说：“这就是按照学生作业图纸做出的减速器”，并用手转动一下，表示做出来的是能用的，是结合实际的。结束语引起大家一个小的“波动”，坐在后面的人站起来“引颈相望”。

这三个减速器连用了几年，后来有了金属的旧减速器配合使用。日子久了，胶接的轮齿有个别脱落，就补胶上去，但不像当初那样重视了。后来脱胶的地方也多了，经过搬家，就被当做“废物”处理掉了。

如果保存到现在，可以说保存了一件“历史的真实”，也许有可能成为一份“教学文物”，是可惜吧！

当年，木制教学模型不止这一项，还有机械原理课程的机械的、能运动，机械零件轴、联轴器等。放在一个陈列室的几个陈列架上，供教师上课借用，供学生下课参观。随着金属实物收集的增多，这些木制模型都被“处理”了。可惜的是，连“集体照片”也没有留下！

1992年11月，第一届中日紧固件国际学术会议在北航召开

1952年建院初期用翻译的苏联教材和根据苏联教材自己编写更适用的，其中的翻译、编写，还有刻（蜡纸）钢版，也是一道“风景线”。

有的教师是边写或边译、边刻、边用。有的教师是口译请助教帮助记录，再经“润色”送去刻钢版（或称刻蜡纸），印出使用。

还有一批“娘子军”，就是专刻钢版的女职工、临时请的女职工以及教授的夫人。有的上班时间写不完，下班后回家写——也是一种“开夜车”。这个“历史的真实”大多数流失，不过有可能从教师留存的旧教材中还找得到。

北航机械零件课程与机械制图课程的三次合作教学

北航机械零件课程与机械制图课程在教学上是始终互通信息、密切合作的。这主要原因之一是两门课程，你中有我，我中有你，关系自然密切。

这里回忆的是其中早期值得特别回忆的三次。

1. 老干部班的机械零件与机械制图结合的课程—— 一种机械知识的课程

那是在20世纪50年代中期，1954年北航全部搬到现在校址之后，学校特别为一些部属工厂和学校的领导老干部补充机械知识而开办的。据我所知，是中国“首创”的，后来也没有听说其他单位再办。

就是调集当时全国航空工厂的领导老干部如党委书记或副书记、厂长或副厂长，和高校的党委书记或副书记一共30多人，住在北航的教学区西门大道绿园边上的第八集体宿舍，专用教室在现在老主楼东南角一层的一间教室。

机械零件教研室我和制图教研室陈剑南被选派参加这个班，承担机械知识的课程。课程名称现在记不起了，内容是讲一些工厂领导干部和高校领导干部当年需要的机械知识。讲一个学期，每周一次。

当时，教师和学员的关系是融洽、和睦的。班长是位个子稍高、面色和蔼、久经革命考验的长者，还有一位女干部。

有时下午快晚饭时，可以看到有些老干部在第八宿舍南边道路南的空地方打羽毛球。当年那块空地相当大，有时夜间放电影，大

1998年10月，第一届中日机械技术史学术会议在北航召开

家自带板凳或其他坐具坐着观看，住第八宿舍南向的房间的人就可以在房间里看了。

教这门课时，要先了解老干部的需要，也要凭教师们的想象，还要靠教师对自己教的课程的认识。我和陈剑南希望通过这次合作教学，能加强对对方课程的了解，看以后各自在自己的教学中，增加对方课程内容和联系，也希望新创一门课程来。总之，要在探索中前进。

我和陈剑南每星期先研究、备课、交换讲的内容。上课时多半是我先讲零部件的设计与制造，接着陈剑南讲怎样用图表述。各自写板书、画图，我讲时，陈剑南坐在后排课桌处，陈剑南讲时，我坐在后排课桌处，下课后两人交换一下意见。

后来想到，这是一次试探。如果有了定下来的教材，由一位教师承担也行。两教研室的同仁也希望探索出一门新课。

可惜的是，以后再也没有这门课的机会，讲稿和有关文稿记述也已丢失，或许还有找出的希望。

但是，这次两教研室的联系和合作，确实加强了彼此的了解，包括对以后多多联系的愿望。

老干部班学员读完后，各回自己单位。

后来不久，我带着个人的人事材料，到航空工厂调查，或带学生实习，忽然见到曾到北航老干部班学习的领导干部，亲切交谈之余，也得到老干部在提供资料方面的帮助。

那时为了保密，到航空工厂是要带工作单位有关部门的密封人事材料的。到航空工厂后先到有关部门交人事材料，经审查后发一带照片入厂通行证。到航空研究、设计所的情况也一样。

2. 交换教师到各自教研室工作和“体验生活”

1960 年后，机械零件教研室选派蒋丽敏（女）和徐人松两位到机械制图教研室工作一年；同样，机械制图教研室选派潘柏楷和王乃成（现已病故）两位到机械零件教研室工作一年。这样，自然有助于互相课程内容和教学方式的体验以便加强联系和了解。

3. 机械零件教研室和机械制图教研室互相教学，观看各自学生的课程设计作业和机械制图作业。

20 世纪 60 年代初期，机械零件教研室办公楼设在当年的发动机副楼。教研室和机械制图教研室继续合作。一天，两教研室各带一份图纸到机械零件教研室办公室观看，交换改进，提高意见。机械制图教研室的教师是孙荣寿老师，机械零件教研室的教师是我。

图纸摊放在办公室一张桌子上，两人一道观看学生作业减速器装配图（为主）和泵的浆配图。就图中有可能完善处提出意见。减速器装配图中：总体为减速器的长、宽、高比例和外表形象，结构细节如具体安装滚动轴承座的周孔壁厚和加强肋的形状，尺寸标注如线条的上下左右位置和箭头画法，文字书写如字体工整和位置所在。这些，都“略差一些”而有完善潜力。

这些发现，其实机械零件教师也知道，也能自己检查出，只要“注意一点”和对学生“严格要求”。

这些，都及时传达给机械零件教师们了。

机械制图学生作业也是装配图，其可以进一步完善处也是“老一套”，也容易被教师们理解和接受。

以上所记三项两教研室的合作，只是全面合作的一部分，至今仍有印象。

在北航生活的第一年

□ 钱士湘

前言：1952 年秋，327 名北京航空学院首届学生在清华大学借读一年，我和拙荆杨宗智适在其中。

60 年前往事，如梦如烟，抚今思昨，不胜唏嘘！

抛砖引玉，还望起到拙文共赏，疑义相析之效，如有不实之处，请师友们不吝指正。

报考的是清华航空系，录取的却是北京航空学院，不知就理的新生于 1952 年 10 月 18 日赴清华报到，10 月 25 日，一头雾水地被拉到市内东皇城根中法大学参加北航成立大会，时值中国人民志愿军作战二周年，乃定为校庆日。成立大会上，印象最深的是一位部队首长的讲话："我们就像大汉盼娘子那样，盼你们早日毕业"。回男生宿舍后，有好事者即戏呼对方为"娘子"，答曰："你在首长眼里不也是娘子吗？"相视莞尔一笑。

听说是苏联专家的旨意，学航空工艺者应多于设计，北航首届新生 500 余人，清华多，北京工业学院（现北京理工大学）少，于是从"京工"调入清华少数学生凑足约三百之数，加上四川航专并来的 30 人，共有 327 名学生开始了 5 年学习航空工艺的征程。

注：本文由钱士湘教授于 2012 年 3 月应北航宣传部之约写成。原载《北航校报》2012 年 4 月 1 日第 841 期。

当高中考来的新生报到时，从工作岗位上经工农速成中学补习过的“调干生”，已先期到校。那年头没有什么“辅导员”和“班主任”，除教学外的学生事宜，全由党支部办理。1952年清华分部学生支部书记是原海淀派出所所长张凝（入学时用化名“李凝”），从中组部来的汤宁任组织委员，重工业部调干生范子真为宣传委员，卫生部来的青年委员陈志，以及负责学生会工作的于欣，后于欣赴苏联留学，张凝、陈志毕业后留校，汤宁分到410厂。

他们虽然只是较我们年长几岁，但和毛头小伙子及小姑娘比起来，却显得成熟得多，“老气横秋”，连我们四个从高中考上清华的“候补党员”（八大后始称为“预备党员”），也对他们恭敬有加。

新生入校时，被编成11个小班，即航施101–111班（当年把工艺专业称为施工专业）。二年级，转赴柏彦庄北航校址时，又均分为飞机施工和发动机施工。航施11班是从四川航专并入清华的，普遍年龄偏小，个头偏矮，人称“小四川班”。一年级下半年重新混编时打散。一上时，我在航施106班，寒假后加入105班，均任团支部书记。

在清华的衣食住行：先说衣，由于解放才3年，又崇尚节俭，从各地汇集拢来同学衣着不可能光鲜，最神气的莫过于志愿军转业的江智和宋光弼了，带领全年级同学集合和出操，人高马大，一身戎装，颇有“老兵”的气概；一些由机关调来的女同学，合体的列宁装使人倾慕；再有，范子真的皮质鸭舌帽，更是别具一格。至于其他人等，除服色多半为灰、黑和蓝外，八仙过海，长短不同，当年北京冬天气温偏低，棉帽是少不了的，也有人用一块大围巾，把头、耳、鼻、嘴到脖子捂得严严实实，只露出一双眼睛，远远看去，不知是男是女，何方神圣。

清华（包括以后四年北航）的伙食，值得大书特书！我在北京私立育英中学住校（1952年后改为25中）的膳食，当年以小米计价，每月约合人民币6元，还是毛主席体恤我们这批经院系调整后的首届大学生，把津贴提高了一倍多（记的币制改革后为12.5元），吃粮

1956年，4402班获先进班集体时在北航老体育馆门前合影（第二排右四为钱士湘教授）

是有限的，主要是增加了副食，这是啥子概念，你懂的！

10月18日，报到后进中餐，受宠若惊，私下里议论，是不是清华为装门面，头三板斧装给我们看的？殊不知天天如此，餐餐鱼肉，又听说是毛老人家的特别关怀，无不心怀感激，山呼万岁！之后，“每逢佳节再加餐，欣逢考试快朵颐”，节假日和考期的伙食，更令人心旷神怡，如北航的鹅脖（腐皮包肉），每人一条大黄鱼、清蒸大对虾等。

清华的大饭厅，号称“远东第一大食堂”，不仅“医肚”，而且“医脑”，每逢周末，常放电影，六千多名学生，分坐透明银幕两侧，各院系轮流占据不同的区位。所观赏者多半是苏联电影，如《列宁在一九一八》、《列宁在十月》、《幸福生活》、果戈理的《圣诞节前夜》，我们不但学会了歌曲《红莓花儿开》，还为同学取了“神甫”、“索罗哈”等诨号（均为戈氏剧中人物），每当人群拥挤时，总有人喊：“让列宁同志先走！”

到柏彦庄后，就没有那样的“幸福生活”了。吃饭是在兼做教室的工棚内，不论酷暑严寒，寒冬腊月，为了使更多同学观看，电影只能在操场里露天放映。

大饭厅里精彩的一幕莫过于中午的“抢捞大战”了，不知哪位大侠率先发现陈放面汤的木桶沉淀着带肉的骨头，不按人头分配的东西，总是更令人垂涎。此后，午饭铃声一响，诸门大开，勇士们拎着餐具，把大桶围得水泄不通，操起长勺捞起来，后排的人甚至不小心把面条挂在前排人的脖子上，蔚为壮观，真可谓大学生“也疯狂”！

北航大多数男生，住在离大饭厅不远的筒子楼里，楼梯两侧，各有一间大通铺，分别住上每个小班的全体男生，靠墙的是“热炕”，走道旁有三间隔开的房间，隔断不及屋顶，跪在上铺可俯视全班，白天里各地方言不绝于耳，入夜更是热闹非凡，梦呓声、呼噜声、咬牙声，甚至是浊气输出声此起彼伏，宛如听一曲“杂技交响乐”。1953年暑期，被勒令迁出，准备转至柏彦庄北航新址，我被安排在并不明亮的“明斋”，更可叹的是“水木清华枉自多，华佗无奈臭虫何”，也许吮吸满腹油水的大学生们的鲜血，较之育英中学的同类们更有战斗力，而且，侦察和跟踪能力特强，不论躺在书桌和水泥地面，都会闻“香”而至，让人不堪其扰，临别清华，也许是唯一不够完美的回忆吧！

出门难！“宝荣车行”有两辆烧木炭的“道奇”汽车，往返于东华门和校区之间；虽不至于“一去二三里，抛锚四五回”，但比自行车也快不了多少，兼之座位有限，常令人有“长铗归来乎，出无车”之叹，好在1949年末从香港带回一台“猛牌”Hercules自行车，便于每月一次回家省亲，同学们如有“要事”，也会借去“救急”。

除辅导课和俄语外，都是大班上课，为了彻底“一边倒”学习苏联，采用“六节一贯制”（据闻苏联学生大多不住校，一个半小时的课连上三堂，中间无午休），为解决民生问题，清华食堂做了大肉包子，在课间推车叫卖。还有一样不适应的是，不像中学各班有固定的教室，要在生物馆、化学馆甚至大礼堂间疲于奔命；而在图书馆抢占自习座次，到了考试阶段更是一场“殊死大战”了。

苏联教学重视基础，工科学生也上“别尔曼特”的上、中、下三册“数学分析”，而且规定，每门课成绩按最后一学期计算，所以，虽然我连得两个良，但毕业证书上，“数分”成绩却为优。

“数分”开始由北航的一位空气动力学教授主讲，同学们意见较大，反映到苏联专家处，为我们换了清华的胡露樨老师。转战北航后，由从法国回来的靳式根教授接着讲第三册，我们背地里尊称之为“近似根”。

投影几何在生物馆由清华一位女老师上课，其着装打扮，令我们难辨其性别，直至春日稍暖，她脱去了中山装式的大棉袄，才令同学们目瞪口呆，今日方知其“庐山真面目”。

由清华刘姓女老师在化学馆上化学课，口齿清楚，语调铿锵，印象颇深，受益良多。但我们仍不够满意，因为清华本校的学生，有

在“钱昌照 沈性元”奖学金颁奖典礼后与获奖学生合影

的由傅鹰教授执教鞭，不知为了什么，我们总有一种寄人篱下之感。

一下开始的物理课，由北航教务长樊恭烋（后调去筹建北京工业大学，曾任校长）的夫人陈纲主讲，也是一位极受欢迎的老师。

主讲航空概论的马恩春教授，满嘴东北口音，喜欢把分子运动形容为“烂（乱）蹦烂（乱）跳”，且经常重复，别具一格，考试时，如用此四字描述，常常会收到嘉许的目光。

教机械制图的徐乃祚教授，据闻在国民政府机械化部队任过军官，常含一支大雪茄，操苏北口音，曾扬言：“我就是闭着俺睛（苏北话之眼睛），也能画出一台发动机来”，可惜因“历史问题”后被调出北航。

善于读错名字的清华物理辅导老师，湖南人，彭姓，每课必点名，每点必读错，如何铁（轶）伦、杨产（彦）备、柳思（恩）敏、苏桂桂（柱）、乐嘉伟（祎）、钱士湖（湘）、石七（仕）刚等，且屡纠不改，有些就成了同学的绰号，如产备，一直叫到今天。

刘弄潮教授在清华大礼堂给我们上“新民主主义革命史”，他曾经是早期的中共党员，讲来颇为精彩，结业时给我们说了一个茅山道士求艺拜师，学了三年，用食指和中指学会夹苍蝇的故事，我在高等工程学院，也曾“鹦鹉学舌”，强调基本功之重要。

由于课程偏重和一时不适应大学的学习生活，尤其是一些基础较差的调干生，更显吃力，航施106班和我同宿舍的志愿军战士柳恩敏，用他的湖南口音改编了若干课程的名称，如：“头痛（投影）几何”、“不懂（普通）化学”、航空怪（概）论、危急昏（微积分）等，一时流传甚广。

“我们不做墙头草，我们要向一边倒”，中学学会的歌曲，到大学更加深了体会和实践，为响应毛主席的伟大号召，抵制美英帝国主义的文化侵袭，废弃学了 12 年的英文，改习老毛子（东北同学对苏联人的“尊”称）的俄语。一切从字母学起，为了学会 P 字母的弹舌音，狠下了一番工夫。虽然学了五年，但时至今日，差不多已忘光了。

考试也全盘学习苏联！所有大课，均用口试，优点是比较自由，不限时间，可以在考场内饮茶、抽烟，出门“方便”，饿了托在外轮候的同学送饭，只是苦了主考老师，不知几点钟才能回家，尤其是过年时节。

进场顺序由该门课的课代表排定，首批四到五人，有出才有进，成绩较好的同学，都希望排在前面，早考完早了，又可以开始复习下一门。

进考场后，在一个大搪瓷盘中抽取一卷成香烟状的试卷，凡有计算的科目（如数学分析、物理等），先做计算题，待全部准备就绪，即可向辅导老师申请，前往主考处就座。如果计算正确和答得较好，拿到 5 分出场；如被发现有含糊之处，会被“乘势追击”，甚至追到“概念不清”，以 2 分不及格收场。四级分制，从 5 分到 2 分，代表优、良、中和不及格，当场由主考教师把成绩登录在记分册上并签名。记得当年不及格率还是比较高的，但到了三年级后才知道“政治”不“合格”的要多得多，这是后话！

1953 年寒假，全部用来“整党”，这是进城后开展过“三反五反”后的第一次党内整风运动，我这个出身不好的“异类”当然要深挖资产阶级作风和思想，就是另外三位从中学来的候补党员王永志、夏人伟、管在德，恐怕也是首次见到这种阵仗吧！

寒假过后，学校按数学分析的考试成绩把 11 个小班整编成 10 个，前五个班大致是良好以上的，如航施 106 班的汤宁、曾肖常、凌天铎、汪庸、王建业和我等并入 5 班，航施 110 的郭孔辉、黄长艺、杨宗智、李崇谟、周松青等编入 2 班，航施 109 的潘慧明等也去了 2 班；撤消

钱昌照诗词手迹展在北航艺术馆举办

航施 111 班。

调干生中学习好的也有人在。除前述的汤宁、李崇谟及李凝外，团中央来的大多数，如钟群鹏、李东跃、吴天晴、吴成基、李介水等，均分在前 5 班。

一年级下时，选了一批留苏预备生，1952 年统考时进入俄专二部的不少人因政审不及格不能留苏而转学，故急需补充，吃一堑长一智，此次遴选，十分严格慎重，听说患有脚气（香港脚）者均不能入选（难道是苏联气候冷，连脚气都不会生？）。

高中生王永志、管在德、曹如宾、张静婵、陈良浩等入选，其余就是“调干”的于欣、粟在秀、刘智英等了。这些名为北航的学生其实没有在柏彦庄上过一天学。

1953 年 3 月 5 日，斯大林去世，举国致哀。新任清华大学校长蒋南翔，首次在夜间用哽咽的语调向全体学生发表讲话（每班的大房间内均装有扩音器）；下半旗、禁歌舞、不得开展任何文娱活动，极尽哀悼；人人配黑纱、戴白花，但 3 月 9 日追悼大会时，摘下了胸前的白花，据称在苏联白色是用于喜庆的。

元旦晚会好热闹！对从中学考上清华的大多数人来说，此乃人生第一次踏进“舞场”。学生会不知从哪里借来了一些民族服装，其中，四套喇嘛服分给湖南和北京来的“寸头”：凌天铎、王承埂和我等。可惜从 1953 年元旦开始扫舞盲，60 年后还会踩舞伴的“甲鸡”（脚尖——详见下文），这也许是遗传所致吧（先父钱昌照于 1919 年赴英留学，到老还是没学会跳舞——虽然也请过专门教师）！

“五一”劳动节临近，知道白天要列队接受毛主席检阅，晚上要在天安门城楼前游戏跳舞，除操练队列外，还围成一圈，由蔡宜其、陈宝琼、邢淑仪等在草地上对我们培训。蔡、陈两人的上海方言“甲根甲鸡甲根剔”（脚跟脚尖脚跟踢），听得在我一旁的湖北老乡李崇谟一头雾水：“什么甲根甲鸡的”？经我意译并比试才恍然大悟。

邢树仪教我们做“乌鸦”、“乌龟”和“炖萝卜”等游戏，时至今日，连她自己都忘了。

5月1日那天，对多数同学来说是难以忘怀的，第一次参加劳动节游行，第一次接受毛主席检阅。

清晨，天还没亮，铃声大作，呼唤同学们起床，为裹腹和抵御春寒，食堂熬了滚滚的牛肉粥，然后坐火车从清华园站到西直门，接着是步行了。

当游行队伍通过天安门时，心潮澎湃，无不发出“毛主席万岁”、“中国共产党万岁”的欢呼声。

入夜，在天安门城楼下，伴着广场上播放的音乐，跳起了集体舞，当城楼上灯光大亮时，知道是毛主席和中央领导来参与我们的狂欢，又响起了一片万岁的欢呼声。

最后，拖着疲乏的脚步从天安门步行到西直门，坐火车返回清华校园，又一次享受牛肉粥和姜汤的招待。

清华十分重视体育锻炼，冬天在湖面上滑冰，我穿着从北大学姐顾孝诚处接收来的其兄顾达诚留在国内的Polar冰刀，滑起来尚“游刃有余”，而一些来自南方又不太会平衡的同学，则往往摔得七荤八素。

下午课外活动时间，大操场上人声鼎沸，热闹非常，更有体育界名宿马约翰和夏翔两位教授亲临现场指导，得益良多。

马教授曾专为北航学子开过讲座，他提倡的从温水→冷水→温水→热水→温水的特殊洗浴法令我终生难忘，据说可以医治失眠，杜绝感冒，时值冬日，马老仍一身短裤和西服打扮，满头银发，令人肃然起敬。

第一次访问中国的苏联体操代表团，在清华大学体育馆进行练习，使我们大饱眼福，什么平衡木、高低杠，都是前所未见。下课后拥入体育馆，站在二楼的围栏旁，欣赏平衡木冠军拉蒂妮娜等的精彩表演，亦堪称一绝。

同在清华大学学习的，还有50级本科的温俊峰、姜燮生等，51级的渠川璐、张锦、杜裴等，温后来成为院士，而姜当上了航空部副部长，上述其余人毕业后留校。

建校时，有苏联专家团9人，除在奠基典礼上远远望见外，平时并无接触。奠基典礼后，柏彦庄的工地就热火朝天地干起来了，当我们从清华迁入时，除一栋宿舍外，别无其他正式建筑。

“近水楼台先得月”之又一铁证：航施的女生绝大多数和同学喜结连理，如一班之汤宁（吴文东），二班的江智（李东跃）、潘慧明（周松青）、杨宗智（钱士湘），三班之陈燕娜（章孝华）、邢淑仪（赵敬世）等（当年每班至多3个女同学）。

别了清华！1953年秋季，我们全部迁入北航新址，但是对清华仍“恋恋不舍”，其后一年每逢周末，三五成群，佩清华校章，前往清华洗个热水澡，亦人生一乐也，如是者达一年之久。

航施52级，有5人成为两院院士，即钟群鹏、郭孔辉、戚发轫、王永志、陶宝琪（已故）等，加上航设的陈懋章和俄罗斯院士王德臣，共有7人获院士衔，蔚为壮观！但由于政审转校、课业跟不上等原因，57年毕业时，从160余人减至108人，在北航卒业者仅及三分之二。

聊聊我们建校时的“家当”

□ 赵震炎

一

先谈谈仪器设备吧。北航建校时我们的仪器设备实在少得可怜。经过了八年艰苦抗战，可说是民穷财尽了。接着又是几年内战，全国十余所大学的航空系能生存下来已属不易，哪里还谈得上添置什么仪器设备？清华大学航空系算是有点例外，因为有美国退还的庚子赔款作为基金，清华大学有权使用，所以在当时航空系主任王德荣先生的努力争取下，还可以建立起实验室，并向国外订购或自行设计制造几件设备。因此，1952 年院系调整全国八所大专院校航空系合并成北京航空学院时，仅有的仪器设备实际上就是清华航空系（当时已改称为清华航空学院）的一点“家当”而已。

当时的清华航空学院号称有三个实验室。一个是结构强度实验室，有一台进口的材料试验机，可以做材料或航空零部件的拉伸、压缩、强度和刚度试验；第二个是发动机实验室，有一台进口的 CFR 内燃机，这实际上是一台单汽缸的内燃机，但它可以改变压缩比，可以测量燃料的爆震值（Octane Number），另外还有一台可以开动的 V-8 汽车发动机。这是从昆明西南联大航空系运回来的，可以供学生做发动机的功率测定试验。我在西南联大念书时，就由孙天风老师带领我们做过这方面的试验。以上两个实验室实际上就在同一间平房内。第三个就是空气动力学实验室。由于我当时负责这个实验室的工

注：本文由赵震炎教授于 2012 年 6 月应北航宣传部之约写成。

作，所以可以多说几句有关这实验室的情况。

空气动力实验室最主要的设备就是一座回流式铁制风洞，风洞实验段是椭圆形的，尺寸为 40×30 英寸，最大风速近 40 米 / 秒。这是沈元先生设计的。建造这风洞的一大难点是怎样由圆形的稳定段逐渐过渡到椭圆形的试验段。我记得沈元先生亲自画出全尺寸的一张张曲线图，然后由工人师傅做成一块块样板，再将铁片截成一小片一小片焊接而成的。由于要随意操纵风速大小，风洞的动力装置应当由一台交流电动机带动一台直流发电机，再来驱动装在风洞中的直流电动机。当时国内没有可以制造这套电气设备的工厂，向国外订货不仅费时费钱，而且在当时兵荒马乱的情况下也困难多多。我们只得不厌其烦，多次去天桥旧货市场“淘宝”。也真是“皇天不负有心人”，终于给我们找到一套比较满意的电机设备。风扇也是一个难题，我们是用日本零式战斗机上拆下来的一个四叶可变距螺旋桨，将其顶端锯掉，使它的直径适合风洞动力段的直径。但如何将螺旋桨的叶角调到效率最高的叶角，这就需要通过一番计算了。我在沈元先生指导下，大约花了两个星期用手摇计算机一点一点算出来的。至于测力用的天秤，则是将市面上售货用的手动磅秤改装而成。我们在风洞试验段盖了一个二层小楼（其实只能说是一个小亭子）。天秤就放在二层，用钢丝连接到吹风模型上来测出升力、阻力和力矩。我们就这样因陋就简，终于建成一座可以供教学实验用的风洞。我们还用这风洞替外单位做过一些实验。例如，工厂厂房屋顶的风压测验，厂房屋顶各点风压就是用自行车气门芯的细胶皮管连接到多管压力计上测出来的。这样也得出使委托单位相当满意的结果。每年清华大学校庆时按例要开放各实验室供来宾参观。每年来参观风洞的人还真不少，这座铁风洞后来搬到现在我校的气动实验室。经过一些改进，多年来承担不少教学、科研任务，还是我校主力风洞之一。

风洞

空气动力实验室还有一项设备，就是烟风洞，它可以用来观察各种低速空气流动现象。但烟风洞的发烟装置可伤透了我们的脑筋。用木屑、刨花甚至烟叶等都试验过，但始终得不出令人满意的效果，尤其是用烟叶时，不仅弄得满屋子里都是呛人的烟味，而且用不多时，喷烟的小管子就被烟油堵死了。

大约在1951年有几位苏联专家来清华大学参观我们航空系的实验室。担任俄语翻译的是我一位很熟悉的朋友，后来这位朋友告诉我，说苏联专家说我们实验室这些设备如同儿戏，此事我从未宣扬过。当时，我心中对此事感到一丝不快，但回头想想苏联专家说得并不算错，我们知道苏联非常重视航空工程教育。莫斯科航空学院拥有大量先进的教学科研设备，和他们相比，我们这些设备实在是太“小儿科”了。现在我校有好几十个实验室，甚至还有国家实验室，实验室里也有大量的先进设备和仪器。虽然我不敢说是否比得过莫斯科航空学院，但再有来参观的大概也会刮目相看了吧。

二

接着要来聊聊我们建校时所拥有的一些第二次世界大战时的著名飞机了。清华航空系有两架B-25美国轰炸机。这是新中国成立后曹传钧同志带领一些学生从齐齐哈尔拆运回来的，当时这两架飞机除已将枪炮、瞄准具、挂弹架等武器装备拆除外，还相当完整，据说还能够飞行呢。另外还有二战时颇具盛名的美国P-51野马式战斗机和日本零式战斗机。这是从北京南苑机场拆运回来的，主持此事的是徐华舫老师，我们这些年轻的助教们则轮流参加。拆卸飞机可不是件轻松的活儿，要在露天下风吹日晒爬上爬下，至少得把机翼拆下来，才能启运，北京市还规定不许我们白天运飞机通过市区，这样我们往往就得天蒙蒙亮就一早出发，一直到深夜才能回到清华，真是相当辛苦，在拆运飞机的过程中还出过两次车祸。一次是我们从清华出发，我坐在卡车驾驶室里，汽车在城里不小心撞上了电线杆，我头就撞在汽车挡风玻璃上，弄得满脸是血，头上起了个大包，幸亏未伤到骨头。这只能说是小事一桩，算不得什么。还有一次可出了大祸，在夜里卡车运飞机回清华，当时北京城墙尚未拆除，卡车要经过城门洞，一位坐在卡车后面飞机顶上的工友，不知道是由于疲劳睡着了，还是其他原因，卡车穿过城门洞时，不幸竟被撞死，真想不到拆运飞机还付出了血的代价！

提起旧飞机，要特别谈到四川大学航空系，川大位于成都，抗

战斗机P-61，外号“黑寡妇”

战时成都是国民党空军的重要基地，因此川大航空系获得旧飞机就比较容易，川大航空系师生来到北京后，学校还专门派人回成都去拆运了美国运输机 C-47 和夜间战斗机 P-61。这两种飞机都是二战中十分著名的飞机，尤其是 P-61，不同凡响。P-61 外号“黑寡妇”（Black Widow），全机涂成黑色，装备当时最先进的雷达电子设备，专门在夜间出动，击落了许多敌机，屡建奇功，令敌丧胆。1952 年全球这种飞机已十分稀少了，曾经有位美国朋友来我校参观时，发现了“黑寡妇”，十分高兴，希望用高价收买，听说甚至有一位美国飞行员希望修复这架飞机，愿意亲自驾机试飞。位于昌平我国著名的北京航空博物馆也十分盼望能将这架飞机转让给他们。这当然不会得到我校的同意。实际上，“黑寡妇”已成为我校航空航天博物馆的镇馆之宝了。

忆五十年代的学习与生活

□ 欧阳长月

我是1954年考入北航的，分配在当时的二系（飞机设备系）的机电与无线电专业学习。1956年机电与无线电分设专业，我班分在后者。1958年，学校成立无线电系（原编号为七系，后改称二系，现称电子信息工程学院），因缺乏师资，将我班同学提前一年毕业，全部留在系内，边工作边学习边建系。从此我就一直在系内从事教学科研工作，直至退休，并且一直居住在校内。

在北航学习、工作和生活将近58年，所经历的大小事太多，但是印象最为深刻且对自己人生影响最大的还是学生时期的学习和生活，以及武光院长等老一代领导的亲民作风。现略加追忆，作为60周年校庆的纪念。

学习紧张 负担过重

五十年代初期，因国际国内形势所致，国家的政治口号是“一边倒”，即倒向以原苏联为首的社会主义阵营，各行各业均向苏联老大哥学习。高等教育基本采用苏联办学模式。我院就是仿造苏联莫斯科航空学院来设置系和专业的，其学生培养目标、教学计划、教学大纲、教学内容等，基本上都是采用莫航的。

按照苏联模式进行教学，当时的学生都感到学习过于紧张，学习负担过重，属于自己支配的时间太少。究其原因，我认为有如下几点。

在阶梯教室中上课

注：本文由欧阳长月教授于2012年3月写成。

1. 教学时数多 课程门数多

当时的学制定为五年。总教学时数约 4800（记得不一定准确，下同），周学时为 42，每周 6 天学习，即每天上课 7 学时，课程设置 40 多门，全是必修课。

当时上课的情况大体是，上午为大班课（几个小班合上），如数学、物理、化学、电工、材力、理力等，有 2~3 大节（2 个学时为一大节），采用苏联的“六节一贯制“时为三大节，后来改为了二大节。下午为小班课，如外语、体育、习题、讨论等，有 1~2 小节。下午四点半以后为自习活动时间，一般从事文体活动。晚上安排自习课，复习当天授课内容，增补笔记，完成习题等作业。当天授课和辅导教师会到自习室或教师休息室来答疑，解答学生看不懂的内容。那时有句口号“当天作业当天完，不让作业过夜到明天”。

关于笔记问题要说明几句。那时教材很少，学生所学内容的多少全靠课堂上所记的笔记，因此有“上课记笔记，复习看笔记，考试背笔记”之说。

由上可以看出，一天从早到晚的学习时间被安排的满满的。一周六天，天天如此。即使是休息的星期日，大多数同学特别是学习较为困难的同学都会在补作业。洗衣理发等只有挤时间去完成。每周末晚上的免费电影，不少同学都没有时间去看。

2. 习题量大 课外作业多

当时不仅上课门数多和每门课程的教学时数多，而且所留下的习题和作业也多。没有习题和作业的课程，就留思考题。按教学计划规定，每门课程的课内授课时数与课外复习时数是有一定比例的。依课程的重要程度，其比例不同，大概在 1：（1.5~0.5）之间。老师都希望学生学好所教授的课程，不希望分给本课程的课外复习时间被其他课程占用。因此都留有习题或思考题等课外作业。几乎门门课程都是如此。所以学生除了复习功课外，就是要做大量的作业。依据当时的社会风气和思想道德水平，作业都是自己完成的。有不会做的，就会询问老师和同学弄懂之后再做，绝不会发生抄袭的现象。这也是造成学习紧张的一个重要原因。

五十年代的毕业设计教室

3. 采用口试 负担加重

按照苏联教学模式，期末测试分为考查与考试两种方式。本学期学过的所有课程均要进行考查，分两级计分，即及格与不及格（或通过与不通过）。只有考查通过了，才有资格参加考试。考试采用口试，评分分为四级：优等、良好、及格与不及格。口试时教师当场给分，笔试与口试各有优缺点。

口试要求同学必须全面复习课程，不能猜重点。因为口试时，一般每门课程至少出 60 道试题，组成约 20 张试卷，每张试卷 3 题。考试时，同学从中任选一张。这样多的试题，几乎覆盖了课程的全部章节。其次，要求同学对所学内容（包括习题）必须真正弄懂，因为是面对面考试，若似懂非懂，老师一追问，肯定回答不出来。

那时期末考试时间很长，约一个月。平均每学期考试四门功课，每门功课约占一周时间，六天复习，一天考试。同学分组（15~20 人）排序，依次进考场，从上午考到晚上，每个同学可在考场停留二个小时，实际上有些同学答不上来，停留四五个小时的也可以。当然，学得较好的同学，半个小时考完就出来了。在这里特别说一下“材料力学”课程的考试。它有两类题，计算机题与概念题。学生进考场后，首先抽选一张计算题进行计算，若计算题对了（只看结果，不看过程）再去抽选一张概念题进行回答。若计算题未算对，考试到此结束，按不及格记分，等到假期后补考。

一个月的紧张考试，身体不太好的真是吃不消，学习不太好的更是吃不好睡不着。同学谑说：“考试都把我们烤糊了”，或说“烤脱一层皮”。

关于考试，还需要提及两点。一是考试期间的伙食特别好，可是因为紧张，口味欠佳。二是最怕停电。一遇停电，大家都会跑到马路对面的路灯下看书，这算是北航一景；还有的同学会打着手电筒复习功课。

按当时规定，一门功课考试经补考后不及格留级，三门不及格退学。

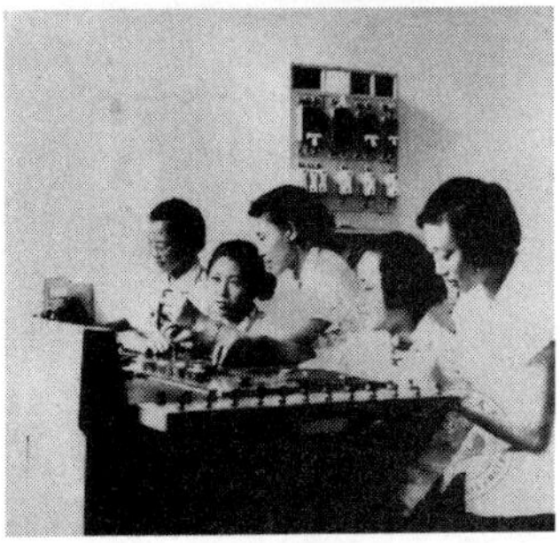

五十年代的实验室

4. 政治运动过多 挤占了学习时间

那个年代的政治运动和政治活动较多，如肃反、反右等运动，都是停课闹革命，农村的合作化和城市的工商业改造也都是停课去参加。此外，还有欢迎某国家的元首访华、反对帝国侵略埃及等大游行，都是停课去参加的。从政治上来说，学生参加这些活动是必需的，但从学习上来说，因占用了学习时间，而学习的内容又没有减少，必然会增加负担。这也是造成学习紧张的原因之一。

总之，那时的学习十分紧张，负担严重过载，影响学生的身体健康和全面发展。故有后来毛主席的指示：现在学生的学习负担太重，影响健康，摧残人才，将教学总量砍去三分之一（大意）。事实确实如此。以我们小班来说，1954 年入学时共计 27 人，至 1958 年提前毕业时，因学习、身体和政治等原因，共计 10 人不在班上了，可见淘汰率之高。要知道，我班还是全校的一个先进班（锦旗至今还保持在同学手中），学习成绩较好。1955 年全校评选优秀学生时，全班共有 7 个同学被评上，其比例是比较高的。

我原来还有一个问题始终不清楚：按苏联模式来办学，向来以刻苦读书著称的中国学生怎么会感到学习紧张吃不消呢？后来学校派我到苏联进修，所在单位就是苏联莫斯科航空学院无线电系。在那两年，参加了教学的各个环节，终于明白了其中的原因。一句话：国情不同，照抄不行。同样，学习苏联教学排列课表的“六节一贯制”，即上午连续授课六小节，下午不再授课，只做学生的自由支配时间。执行不久就取消了，也是基于同一原因。此外，还有学习苏联的某些保密措施，如学生到教学大楼上课，进门时要看校徽，不带者免进；上某些专业课时学生记录的笔记本下课时必须交给课代表送至保密室保管，晚上复习时再借再还；招生时采用内部招生，录取时不登报；学校无校牌，师生无校徽；解放军战士站岗等措施，都过于严格和保密，以后都逐步改进或取消了，恢复到与一般高等院校相同的措施。

五十年代，操场上集会前的群众大秧歌

课外生活 丰富多彩

五十年代的学生，虽然学习非常紧张，但是课外活动却十分丰富多彩。

每个周末必定会放映一场电影，免费供全院师生员工及其家属观看，举行一场交际舞会，爱好舞蹈的领导、干部和师生都会积极参加，伴奏乐队就是学院自己的军乐团。

学院有多个文化团体，如军乐团、合唱团、舞蹈团、话剧团等、均由学生组成。合唱团还参加了大型歌舞《东方红》的伴唱工作。前任校长沈士团教授曾担任过军乐团的团长，故熟悉他的人平常都称呼他为团长。

学院的学生体育团队就更多了，如男女篮球队，排球队、体操队、田径队等，其中的男子排球是最有名的，参加过全国甲级排球联赛。平时班级和系级之间的各种体育比赛不断，一年两次的院级运动会是必开的。据说五十年代创造的男子100米纪录和撑竿跳高纪录，至今未被打破，不知属实否。

寒暑假期间文体活动就更多了。那时同学的家庭经济情况欠佳的人数较多，加上交通不便，大多数同学都留在校内过寒暑假。学校为了供留校学生过一个愉快的假期，会组织各种各样的活动。如参观工厂，到农村调查，郊外旅游等。我前后参加过两次活动。一是参加划船队。吃住都在颐和园内，每天均在昆明湖内划船，约10天。另一次是在香山野营。我们小班约10位男同学一起去，学校提供帐篷、厨具、粮食、副食品等，用汽车将我们送到香山野营。我们在那里选好地方，搭起帐篷住下来，自己做饭吃。白天爬香山，晚上侃大山，生活十分愉快。

节假日经常邀请中央文艺单位来学校演出。来的最多的是中央人民广播电台的说唱团和空政文工团。一些名演员都参加了，如侯宝林说过相声。梅兰芳和马连良来唱过京剧。

平时的星期日和考试中的休息日，我们会到颐和园玩和游泳（那时校内无游泳池），全班春游会到香山玩。那时去颐和园和香山，一般都是步行去步行回。很少有人坐公共汽车。到香山玩时，学校有同学遇见过朱老总、陈毅和贺龙元帅、并与他们交谈甚欢。

五十年代，班级间的篮球赛

五十年代的学生不会因为家中经济困难影响学习甚至退学回家的。1954 年入学这一年，伙食是全免费的。1955 年为自费。若家中经济条件不好，可以申请助学金。当时每月的伙食费为 12 元，助学金分为甲、乙、丙、丁四种。对应的资金为 12 元、8 元、6 元、4 元。此外还有生活补助费。也分为四等，分别为 4 元、3 元、2 元、1 元、冬天还有棉被、棉衣、棉鞋等补助。总之，那时的学生不用为基本的生活发愁，一心一意读书就是了。当时我就获得了甲等的助学金和生活补助费以及冬天的棉衣棉被补助，得以顺利完成学业。

同学之间 互帮互助

那时同学之间是非常融洽友好的，彼此相互关心照顾，亲如兄弟姐妹。这种关系的存在，一方面是基于当时的整个社会风气和道德水平，另一方面也与学校的学习生活条件有关。那时一切活动均以小班（约 30 人）为基础。吃住学都在一起，每班有一个固定的小教室，除上大班课外，其他时间基本都在这个教室活动，因此全班同学彼此相处的时间很长，比较了解。

在学习上除了一般的磋商外，还将学习较好的同学与学习困难的同学组成“结帮对”，用一对一的形式进行帮助。当时的口号是“不让一个同学掉队”。用现在的眼光来看，那种做法不一定得到提倡，但是那个年代确实是这样做的。当然，实际上不可能没有掉队的。但在精神上增进了学习困难的同学的勇气，给其坚定持续学习下去的决心。

同学之间讨论问题

同学之间的互相关心和帮助在期末考试期间体现最为明显。因是口试，每人进入考场的时间不同，一门功课考试时间从早到晚都在进行。一般来说，学习较好的同学都是首先进考场，看完出来后就会立即去帮助学习有困难的同学复习，直至送进考场。最后进入考场的都是班上学习困难最大的几位同学，时间上都会在晚上了。这时同学都会将晚餐买好，在考场门口等候。一旦考完出来，大家迎上去异口同声地问：“通过了没有？”若回答说通过了，大家都很高兴，并将晚饭端出来，“快吃饭。”若未通过，大家就会进行安慰："没关系，赶快吃饭休息，争取考好下一门课程。"

在生活上更是互相体贴和帮助。那时每年都要调整宿舍进行大搬家，包括所睡的双人床，这时男同学就会大力支持女同学。平时女同学会来男同学宿舍，帮助拆洗被褥，缝补衣裤。当时穿戴打有补丁衣服的同学，到处可见。卫生检查评比时，女同学总是来男同学宿舍协助整理。一般来说，女同学总比男同学爱整齐。

平时，若某位同学生病甚至住医院了，大家会问长问短，排班守候。若家中发生什么事了，大家除安慰外，还会在经济上给予帮助。在文体比赛中，更是互相鼓励，争取好成绩。

总之，那时一个小班就是一个大家庭一样，同学之间相处非常融洽，互相帮助，相互交心，生活非常愉快，心情十分舒畅。当然，因为一些不必要的政治运动，也使一些同学之间产生了隔阂，伤害了友情，这是应该总结经验教训引以为戒的。

学校领导 尊师爱生

五十年代在北航读书的学生们，现在见面谈到当时的校领导，特别是武光院长，没有一个不加赞扬的。究其原因，除了他们对北航的建树外，就是他们深入群众，同甘共苦，尊师爱生的领导作风。

那时，无论你在什么地方：马路上、操场上、教室里、实验室里、实习工厂里、总可以看见他们。他们同学生交谈，问长问短，了解情况，解决问题。下面我以一个当时的学生身份，谈谈自己亲身体会到和见到的一些情况。

每年最为热闹的日子就是过新年了。除夕夜，院领导与学生一起在食堂共进晚餐，相互敬酒，相互祝愿，热闹万分。一般从晚上六点开始，八点左右结束。接着就是各个小班举行联欢晚会，院系领导分别到各小班一起活动。1956年武光院长参加了我们小班的活动，观看我们自编自演的节目。他边看节目边跟大家聊天，了解各种情况，十分亲切，直到晚上十点多钟才离开。那时没有电视，大家是在广播中聆听新年到来的钟声。

武院长还来过班上一次参加团支部过组织生活。那时学生党员很少，主要是共青团员，一个小班组成一个团支部，班上的各种政治活动基本上是团支部来组织的。有一次过团组织生活（可能是在1957年），我们就邀请武院长来参加，他给我们介绍卅年代北京学生运动的情况，以及他被捕入狱后在监狱中组成党支部，领导狱友与反动政府斗争的情况。印象特别深刻的是他讲如何利用敲暖气管的办法来与同志们进行暗号联络，并当场进行了表演。我们还先后邀请了其他几位校领导来团支部参加过活动，如马文副院长，程九柯处长（干部处，他在新疆与毛泽东等一起坐过牢）。那时团支部组织什么活动邀请校领导很容易，只需要告诉他的秘书一声，如果领导有空，就会准时来参加。

1958年，学院自己研制出大飞机和火箭，共计三个型号。大多数教师、工人和高年级学生都投入其中每天都工作到深夜，十二点有夜宵。这时，你会看到武院长等领导在工厂和实验室检查工作，给大家鼓劲。武院长自己到工厂当学徒学钳工，与老工人一起劳动。

那时学校门口只有一条公交线路，即现在的331路，进城坐车不太方便。每逢武院长进城开会，到了校门口的公交车站，他会叫司机将小车停下来，询问有北航的学生否。若有就会顺便带进城去，返回时也是如此。

在食堂进餐的时候，你会看到武院长走到桌子旁，向学生了解伙食情况；在教室自习，你会看到武院长坐到同学旁边了解学习情况；在操场锻炼时，你会看到武院长向同学询问身体情况……总之，那个年代随时随地都能见到院领导，随便交谈，非常亲切。领导深入群众，关心群众生活，群众拥护领导，怀念领导。我想这就是大家一直怀念武院长等老一代领导的必然结果。

当然，大家对武院长等老领导到的尊敬和怀念，最主要的原因还是他们对北航的建立和发展所作出的巨大贡献。就以学院所占用的土地来说，按当时的土地规划，学院路的八大学院规划用地均为0.5×1.0平方公里，我院用地就是现在的校园南路以北的面积。校园南路以南的0.5×1.0平方公里规划建立音乐学院。后来音乐学院没来，武院长等就积极争取成为北航用地了。这样，北航就拥有了一平方公里的校园面积，是八大学院中占用土地面积最大的学院，为后来北航的发展提供了最可靠的物质基础。

就以原来的 0.5 平方公里的规划来说，也十分合理。将教学区和生活区分割成两大块，生活区又将学生生活区与教职工生活区分开。这样，教学与生活互不干扰，学生生活与教职工生活又分开，减少不少矛盾。

关于武院长等对北航的巨大贡献，不是一个当时的学生和以后变为一个普通教师的我能够说清楚的，这里只是说说自己的点滴感受，作为对北航建校 60 周年的回忆。

下面我以几句顺口溜来结束这篇追忆小文。

五四年考入北航，五八年毕业北航；
从此工作于北航，生活居住在北航；
生儿育女在北航，退休后仍住北航；
一辈子服务北航，一辈子未离北航；
一生热爱着北航，一生怀念着北航；
望来世仍在北航，继续服务于北航！

北京三型号飞行器的诞生

□ 郑彦良

同月诞生三个型号

北航研制的三个型号，即中国第一架轻型旅客机“北京一号”、中国首批空探测火箭“北京二号”、中国第一种无人驾驶飞机“北京五号”，分别于1958年9月24日、9月22日和9月29日首飞、发射成功，从而创造了新中国航空航天史和教育史上的奇迹，是献给共产党9周年生日的一份厚礼。

北航“北京一号”纪念雕塑

20世纪50年代，新中国航空航天事业还处在初创阶段，为适应当时国家对大批科技骨干的需求，北京航空航天大学在1952年建校后不久就开始进行教育改革的试验。1956年中央发出向科学进军的号召后，该校更加紧了教改的试验进程。到1957年底，学校师生员工在自制教学仪器设备、结合教学实习进行生产劳动、利用教学以外的时间接受校外加工订货等方面都作出了不少成绩，5年中为国家创造了76万多元的财富。

北航“北京二号探空火箭”纪念雕塑

北航的经验引起了当时中央领导同志的重视，指示要推广北航的经验。1958年1月31日，《人民日报》发表了“北航勤工俭学做法很好”的综合消息，指出，“这个学校所采用的这些办法，除完成学生的实习任务外，还有三个方面好处：1. 保证和满足了教学和科学研究工作的需要；2. 培养了学生的劳动观点，为国家创造了财富；

3. 充分发挥了学校的生产能力，能为国家经济建设服务。”

为了更快更好地培养国家急需的技术骨干，1958 年初，北航党委决定通过型号研制来促进学校教育事业的发展。同年 2 月，周恩来总理在中南海接见了北航王大昌、沈元两位副院长，听取了他们关于通过教学与生产劳动、勤工俭学与科研相结合设计飞机的设想，并当即批准了北航设计制造飞机的计划。在周总理的指示下，当时的第二机械工业部拨给了北航 15 万元的专项研制经费，给北航教职工和学生以极大的鼓舞。学校立即成立了院试造飞机委员会，沈元副院长任主任委员。同年 6 月中旬，武光院长号召全院师生，“大战 100 个昼夜，送三个型号上天，向国庆献礼。”与此同时，北航又成立了院型号生产总指挥部，总指挥是王大昌副院长，下辖“北京一号”、“北京二号”、“北京五号”三个型号生产指挥部。很快三个型号的研制工作由全院师生员工和几十个协作单位，在北航校内如火如荼地展开了。

中国第一机

“北京一号”是新中国成立后第一架自己设计、制造的轻型旅客机，它不仅研制时间短、而且诞生在一所高校，因此成为我国教育史上的一大创举。1958 年 3 月，为保证飞机质量，加强了技术和生产的管理，并确定了设计、工艺、检验、生产四个方面的负责人。总设计师是徐鑫福、副总设计师是俞公沼（后改为张吉臣），主观设计师是张可明；总工艺师常荣福，副总工艺师王云渤、汪一彭；总检验师吴云书，副总检验师张汉镔；生产长是许建钺。设计室下辖 13 个设计组，工艺室设立了 8 个车间。

“北京一号”在试飞现场

北航当年有 1400 多名师生员工参加了研制工作，其中学生占 76%，教师占 7%，职工占 17%。他们克服重重困难，不分白天黑夜，边绘图、边研制、边实验、边生产，硬是用苦干实干加科学的精神，在 100 多天的时间里完成了由 16.7 万个零件和标准件组成的“北京一号”。该机全长 12.4 米，机高 4.6 米，翼展 16.3 米，最大飞行速度每小时 300 公里，最大航程 730 公里，装有两台 AH−14 发动机。

“北京一号”试飞成功！

1958 年 9 月 24 日，在北京东郊机场（现为首都机场）举行了

"北京一号"命名试飞典礼，有3000多人出席。北航党委第二书记臧伯平首先宣布了当时北京市市长彭真同志对"北京一号"的命名(原为"北航一号")，高等教育部杨秀峰部长、空军司令员刘亚楼上将先后讲话祝贺，武光院长作了总结讲话，最后由国务院文教办公室主任林枫为试飞剪彩。

担任试飞任务的是曾经突破"空中禁区"，开辟北京－拉萨航线的著名飞行员潘国定和有多年飞行经验的飞行员王来泉。他们驾驶着"北京一号"绕机场上空飞行了20分钟，并俯冲到离地面6～10米的高度，从主席台前欢呼的人群上空掠过，以示敬意。在场的人们载歌载舞欢庆"北京一号"处女飞行的圆满成功。在这之后，"北京一号"还进行过航线试飞，先后作过东郊机场－北航、北京－天津的短距离往返试飞。同年10月28日～11月2日，还进行了北京－上海的往返试飞。每次试飞均告成功，并飞出了该机的设计参数和性能。

"北京一号"试飞成功后，当时的首都新闻媒介做了大量报道。试飞成功的第二天，《人民日报》就发了5条消息和文章，《光明日报》干脆用了包括头版在内的整整3个版面，并发表了题为《航空教育革命的伟大胜利》的社论。《中国青年报》、《北京日报》、《北京晚报》等报刊均在头版头条以大字标题，大篇幅地报道了这一条振奋人心的喜讯，在海内外产生了巨大的影响。

"北京一号"原型机现陈列在北航院内的北京航空馆停机坪上，它仿佛在向每一位参观的人讲述54年前那个动人的故事。

"北京二号"发射现场

中华第一箭

"北京二号"高空探测火箭是在"北京一号"研制启动后开始研制的。1956年，北航建立了以导弹为主的火箭技术专业，并于1958年成立了我国第一个火箭系，开始为国家培养航天事业人才。刚建立的火箭系师生在国家《十二年科学发展远景规划》鼓舞下，为推动科学发展和培养人才，决定研制一种火箭。这项工作由当时的北航院长武光亲自领导，火箭系负责人潘梁和刁震川主持，火箭箭体总设计师由导弹设计教研室主任何庆芝担任，火箭发动机的总设计师是由火箭发动机教研室主任曹传钧担任，总工艺师是杨文龙，总检验师潘天敏，主观设计师李成忠。

“北京二号”为二级火箭，采用了两种设计方案：第一种方案代号为BJ-2S，采用两级固体火箭发动机，推力分别为1850公斤和760公斤，箭体总长度2.90米，直径为0.23米，起飞总重量145公斤，最大飞行高度74公里；第二种方案，火箭第一级仍为固体火箭发动机，推力为1850公斤，但第二级改为液体火箭发动机，其推力为260公斤，箭体总长度为5.921米，起飞总重量271.8公斤，最大飞行高度为45.5公里，火箭代号为BJ-2L。

“北京二号”是1958年3月开始设计的。当时有30多位从事设计和制造的教师，他们大多数是二三十岁的年轻人，他们向苏联专家学习火箭专业技术只有一年左右的时间，在无先例、缺资料、少设备的情况下，大家日夜奋战，决心在“十一”前把“北京二号”送上天，向国庆节献礼。任务急，时间紧，设计时间不到3个月，加工制造时间也不足100天。师生们通宵达旦地工作，经常是两三天不睡觉。他们以严谨的科学态度，进行着各种试验研究。单就固体火箭发动机试验就进行了30多次。

液体火箭发动机也进行了43次热试验和10多次活门爆破试验。他们经历了推力室爆炸、烧毁等多次险象环生的挫折，还同中央气象局、南京和太原的工厂、北京工业学院等单位协作，进行了箭载高空探测设备、大型固体推进剂药柱、回收降落伞、控制装置等项目的研制。经过无数次的拼搏奋战，他们终于用心血和汗水浇铸成了中华第一箭。

1958年9月22日，是中国火箭史上值得纪念的日子。编号为“BJ-2S”101号的火箭从吉林白城子炮兵靶场垂直发射升空，时间是下午6时20分。太阳刚刚下山，碧空如洗，火箭从草原上垂直上升的壮观景象清晰可见，直到消失在浩瀚无限的天际中。整个发射过程表明火箭各阶段工作正常。从9月22日至10月3日，一共发射了4枚BJ-2S和2枚BJ-2L火箭，均获成功。

“北京二号”发射现场

“北京二号”的研制发射成功不仅开辟了我国航天事业的新时代，同时在亚洲也属首批。当时应邀在发射现场观看，曾对研制和发射持怀疑态度的前苏联专家也禁不住挑起大拇指，连连说：“太棒了！太棒了！像钟表一样精确。”当年“北京二号”火箭共生产了9枚，除了6枚用于发射外，2枚用于静力试验，1枚用于展览。这三枚火箭现在分别陈列与北航院内的北京航空馆和宇航学院的导弹陈列室。

科技含量高的“北京五号”

“北京五号”无人驾驶飞机的设想，可追溯到1956年，当时全国正在着手制订科学发展的12年规划，在讨论研究12年规划时，北航当时的飞机设备系就提出了搞无人驾驶飞机的设想；1957年下半年开始酝酿无人驾驶飞机的技术方案；1958年3月，在方案研讨会上，确定了把无人驾驶飞机控制系统安装在安-2型飞机上的方案。同年6月29日，北航召开了三个型号的动员大会，研制“北京五号”的型号指挥部成立，总指挥由文传源担任，并兼任总设计师。

“北京五号”是一架从起飞到着陆实现了自动化的无人驾驶飞机，而在50年代，飞机的全自动着陆是国际上公认的难题。当时美国已有了无人机，前苏联的无人机仍处于研制阶段，对于基础相当薄弱的中国来说，难度相当大。但是，北航师生在型号指挥部领导下，与民航局飞行员和第五研究院无线电技术人员共同合作，他们凭着忘我的工作精神、严谨的科学态度和勇于克服困难的工作干劲，攻克了一个又一个难关。在短短的时间内就研制出了自动着陆系统的关键设备，即高精度的小高度无线电高度表。

“北京五号”的研制

经过对自动着陆系统的反复试验，1958年9月29日“北京五号”无人驾驶飞机，在东郊机场（现首都机场）首次试飞成功。到1959年2月，编号为848号的“北京五号”在东郊机场已进行了一系列改进试飞，解决了起飞滑跑方向的保持、起飞后飞机倾斜运动控制、遥控系统的正确综合控制、下滑后滑跑航向控制、复飞后系统的重新设置、系统的综合性能和可靠性等关键问题。同年2月15日，“北京五号”进行了第3次单飞汇报飞行，空军副司令员曹里怀等到机场观看。至此历时近一年的“北京五号”的研制工作圆满完成。它是我国第一架全自动化无人驾驶飞机，在我国航空史上是一次创举。

在这里特别要提及的是，“北京五号”是三型号中国家投入最多的，其科技含量也是最高的，在当时世界无人驾驶飞机的研制上也处于先进行列。

举世无双的创举

在这么短的时间里，由一所高校研制并发射成功了三个型号的飞行器，在当时确实是一个奇迹，有人称之为“举世无双的创举”。但是，由于历史的原因，除了“北京一号”当时做了公开报道外，其他两个型号的研制试飞均未见报。当时，这三个型号的上天，得到了党和国家领导人、中央军委的高度重视。根据聂荣臻元帅和黄克诚总参谋长的指示，北航在国防部举办了“北京航空学院‘十·一’献礼展览会”，作为向党中央和中央军委的汇报。

1958年9月28日至10月16日，展览会展示了北航教学、科研成果的图片模型，其中有“北京一号”的模型和“北京二号”、“北京五号”的实物。周恩来总理和朱德、彭德怀，陈毅、刘伯承、叶剑英、聂荣臻6位老帅观看了展览，钱学森等科学家、部长、将军等百余人也参观了展览。在参观的领导人中，周总理看的时间最长，也最仔细，甚至问到火箭升空的高度是如何测量的，苏联专家的评价如何。他还和武光院长谈及人才需求问题，并特别强调了各部门要加强协作和保持谦虚的态度。几位老帅对北航的展品给予了很高的评价。朱德副主席说：“你们应该好好干，很有前途，这都是尖端科学。”叶剑英元帅说：“你们是一个很大的跃进。”聂荣臻元帅说：“你们干劲很大，在很短时间里搞出这样的成绩，是很不容易的。”陈毅元帅则以他特有的诗人气质幽默地说：“你们搞得很好呦，我是五体投地。”中央领导同志的肯定和鼓励，是北航人巨大的宝贵精神财富。

北航至今还保存着当年的有关档案资料，如周总理等老一辈无产阶级革命家参观展览及三型号研制、发射现场等珍贵的历史照片近200幅，还有北航当年给毛主席、朱德副主席、周总理、聂荣臻副总理、

“北京五号”试飞操纵

赵尔陆部长、彭真市长、刘仁副书记等领导的报喜信、报告和汇报材料，当年老帅们给北航的题词，以及全套纸质已变脆发黄的设计图纸，文字材料等。

中国航天起步第一箭

□ 郭联苏

一九五六年五月二十六日中央军委召开会议专题研究聂荣臻元帅《关于建立我国导弹研究工作的初步意见》，出席会议的有周恩来总理，国防部部长彭德怀元帅等人。接着筹建国防部五院，很快五院导弹研究院正式成立，由钱学森担任第一任院长。聂荣臻元帅先后18次召集有关方面负责人开会商讨为国防部五院送调科技骨干、党政骨干、大学毕业生。从哈尔滨军事工程学院调往国防部五院的第一批业务骨干有任新民、梁守槃、庄逢甘等教授；从北航调走教务长屠守锷教授到国防部五院工作。

为了培养研制导弹的后备军，钱学森建议在哈尔滨军事工程学院、北京航空学院、北京工业学院组建导弹专业。聂荣臻元帅向中央提交了这些建议并得到中央批准。

北航于1957年正式新建六系为火箭系，北航党委非常重视，由党委副书记潘梁任火箭系主任，刁震川任火箭系总支书记。下设601火箭弹体设计教研室，由何庆芝教授任主任；602有翼导弹设计教研室由张锡纯教授任主任；603火箭发动机设计教研室由曹传钧教授任主任；604火箭地面发射架设计教研室由赵承庆老师任主任；605导弹自动控制教研室由文传源教授任主任；608导弹飞行力学教研室由赵震炎教授任主任。

由于当年任务紧迫，学生由1953年入学的飞机系设计专业大班

两级固体火箭设计制造小组

注：本文由郭联苏高级工程师于2012年3月写成。

学生中抽调组成一个导弹设计小班（即 3611 班），同时又从 1954 年入学的飞机设计专业大班学生中再抽调组成一个导弹设计小班（即 4611 班），这两个小班同时在一个教室上课，同时听一个老师讲课。

我在 4611 班学习。经过一年多的时间我们学习了火箭设计原理及结构组成、火箭液体发动机、火箭固体发动机、火箭飞机力学、无线电雷达、导弹控制系统、火箭地面装置及发射架等。我们初步打下导弹、火箭专业的知识基础。我们班的同学来自全国各地，同学们相互支持、知难而进、奋力拼搏，这是一个团结合作的集体，因此能比较好地完成大学的学习任务。在毕业时每个同学都高高兴兴地走向国防科研、军工生产、高等教育的单位。以上这些是因为我们班有一位会做思想工作的领头羊：就是我们班上的党支部书记韩贵风同志。

一九五八年对于北航是十分重要的一年。这一年，在贯彻党的“教育为无产阶级服务，教育与生产劳改相结合”的教育方针过程中，在“解放思想、破除迷信”精神的鼓舞下，北航领导和师生决定结合专业进行新产品研制，于是三个型号“北京一号”轻型旅客机、“北京二号”高空探测火箭和“北京五号”无人驾驶飞机控制系统的设计研制工作如火如荼地开展起来。党和国家领导人对北航的科研工作十分关心，周恩来总理亲自批准北航投请试制多用途飞机的报告，并由财政部拨来 15 万元试制经费。喜讯传来，全院师生无不欢欣鼓舞、斗志昂扬。航空航天是古老而新兴的科学，对我国国防和国民经济有举足轻重的影响。航空航天院校是航空航天工业和科学研究的一个重要方面军，特别是在科学研究方面可以大有作为，大有贡献。北航建校以后，“勇于创新、攀登尖端科学高峰”逐步成为学校科研工作的指导思想。北航航空科学和专业门类比较齐全，在开展型号研究、综合性工程方面有较大的优势，结合学校有飞机设计与制造，自动控制等专业的具体情况，决定设计并研制轻型旅客机和无人驾驶飞机控制系统。与此同时一九五七年北航建立导弹弹体、火箭发动机、导弹控制专业，当年考虑到专业初建和国内技术调整的可能，选定研制一种垂直发射的“北京二号”探索火箭，用于高空气象探测。

4611 班全体中共党员合影 前排右二是党支部书记韩贵风（曾担任北京轻工业学院副院长）

“北京二号”探空火箭的总负责人潘梁、刁震川，火箭弹体总设计师何庆芝教授，火箭发动机总设计师曹传钧教授，为加强型号研制工作，在武光院长亲自领导下，学院成立型号生产总指挥部，总指挥由副院长王大昌当任。下面三个生产指挥部，“北京一号”指挥部负责人王敬明，“北京二号”指挥部负责人潘梁，“北京五号”指挥部负责人是唐邑、文传源教授。副院长马文亲自跑航空工厂，落实缺少的航材。

我参加了北航原火箭系601教研室组织的自行设计、制造的火箭“北京二号”的任务。“北京二号”分为两种，一种是用固体燃料的两级火箭，一种是液体燃料的火箭，加有固体火箭加速器。我被分配到两级固体火箭设计制造小组。原601教研室参加固体火箭“北京二号”的教师有赵裴如、李振达、朱东明、何慧田，邱宗佚、苗万容六位老师。我们4611班的十位同学参加“北京二号”两级固体火箭设计小组，其中有：李廷杰，我、陈吉书、廖王琦、刘青海、刘义文、陈文生、梁佩潮等十人。

“北京二号”高空探测固体火箭的设计工作是从1958年3月开始的。从事设计、制造的教师、学生绝大多数是风华正茂的年轻人，他们都是从飞机专业改行搞火箭的。在无先例、无经验、缺资料和设备紧缺的条件下，设计、研制探空火箭谈何容易，如果没有“拼命加科学”的精神，任何精心设计都会成为泡影。

与庞大的现代火箭相比，高空探测火箭尺寸虽小，但已具备了现代火箭的各种系统，可谓“麻雀虽小五脏俱全”。“北京二号”的研制，要完成火箭结构，发动机、程序控制系统、火箭地面发射装置的设计、试验任务，还需与有关单位协作完成箭载高空探测设备，回收伞、固体药柱等任务。

面对这项没有先例的“北京二号”研制工作，火箭系师生边学边干，边干边改，一些设计方案在实践中行不通，大家就“改弦易辙”，另辟新路。

“任务急，时间短”是研制固体火箭的另一个大难题。设计时间仅有3个月，加工制造时间不足100天，紧张到几乎没有回旋的余地。师生的吃睡都在生产车间，他们夜以继日，通宵达旦地工作。

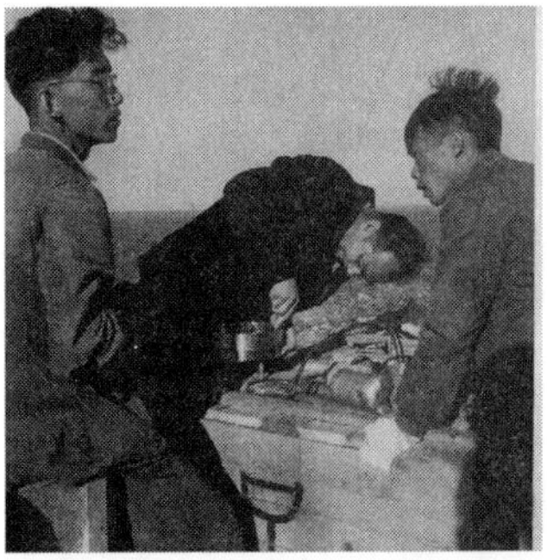

研制“北京二号”

100个日日夜夜，无数次拼搏奋战，困难考验，锻炼了研制者，研制者战胜了困难，赢得了时间，用心血和汗水浇铸成中华第一箭，九枚高空固体火箭昂然耸立在北航校园中。还有一枚作为历史的见证，至今还陈列在位于北航园内的“北京航空馆”。

“北京二号”固体燃料二级的高空探测设计技术指标为仪器重量10公斤；火箭外形直径为230毫米；火箭全长2.7米；第一组固体燃料发动机推力为1800公斤；第二级固体燃料发动机推力760公斤；最大飞行高度72公里；采取固体双基火药；火箭起飞重量为145公斤。

“北京二号”飞机控制程序为第一级发动机，工作时间是6秒。在第一级发动机工作结束后，经过7秒无动力飞行，第二级固体发动机开始点火工作，同时间并准确无误将第一级火箭分离、抛掉。第二级固体火箭发动机工作时间也是6秒，第二级工作结束后，火箭依靠惯性继续升空到最大设计高度72公里。

在设计制造“北京二号”固体火箭时，要解决下列几个关键问题：

（一）创造固体火箭中的直径为210毫米火药柱；当年北航求助院外国营425厂，经过该厂两个多月的苦战，克服种种困难，终于制造出满足要求的合格药柱。

（二）制造能耐高温高压的尾喷管；同样北航求助南京电瓷厂协作负责制造。该厂技术人员、工人日夜奋战，创新试验在短短的两个月终于成功生产出满足技术需要的陶瓷尾喷管，解决了“北京二号”的难题。

（三）设计两级可靠的分离机制：

“北京二号”由固体燃料组成的两级火箭，当第一级火箭燃料工作完毕后，在第二级火箭点火工作时，必须同步准确无误将第一级火箭分离、抛掉，北航一位教师经过昼夜努力、多次实验，自行设计出精确的自动控制的点火装置，通过准时点火自动起爆连接两级火箭之间的爆炸螺栓，顺利地解决了这个难题。

（四）保证火箭稳定飞行，并选取最有利的弹道，通过飞行试验，“北京二号”飞行稳定性较好，在七级大风中的一次发射仍能保持火

“北京二号”发射现场

箭垂直上升，各次火箭的着陆点都在发射点周围 3 公里的圆周内。

（五）“北京二号”固体燃料火箭飞行时虽未能用雷达跟踪到底，但根据现场测量（主要根据飞行时间）推算，飞行高度达到 70 公里以上。

中国第一枚高空探测火箭“北京二号”的发射场面是相当壮观、引人入胜的。那时我国还没有建立探空火箭的发射基地，从 1958 年下半年开始，北航火箭系师生就跑遍内蒙古大草原，四处寻觅发射场。“皇天不负有心人”，几经周折，师生们最后终于将发射场选定在吉林省白城子炮兵靶场。这里是一望无际的荒原辟野。荒原上没有电灯，先遣队只能与蜡烛、马灯为伴。最令人难以忍受的是用水奇缺，几公里外运来的水贵如油，除供吃饭喝水外，就是洗脸也只能沾湿毛巾一擦了之。

条件虽然艰苦，年轻人却热情高涨，搭帐篷，挖观察用的安全壕沟，修建半地下式的控制指挥所……几天以后，一座高 20 米的火箭发射架，奇迹般地出现在一马平川上。

1958 年 9 月 22 日，编号为 101 号的固体火箭，这一天在石破天惊直上云霄。下午 6 点 20 分，操作员激动地启动点火按钮，火箭发动机点火，沉睡千年的寂静荒原，突然发出轰轰巨响，火箭拖着一条长长的烈焰，冲上九天。当时太阳刚刚下山，天空碧蓝如洗，火箭垂直升空的轨迹清晰可见。6 秒钟后，发动机工作结束，轰鸣声骤然停止，火箭靠惯性仍然上升，直到最后消失在浩瀚无垠的天幕中。几分钟后，万籁俱寂的草原深处又传来“咚”的深沉声响，这是火箭落地的撞击声。整个过程表明火箭发射各阶段的工作正常。

“成功啦！发射成功啦！”草原上一片沸腾，人们互相拥抱庆贺，激动欣喜的眼泪在人们脸上流淌，雀跃欢呼之声在草原上空回荡。

我荣幸地参加了“北京二号”的重要试制过程，并陪同北航原党委副书记程九柯从北京乘火车到达吉林省白城子靶场，亲眼观看“北京二号”发射上天的一幕。动人心魄的发射场面至今铭记在我的心头。

“北京二号”成功发射

1958 年国庆节前后，6 枚高空探测火箭连续升空，表明新中国第一次最多的近代火箭研制成功，表明中国航空事业的报春花正在摇曳盛开，也表明火箭故乡迎来了崭新的空间时代。

54年过去了，弹指一挥间。往事如烟，很多事情逐渐被人们所淡忘，但是，作为打开中国空间时代历史帷幕的“北京二号”高空探测火箭，不仅永远铭记在研制者心头，铭记在中国航天人心头，其历史功绩在中国航天史上也永远不会磨灭。

“北京四号”高空高速靶机的研制历程

□ 俞公沼

总体方案的确定

1958年初正值“北京一号”在全院广泛展开方案大讨论，力争当年“十一”上天的热火朝天时刻，学院又布置下来“北京四号”高空高速靶机的研制任务。这对主攻“北京一号”设计任务的飞机构造与设计教研室(当时的一系101教研室)来说，无疑是非常艰巨的重任。教研室在“北航四号”固定了全时工作的四位老师，即我和朱国粹、赵步云、王秉直，由我主管。

开始一上手，我们对任务背景情况并不清楚，只知道设计要求是双2，打靶高度为20km，打靶时间开始只要求3至5分钟，控制半径为160km，并要求模拟美制F—104、B—58等机种，能做左、右转弯，上升，俯冲等动作，以供战斗机及导弹部队打靶用。我们根据这些基本的“战术技术要求”，展开了数次方案讨论，在讨论中了解到，发动机系（当时的三系）宁晃教授等正在研制一种直径为300mm的超音速M2以上的冲压发动机。靶机如能使用自行研制的这种冲压发动机，就可以在校内配套，就有了更多的成功把握。动力方案确定之后，就要找一架“原准机”，当时翻遍各种杂志，比较接近性能的是英国猎犬地对空导弹。参考猎犬的构型，并考虑当时实际的技术现状水平，决定“北京四号”采用三级动力方案和直翼面正常式构型。

“北京四号“装配车间

注：本文原载《北航校报》2008年11月21日第745期。

四号任务涉及飞机（靶机、母机）、发动机（冲压、火箭）、材料、工艺，还有自动控制、无线电遥测，新电源，高空回收，母机运载投放，加速器分离等项新技术。还有打靶任务设计等等一时尚无暇顾及，在计划中都需要安排到适当时期才能考虑。但是影响靶机飞行、回收的各项技术专业均确定了主管负责人和相应的组织机构。总的方案确定之后，各系便分头攻关。一系负责机体和全机各系统的技术协调。当即由一系领导调集精兵强将，开始了为期两年多的一场攻坚战。

土法上马 抓紧基础实验

除常规的高、低速风洞试验、强度试验外，在当时情况不具备的条件下，仍力争多做一些内、外场试验，以确保试飞成功，并促使在早期暴露出问题。如对影响母机安全的母机投放挂钩，虽然是采用现有机型上的成件，但仍然严格按照空军提出的要求，不折不扣地对前主钩做了三千次的地面连续投放试验，并实现了无一故障。为了确保火箭加速器脱落和降落伞释放的可靠性，对自行从头研制的爆炸螺栓共做了 300 个组合试验，并按照实际安装情况在加载情况下进行，做到了实验室的成功概率为 100%。

由于对直机翼通过跨音速的稳定过程没有把握，曾分别在 1958 年底和 1959 年初在宣化炮校靶场组织了三次缩尺模型飞过跨音速外场试飞，均利用 M—13 火箭炮弹的固体火箭段，配成了 1:5 缩尺的四号直翼模型。当时得到了炮校领导上下的大力支持，利用该校的 M—13 发射架和场地，使试飞工作进行得十分顺利。第三次是 1959 年 1 月，又再次到宣化靶场，这次将模型加大到 1:2，采用一个现成的院产 2 号火箭和发射探空火箭用的一段 4m 长滑轨，目的仍然是观测四号直翼方案通过音速的稳定性，并附加了一项任务，就是探索实现固体火箭捆绑式的可能性。所以在缩尺模型的机头又捆绑了四枚小火箭，以观察捆绑火箭脱离机体的效果。但试飞结果却是失败的，因为试验机离轨速度意想不到地大大低于预计，还未到 6 秒钟火箭燃尽时，模型已触到地面。对这次试验，院领导也是十分关注的，从武光、沈元以下各系主任及全院的苏联专家二十余人均到场目睹了这一次失败。但即便如此，事后院领导仍鼓励我们面对困难。勇往直前，并始终不渝地支持以后的研制工作。

到莫航请教 方案大改

1958年6月适逢高等教育代表团访苏，随团有我院发动机系董寿莘副教授和飞机构造与设计教研室副主任袁奇荪二人。当即请他们将四号的三面图，还有三号的三面图带去。他们立即和当时在莫斯科航空学院进修有翼导弹专业的张锡纯一同到莫航飞机设计教研室请教。恰好当时是苏联著名飞机设计师雅克列夫兼任该室主任，当即由他指定了雅克局的构造、强度、气动等几位专家参加了评审。专家们根据四号三面图提出两点主要意见：直机翼在跨音速阶段不易掌握；翼尖发动机产生的不对称力矩可能造成航向平衡的困难。同时，当时正在本院六系工作的飞行力学专家列别捷夫也力主采用三角翼方案。

由于1;2缩尺模型试飞未成而心有余悸，再加上几方面苏联专家赞成三角翼方案一致性意见，在经过上上下下的慎重讨论研究后，下决心对原来的直机翼方案进行了大改。一反原来的方案，改为鸭式尾三角机翼、腹下并列两台冲压发动机、X—型辅助尾翼构型。但是三级动力的总体方案和母机机种和运载投放、回收等具体方案仍照旧未变。从此，四号靶机在经过近一年的一轮循环工作之后，正式从1959年的春天开始全力投入BH—4三角翼方案的设计工作。一切又从头开始，全体师生员工驾轻就熟，用极高的效率追赶时间，同时调用飞机设计专业1959年暑假的毕业班张叙荣等15人，及1960年毕业班冼杏娟等30人参加机体、发图工作。终于在1959年7月1日发出了全套图纸和技术文件，并在工艺专业师生、一系、材料系（当时四系）和工厂的技术人员、工人的大力配合下，抢在1959年10月1日前制造出三架原型机（代号X—01、—02、—03）。把X—01架做了静力试验，X—02架提交总装、测试，并于同年底在体育馆中做了全机通电试验，经当时拟定批准的检验文件一一经检验合格，认为可以提交试飞。当时因为试飞场地、调母机等问题，在校内一直待命到1960年4月29日才出外场进行首次运载试飞滑跑，1960年6月

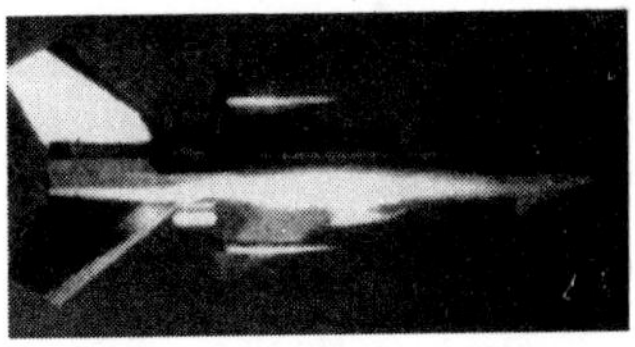
“北京四号”高空高速靶机

才实现了首次综合试飞，这也是“北京四号”的最后一次试飞。

打破常规的综合试飞

一个全新的型号，按照常规应该要做系列、完整的分项目地面和空中试验，要求模拟真实的环境做完全面的分项目试验，待一切检验合格，方能批准进行全机试飞。但由于1960年时还缺乏起码的环境试验条件和设备，也没有一套验收标准制度，所以尽管在思想上想尽量完善些，但实际上还是差之甚远。当时的想法是想到的就力争去做到，如当时各分系统中能做到的地面试验、甚至空中试验都力争做到了。光靶机回收伞空中投放试验在全机试飞之前就出外场7次，在513伞厂同志的直接参与下投放了十几个不同的模拟弹的伞降试验，甚至到试飞前夕还在由2995部队同志的帮助下做改进工作，以确保开伞的可靠性。冲压发动机在试验室做了千次以上的预燃室和400次的地面试车台试车。固体火箭对加长药柱、组成火箭束、改水平发射等项关键技术均经过多次地面静止试验，解决了药柱固定、同步工作及四组七喷管的推力偏移等问题，并通过了140 ~ 150大气压的水压强度试验。

在相对充分试验的基础上，大家对试飞程序做了分析，认为综合性试飞是可行的，各分系统不致产生相互制约的作用，且经过试飞完全可以暴露出各分系统中的问题。

事后看来，当时决定进行综合试飞是唯一的出路。要不然，紧接着的是三年困难时期来临，必然时过境迁，数百人、上千人两年多的工作将付之东流，一无所获。综合试飞的结果还是给我们提供了许多的信息，获得了经验，而这种经验对各专业的设计人员均是十分宝贵的，可以称得上是无价之宝。

综合试飞中发现的一系列故障

试飞中靶机按预定要求回到了地面。只见头锥折断，整个机体背上腹下侧翻倒在地面上，设备舱中设备经测试均完好，一台冲压发动机尾喷口触地有轻度损伤。从空中投放下来，到地面回收，四号靶机表面上已走了一个完整的程序，但是内里存在有各个系统的一大堆问题。从实测靶机航迹和预定的飞行路径比较差距很大。测出的靶机的航迹实际上是一条弹道，亦即机翼没有起到作用。其问题何在？原因有哪些？这些对综合试飞的价值评价是十分关键的。限于当时的条件只能利用白城子靶场，所以试飞测试设备十分简陋。通过观测到的极少量数据，大体上归结出此次综合试飞中发生的关键故障，主要是横滚控制回路在低速时失去稳定性而导致副翼舵机锁死在极限位置、冲击发动机供油系统不正常、靶机在急剧的滚转中，伞绳根部的旋转轴承失灵致使主伞绳严重绞缠、遥测系统的实时系统存在漏洞四个方面的问题。

尾声

经过两年半的努力，“北京四号”加上综合试飞后曾一度准备总装出第三架 X—03 机再去试飞，因此又有许多同志付出了艰辛的劳动，终因 1960—1962 年三年困难的大环境所限，愿望难成。差不多过了十四年之后，属于同一机型的部委托任务———靶六在 1972 年 11 月 15 日的第二次综合试飞中通过了：“安全脱离母机弹舱、向下平稳飘落，火箭加速器点火，按预定程序无动力爬升，伞降回收”等程序。当时只差航天部研制的一台冲压发动机尚未能提供装机。至 80 年代，该冲压发动机已形成系列并正式装弹使用了，所以国产的高空高速靶机已经成功在望。如果国家需要，我们北京航空航天大学的师生员工们在 1958 年以来，在高空高速靶机上的一切努力必将开花结果，以补上航空产品中一个重要机种的空缺。

往事追忆

□ 赵敬世

我是1952年考入清华大学航空系的，还参加了北航建设第5到第8号学生宿舍时的工地宣传工作，可以说亲历了北航60年变迁，并且从一个青年人变成了高龄老人。其间有不少往事值得回忆。思量许久，决定写一些与北航重大科学研究、生产活动有关的最使自己难忘的亲身经历的事情，作为献给母校60华诞的礼物。

"北京一号"试制中我们实验室的故事

我进北航之初被分到发动机制造工艺专业，后来和一些同学转到新设立的航空材料系（即现在的材料科学与工程学院）的金属材料与热处理专业当研究生。毕业以后留校做教师一直到离休，所以应当算是学院的"老前辈"了。几十年里，先是专业学习，也接受过苏联老师的毕业设计指导；参加过多年教学工作、科研工作和生产活动。其中最有意义的工作之一就是参加"北京一号"的试制。

1958年，全国尤其是农村的"大跃进"态势，推动了各行各业的"大跃进"。北航也卷进了这股洪流。其中最具代表性的行动就是"北京一号"的试制。这架轻型旅客机在北航的出现，在当时确实是惊世骇俗之作。试想在一个航空工业落后的国家里，特别是在一个刚成立几年的学校里，竟然在100天里，设计制造出一架飞机，并从北京飞到上海，需要多大的精神力量和物质力量！这是一个奇迹，而这个奇

注：本文由赵敬世教授于2012年2月写成。

迹的一部分，就发生在我们教研室的实验室里。它作为金属零件热处理车间，配合其他单位，保质保量地生产出数以千计的飞机零件，多么难能可贵。实事求是地说，开始时我脑子里并没有这个准备，顾虑很多。因为我到航空工厂实习过。当时的航空工厂是不够先进，但不论设备或技术人员或工人都是我们无法与之相比的。可是形势逼人，客观要求是必须“上马”，必须迎接困难的挑战。好在后来听说发动机是引进的，不用生产。飞机零件的热处理比较“容易”些；钣金件热处理有钣金车间负责，我单位只管设计一个硝盐槽（钣金件热处理用）。我们的任务就是机械加工钢件和铸件锻件的热处理和有关检验工作。这样，心里才有了点底。

于是，系楼（即现在四号楼）101 号房间就从热处理实验室改成热处理车间的主体，100 号房间的渗碳炉也兼职为轻合金锻铸件的热处理炉。金相室、硬度计室和仪表室则把相应的工作承担起来。参加生产的人员也颇为壮观，除去我们教研室和实验的部分教师和教辅人员外，甚至还有从航空经济系高年级学生中调来充当调度的。记得还从一个工厂（不是航空工厂）借来一位师傅。但是，真正有点飞机零件热处理经验的人很少，只有少数师生到工厂实习过热处理工艺和操作，时间也不长。至于生产设备，和工厂里的相比，大部分倒像玩具的模样：形状差不多，规格却太小。大电炉只有 15 千瓦的功率，小电炉过去只是加热试验棒的。尽管如此，在当时的情况下，大家真是干劲十足。三班倒，不分时间，人随零件走；晚上有夜班饭；宣传活动热烈紧张，插红旗，拔白旗，时常让大家处于兴奋状态。更多的时候是想办法解决试制工作中遇到的难题。例如，飞机上有一些细长的杆状或管状的零件要淬火，电路实在放不进去，怎么办？最后就依靠在电炉外用通电的办法加热解决的。铝镁合金锻铸件的淬火温度在 500℃以下，退火温度则更低，而渗碳炉的适宜加热温度为 900℃，温度低时炉子温度很难精确控制；可是它有风扇，炉温容易均匀些，这又是其优点，有利于铝合金和镁合金的热处理。这样的难题后来也解决了。

装配车间

记得当时工厂里流传着一个口号叫“蚂蚁啃骨头”，意思是用小设备生产大尺寸的零件，很像是我们当时的样子。总的来说，大家依靠努力和科学相结合才完成了任务。虽然今天回过头去看“大跃进”的年代，尤其是后期，确实有粗糙的地方，甚至是蛮干的地方；不过，联系当时的国际国内情况，举国上下为了尽快摆脱一穷二白的面貌，为了发展自己的航空工业，大家的奋斗精神是应当充分肯定的。

贺龙元帅视察 4201 铝合金试制工作

1958 年过去后“大跃进”的热潮继续高涨。航空材料系也是一样。新创办了几个专业，如原子能材料、仪表与电子材料等。我所在的金属学与热处理专业算是老专业，主要的任务是给系里和外系专业的学生上技术基础课（金属学与热处理）和有关的实验课，基本上没有科学研究任务和经费。所以在大跃进的环境中显得有些落寞。尤其在 1950 年中央开庐山会议后，批判右倾的风浪刮到北航，大家认为除去教学工作外，我们也必须反保守、上科研。上什么科研项目呢？北航在，1958 年“北京一号”等几个项目完成以后，有的系又决定上马几个新的项目，而且规模和难度更大。其中的大型火箭燃料储箱需要用大尺寸的金属板焊接而成，并且希望焊成后不必再经过热处理强化，还要求材料强度高、比重轻，以减轻结构自重。这是一个很有魅力的课题，就选择了它。实验室试验的工作在 59 年底到 60 年初开始。首选的材料基础是铝中加镁的合金。Al-Mg 系统的铝合金国外有一些定型牌号，我国则采用的是苏联牌号。我们想研制强度更高些的。试验首先是在实验室铸造小尺寸的合金扁锭，然后轧制成薄板测试力学性能。在多次选择合金成分以后，选定了一种最佳成分的合金，并命名为 4201 铝合金，意思是我们教研室（当时叫 402 教研室）研制的第一号铝合金。

这种高强度不热处理强化可焊变形铝合金能不能实际应用，需要在工厂条件下制成大尺寸的板材，并进行更多的性能检验才能确定。航空工业部门没有自己的铝合金加工厂，它们是属于冶金工业部的。因此，要生产或试制 4201 合金，就要取得冶金工业部的许可。经过系主任吴云书教授联系，终于得到该部有色金属司同意，允许到哈尔滨101厂（铝合金加工厂）试制。这个工厂我实习过。它是苏联援建的大型企业，厂里的主要领导、骨干技术人员和工人都在苏联培训过。当我拿着冶金工业部的文件兴冲冲地到101厂以后，想不到立即遇到几个难题。首先，厂里说试制要有原料，主要是铝锭。厂里的铝锭都是有主的了；你们试制要自备原料，形象地说要“自带粮票”，更严重的是厂里没有中型生产设备，熔炼一个炉次要千百公斤铝，铝铸锭的大小形象地比喻就是一通“大石碑”。此外，试制肯定不会一次准能成功。我问大概要多少铝时，回答是100吨！在惊诧之余，我赶紧向学校汇报。正当我一筹莫展时，学校传来了好消息：许多很高级别的领导参观北航的有关科研成果时，知道了试制4201合金遇到原料问题，表示予以支持解决。这是对4201合金和全系师生的很大支持与鼓励。之后很快就批下100吨的指标并由工厂从国库调来。第二个难题更令我感到为难。厂里的技术部门有人说，你们来试验，生产工艺请你们负责制定。按理说，这样的意见不能说不对，北航的合金试制由北航提出方案，厂里执行完全合情合理；但对我则是压力沉重。厂里的熔炼炉有房间那么大，轧制车间的连续轧机几十米长，许多操作都是由天车进行的。铝锭温度几百度，人身离得稍近就灼热难受。实习时可以说只当过看客，细致的东西并不了解。于是只好认真请教工人师傅和技术人员，甘当学生再加上参考厂里的资料，才勉强过了这一关。第三个难题也很难解决，因为厂里也在试验很多材料，其中就有和我们的合金相似的。“同行是冤家”，在“大跃进”的年代应该是旧思想、旧风光，可是本位主义的东西确实还存在。幸亏有关联的人是少数，多数技术人员和工人师傅心存公平，所以试制工作虽不算很顺畅，但还不太慢。

值得庆幸的是，试制工作还遇到一次大的推动作用，就是贺龙元帅和罗瑞卿大将访问朝鲜后，归国时到东北视察国防工厂时居然也到了101厂。有一天，厂领导找我，他刚才从省里开会回来，颇为惊异地告诉我贺、罗二位首长问到了4201铝合金试制情况，并说可能要来厂里看一看。贺龙元帅当时主管国防工委，从朝鲜到东北后一路上视察航空工厂时，据说曾经对一些工厂的领导者们有过批评，还很严厉。我虽然在前些时候知道高级领导问过4201合金的试制的事情，却完全没有想到贺老总会具体关心到这种程度，即要亲自到101厂来实地视察试制工作。因此感到十分受鼓舞。果然，晚上已经很晚了，厂里通知我，领导来了，要我去参加迎接。哈尔滨的冬天，天黑的比北京早，天气又十分寒冷，贺罗二位到厂后，立刻就去车间参观，并且指定要北航的人介绍。此种作风，更让我钦佩。那时，4201正在轧制车间试制，整个试制工作大部分也是在该车间进行的。接触的多了，我和车间领导和技术人员的关系也不错。由于当时整个国家的经济已进入了非常困难的时期，厂里还有其他生产任务，许多任务要排班才能加工，所以我的介绍除技术以外，对101厂的协作也表明了满意。参观过后，二位首长与厂书记和厂长谈话时也让我参加了。谈话的内容基本上是批评和鼓励都有，还要我转告北航领导类似精神。通过这次经历，我对这二位首长的印象是很好的。

在贺、罗二位首长来过后，4201合金的试制工作进展的更快了些。向轮流排班的时间上受到调度方面的一些照顾。到1960年底，试制工作已基本完成，生产出一些大规格的板材。按原计划，运回学校的板材本应投入生产有关型号时试用，并进一步对其性能做检测。但是，随着国家经济困难加剧，国民经济转为调整阶段，北航的一些大项目下马或推迟，4201合金没有得到试用；只是在实验室中进行了大尺寸板材的全面性能测试，并结合学生的毕业论文做了多方面机理研究。最后的鉴定工作则是由航天部的材料研究所做的，并由该所所长姚桐斌和我们一起把鉴定结果上报（姚后来获得“两弹一星”元勋称号）。再往后，应船舶工业部材料研究所之请，有我和孙宏荣老师再到101厂为其试制过一批4201合金作为快艇舾装件用材。因为据该所来人说，4201的抗海水腐蚀性能等要更好些。

1980年冶金工业部的冶金工业出版社出版的《轻金属材料加工手册》中，4201合金被列为S4201，意为“试验合金”。好像当年101厂实验的另一种合金则被列为正式牌号。

在101厂，我还赶上了一件值得写一下的事情，就是1960年夏天苏联撤走专家的情景。当时厂里有一些苏联专家，他们受到中方很好的待遇，生活条件远比中国同行优越，和中方人员的关系也不错。苏联人撤走的行动很突然，几天之内就都集中到哈尔滨市里去了。厂里好像做过努力，想让他们留下一些技术和经验。效果如何我就不知道了。

几十年的光阴既漫长又迅速地流走了。当年在教学、科研和生产活动中共事和认识的人最年轻的也都70开外了。我在工作中得到的成绩其实上也是大家共同的成绩。母校正在准备庆祝建校60周年，祝愿新一代的北航人继往开来，志存高远又脚踏实地，为中华民族彻底复兴，为人类的未来做出更大的贡献！

回忆北航核动力系及核动力研究室

□ 郑克扬

在二十世纪五六十年代，北航系的编制中曾有一个核动力推进系，源于1956年发动机系308小组，1958年建教研室，1960年5月建系，1962年根据国防科委指示，改为空间核动力推进研究室，1965年支援核潜艇工程，“文化大革命”期间部分人支援核电站，从此解体。它先后在北航仅15年，但这批人的足迹却留在我国核武器实验基地、核潜艇、核电站研制等国家重大工程里，他们那种在科学大道上不畏艰险、勇于攀登的精神，将永远激励北航人前进。

从发动机系308小组到教研室

50年代核动力科学方兴未艾，原子弹、氢弹、核潜艇的出现，核武器、洲际运载工具方案的探索未决———随之，空间核动力也成为发展的重点。1953年美国就着手“125”核飞机发展计划，先后完成HTER三代实验反应堆研制试车，并与J47飞机发动机联机实验。1955年苏联核飞机也已经完成一次飞行试验，以后美国又积极开展核火箭发展的Rover（洛佛）计划和Nerva核火箭反应堆发展计划，以及核冲压超低空导弹发展的（LUTO冥王星）计划和空间核电源的SNAP发展计划，当时文献还报道了各种导弹所用试验反应堆的结构及试验详细情况。1956年中央提出“向科学进军”的口号，并制定国家原子能和航空航天发展12年规划。同年我国建造了第一座

注：本文原载《北航校报》2008年12月11日第747期。

核反应堆并成立了空间研究院。

为迎接新技术的挑战，高校师生精神振奋，各校纷纷调兵遣将，积极筹备新专业。我校也在“高、精、尖”的办学思想指导下，为赶超世界科学技术水平，以董寿莘为首的一批中青年人也决心为开创我国航空核动力专业奉献力量。在院领导的赞许和当时核工业部副部长钱三强的大力支持下，成立了最早的发动机系308小组，他们是董寿莘、蔡明恩、王幼纯、刘子超、李慧珠、刘正纶、李秀岩、陈鉴墅等8人。虽然他们多数人都是发动机工程出身，业务上困难极大，但大家不畏艰险，在没有国外专家帮助的情况下，从自学核物理开始，埋头苦读，每天跑图书馆查阅资料、探索方向。后来还是在钱三强的关心下，才获得了去我国第一座核反应堆实习的机会，这才对核反应堆的原理、系统、运行、控制、安全等，有了初步的感性知识。

1958年北航校内正在为三个型号上天干得热火朝天，这时国家也正在为加速我国核武器发展调兵遣将积蓄力量。1958年7月由教育部下文，从北航发动机专业四年级学生中抽30人立即去清华生物系参加“核反应堆培训班”，以便尽快转行促进我国核工业发展。随之我校亦决定由发动机和自控系58、59届毕业生中选调骨干23人，一同去清华短训班学习，以后这批人就成为了北航核动力系的青年骨干。

由于当时国家核科技水平很低，虽说办“核反应堆短训班”，却开不出太多课程，主要仍是依靠大家自学，除核物理、电子学、数学物理方程等基础课课时较多以外，核反应堆原理、核反应堆热工等专业课课时很少，主要依靠自学美、俄教材。反应堆结构课更是没人讲，只有朱光亚院士讲的反应堆物理实验，大家还觉得听起来比较生动和实际。短训班结束后大家又断断续续在清华工程物理系听了两年课，去反应堆实习，这才开始入门。

1958年底，苏联高教代表团到我国考察航空工程教育，透露了莫斯科航院已经开始培养航空核推进专业人才。当年冬，我国高教派代表团回访，董寿莘教授到苏联后，除请他们帮助审查“北航三号”图纸外，还参观了三所航空院校，并重点了解了他们核动力专业的课

董寿莘

程设置、实验室建立和毕业设计，这就为以后核动力系建系摸到了一些方向。他回国后为适应学科发展又由电子、控制、发动机、飞机等专业抽调了一批60届毕业生。此时，教研室已达50人。随着校内的科研高潮“科研—教学—生产三结合”口号已深入人心，教研室内也掀起了科研与实验室建设的高潮，这时由于同苏联专家在核动力与化学火箭科研课题上的合作，和莫斯科航院核动力专业教学计划和课程内容的传入，以及三个班学生的到来，建系已势在必行。

成立核动力系（1960.5—1962.7）

1960年5月，经国防科委领导批准设立航空核动力系，编号为八系。系的负责人有系主任董寿莘，书记胡孝宣，下设4个专业教研室：航空核反应堆设计（801）、核能推进系统设计（803）、自动控制系统（804）、核电推进系统（805）。开始时设置了两个专业：航空反应堆设计、航空核能推进设计，后来发展到五个专业，包括核电推进系统专门化，学制为6年。系的行政工作极为精干，全是兼职。系的教学工作由蔡明恩、郑克扬兼顾，系的科研工作由王幼纯、何德胜兼顾，系的政治思想工作由辛黎洪、唐瑞麟和杜刚兼顾。

1960年建系后，钱学森在星际航行概论（P151）中预言“原子火箭发动机，肯定是火箭发动机继续发展的方向”。校内兄弟系也相应成立了核物理及核能材料专业。此后，南航、西工大也分别派来一批骨干教师前来学习，准备条件成熟后也开办专业，一时间全国航空高效掀起了一阵核能“热”。

当时对核推进专业的高级人才如何培养谁也说不具体，因此，“理工并重”物理系基础加上动力专业的工程要求就成为核动力系办学的模式。在这种思想指导下，教学计划当时虽然一压再压，但仍突破5000学时，因此学制一直徘徊在5.5—6.0年之间。

1960年9月，专业学生（68班）已进入四年级，教研室仍在大搞科研，当时指导思想是“以专业科研带学科”。当时想法是教学—科研结合办学，一方面培养专业教师，一方面培养学生。但效果不好，意见很大，随即“刹车”。全系重点改抓教师备课和编写教材。

核动力系骨干教师下乡

通过一年努力，教学工作有很大改进，共开出12门专业课，并自编了5门课的教材。同时，利用已有的四个实验室近200台仪器开出核物理电子学、中子物理、等离子喷射等20个教学实验，使学生的实际动手能力获得了较大的提高。1962年7月，核动力专业第一班（六年制）毕业生正式毕业。

核动力系的科研多与实验室建设紧密结合。在专业建立初期，在沈元副院长支援下很快就建了核物理电子学和中子物理等实验室，并开出了近20个教学实验，利用学生力量制作了世界各国主要动力反应堆模型，使教学活动有了陈列室。1958年与苏联专家联合开展了核能化学混合式推进系统性能计算研究。1960年受当时思潮影响，设计了一些较大的设备，如核火箭堆芯组件地面实验反应堆设计，移动式（多用途）反应堆临界装置等，这些设备虽然由于耗资较大而未能实现，但对专业起一定的启蒙作用，受到国防科委二局等领导的重视。1960年电推进方面研制了14.5kW等离子体喷射装置。1961年后，开展核燃料分离高速分离机的研究。回顾上述工作，由于专业下马，虽大数未能作出成果，但很多项目对国内后来科研都起到了重要的启发作用。

核动力研究室的建立（1962—1971）

1960年由于国家经济遇到暂时困难，解决人民的生活问题已成为主要问题，全国进行了调整。1962年国防科委第二次院校会议决定把我院54个专业压缩为25个，100余名教工的核动力系随即“下马”。学生因基础较其他专业所学有多无少，分别顺利地转入火箭发动机、飞机设计等专业，60多名老师仅保留24名骨干教师成立了核动力研究室。根据科委指示，研究室的任务是“保留少数骨干探索发展方向、积累资料，为国家开展空间核动力研究和开办专业，积累力量做好准备”。尽管变动异常谨慎，但这样大的突变自然使专业“元气大伤”。接续而来的董寿莘、傅燮阳等调往新疆核试验基地，院内外纷纷前来点名要人，一时间工作真有难以持续之势，但是国防科委领导并未放弃这支力量。1963年即提出为国家全面调研国外空间核

原八系（核火箭）教师做等离子喷射实验

动力发展现状的课题任务，随之教研室又活跃起来，全面卷入了一场资料大战。通过一年多的时间，共完成了近60万字的调研报告，包括：国外核飞机发展及现状、核冲压导弹发展及现状、核火箭发展及现状、电推进发展现状、空间核能电源发展现状、核动力推进系统发展趋势总报告。

1965年在国防科委5楼钱学森同志接见了北航核动力研究室的骨干教师，他认真听取了大家对空间核动力推进发展现状的汇报，并称赞说你们为国家做了一项很有意义的工作，并希望你们能坚持做一名科技尖兵。我国这样大，要发展的学科很多，有些事必须先有人做些探索，这将使国家少走许多弯路，节省很多钱。没有一批尖兵是不成的，个人可能有些牺牲，这是值得的。他还明确指示今后在科研上要把重点放在空间核能电源上……

科学技术的发展往往不是一帆风顺的向前发展，在50年代空间核动力得到了长足的进展，但到了60年代几乎都遇到了难以超越的技术障碍，核辐射及高温材料等从而进入低潮。美、苏等国核推进规划也进行了调整。

1965年底，中央作出了集中全国力量加速核潜艇研制的决定。经钱三强建议、国防科委批准，北航核动力研究室暂时深入实践，全室支援“09工程”，从此核动力研究室兵分三路开赴国防一线。在“文化大革命”期间核动力研究室也和社会一样分两派，在空间核动力研究工作是否需要继续问题上也产生了严重的分歧。1970年空军宣传队入校取消火箭系，1971年研究室13人经革委会批准去上海支援核电站，其他同志则回北航动力系。历时15年的北航核动力专业至此完全解体。

核动力系的一些启示

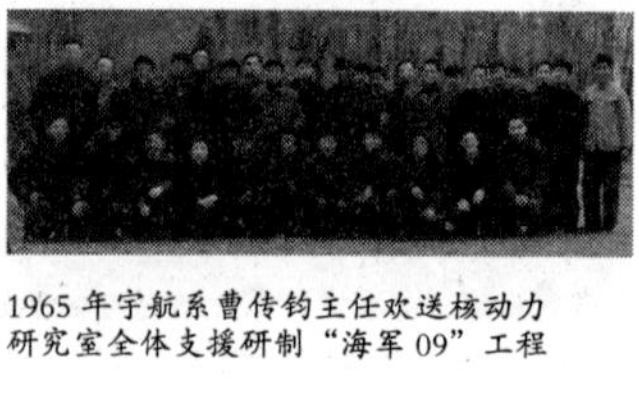

1965年宇航系曹传钧主任欢送核动力研究室全体支援研制“海军09”工程

重视教师人才素质培养：核能推进是个崭新科技领域，由于国家机密，没有也不可能得到任何国外援助，当时在国内相关专业人才奇缺、外援困难的条件下，当时只能依靠自身培养师资。核动力系由各系抽调了政治、业务基础好的青年骨干，通过可利用的各种方式加以培养。他们责任心强、业务扎实，在专业上不断进取。当时教研室内每晚总是座无虚席，人人埋头苦学。40 年过去了，这批人通过自己的不断勤奋努力，积累经验，已成长为我国核武器试验、研制核电站的技术骨干和有功人员，及激光、核安全等各行各业的专家并为国家作出了很好的成绩。留在北航的一批人也已成为动力、仿真、可靠性各个专业的技术骨干、教授、博士生导师，为国家航空航天领域培养着更多的新生力量。

重视基础教学：核动力系重视基础课，不仅对一般数学、物理、外语大量增加课时，而且还大量增加了技术基础课程。为确保教学质量，对基础课教师，系里总是要 “三顾茅庐”逐个登门聘请。当时尽管基础课教师负担都很重，但闻诗、程先安、熊振翔等诸名师都集中在 8 系。由于重视基础课，因此以后学生专业虽几经周折，但全适应自如。而且无论到哪个专业工作，都出现了一批拔尖人才。

由核动力系第一个毕业班 22 人情况看，李清池、陈延令已成为我国飞航导弹发动机及舰船武器研究所的副所长，王务远、宣照祥等四人都直接参加了我国第一颗原子弹、氢弹核心部件的研制及前十枚核弹的研制和试验工作，并获国家科技奖和发明奖，蔡章生在海军工程大学是核能方面的教授及博士点学科带头人，其他人也全在近远程导弹发动机、舰船方面做出了很好的成绩。

研究型国家重点院校在科研上要为国家充当科技尖兵：研究型国家重点院校要积极探索国际前沿科技，建立必要的研究点、研究所，开展先期研究，并及时向国家提出建设性发展意见。只有紧跟国际科技发展水平，才能受到国家重视与支持。在新专业建立上，要先重点培养研究生，开选修课，再开办专门化。本科生要基础好，适应面宽，专业方向要能适应科技发展。

结 语

几十年过去了，1991 年中苏友好关系恢复后，莫斯科航空学院发动机系 19 位专家重新访问北航发动机系，系主任 B.B. 雷巴克夫问及核动力系情况时，他笑着对我说：“看来我们是同一年搞这一专业，但我们随着发展，对专业做了调整，现在电推进专业发展得很好。”空间能源专家A.A库拉尼克教授也是1958年开始搞核推进专业的，在听说我们曾建立过这个专业时，关切地问人员是否失散、试验设备是否还有。当得知专业已完全“下马”，设备无存时，他惋惜地说：“太可惜了，太可惜了！我们已把27颗空间核能电源送上了太空，并用于‘火星号’飞船。”

1992年，北航发动机系主任及教授20人对莫斯科航院做了回访。在参观电推进、烧蚀等实验后，我深深感到在新的技术领域，我们又大大的落后了。但愿北航的年轻一代能像核动力专业年轻人一样，不畏艰险，再攀高峰。

北航第五研究室始末

□ 王锦生

1962年10月，北京航空学院第五研究室（无人驾驶控制设计研究室，简称五研）正式宣布成立，至1965年10月并入国防部第六研究院第213研究所为止，在短短的三年时间中，就像天空划过的一颗流星那样转瞬即逝。近五十年的时光过去了，现在还有多少人记得当年这段短暂的往事呢？曾经兴奋过、憧憬过、努力过的五研同仁们，现在如果还健在的话，也都垂垂老矣！伴随着北京航空学院一齐成长的北航人，说什么也不应该忘记过去这一段小小的历史插曲，因为这里寄寓着北航无人驾驶飞行器研制开发的始末缘由和它的前世今生。

事情需要从1958年“大跃进”说起：先不论这“大跃进”的历史功过，在当年的时代背景下，全国人民意气风发，工农业战线捷报频传，“超英赶美”的口号激励着广大群众“大干快上”，“鼓足干劲、力争上游、多快好省地建设社会主义”。北航的师生员工也激情澎湃干劲十足，响亮地提出：“大干100天要把三个型号送上天！”。就在当年的国庆前后，北航人果然说到做到，真的将凝聚着北航人的聪明才智和辛勤汗水的北航一号、二号和五号漂亮地送上了蓝天。向祖国人民献上了一份厚礼！这其中北航一号后被北京市委命名为北京一号，是一架约廿座的轻型旅客机（这架飞机曾陈列在北航校内的北京航空馆中）；北航二号是一枚高空探测火箭；北航五号是用苏制安-2型飞机为平台改制成的无人驾驶飞机。

注：本文原载《北航校报》2011年12月21日第834期。

说到“北航五号”这里要稍微多说几句：北航五号无人驾驶飞机就是在安 –2 飞机上加装了一套自行研制的自动驾驶系统、自动领航系统、遥测遥控系统和自动着陆系统，以及机载与地面手操纵并联（又可各自独立）的操控机制，无需飞行员上机，飞机完全实现了自动滑跑起飞、小航线飞行及自动进场着陆全程无人驾驶。这样的科研成果在当时苏联还没有，美国也没有，可以说是填补了空白、达到国际领先的水平。这是北航广大师生员工的光荣与骄傲，也是全国人民大力支援、军民密切协同的光辉业绩！

三个型号的初步成果，大大激励了北航人，不仅鼓舞了士气也增强了信心，要迈大步、攀高峰创造更大的辉煌。安 –2 型飞机实现无人驾驶之后，新的目标是考虑在更大一些飞机上实践无人驾驶，在各级领导的大力支持下，1959 年特地从空军部队调派了一架伊尔 –28 型现役飞机进行改装和试飞工作，这一次难度和工作量比起安 –2 飞机来要大多了。工作开展后三年多的时间里，自动起飞和“定常飞行”基本上实现了可以无人驾驶，只是在自动着陆上，由于自行研制的无线电小高度表的精度和稳定性还存在一些问题，着陆时“保持一米平飞”往往偏差较大。这成了研制工作中的瓶颈。

时间到了 1962 年，由于天灾人祸，全国的形势困难起来了，不得已研制工作被迫进入了休整状态。往日投入的大批人力纷纷撤回了原教学单位。为了保存一批科研骨干和避免中断已进行了三年的工作，经北航上级领导单位国防科工委特批，给北航增加 60 名教学以外的专职科研编制，成立北航第五研究室。任命原自控系（二系）副主任孟宪仲教授为五研主任，黄俊钦教授为五研副主任。研究室成员由二系各教研室的教师和教辅人员中选送，还调派了专职政工干部陈健同志任研究室党支部书记。当时调配的主要技术骨干有：郑振宜（兼研究室主任助理）、屠巴宁（从飞机系（一系）借调来）、胡哲彦、姜玉宪、严星文； 官汉增、郭文斌、初任、沈承钰、吴明玉； 翟光明（兼加工车间主任）、夏绍林、唐喜美； 孙德辉、赵翰升，李增华、李玲珠； 林德茂、余英杰、孙宝玉；周富大、关德珍、李国英；袁心成、汤克赢、曹戴忠、周泽宏、郭建邦、戴中立、蒋光周等四十余人。

此外在研究室编制中特地成立了一个加工车间，调集了一些技艺精湛的能工巧匠。如仪表维修师傅赵连义、机电维修师傅王均安、飞机维修师傅严思信、钳工师傅崔宝卫、车工师傅陈雪熊、铣工师傅郑砚池、工艺师张书香、高吉章等约十余人。加工车间虽小但五脏俱全，担负起研究室的自制设备的生产调试工作，体现了科研试制一条龙，领导、工人、教师三结合的方向，促进了研制工作的进程。加工车间在五号无人机研制中功不可没。直到研究室撤编后，加工车间乃划归二系，领导更名为二系加工间。

研究室成立后对前一段科研成果进行整理和总结，继续尚未完成的项目的后期工作，特别是集中力量对无线电小高度表进行攻关如重新调整设计方案、改进关键零部件同轴谐振腔的精度，进行外场伞塔试验及带飞试验等。虽然大家十分努力也做了大量的工作，但总的说来仍处在蛰伏、等待的状态之中。

随着国家形势的好转，机会终于来了：1963 年某一日，国防科委的领导干部到北航来，找到研究室的领导说：最近有一项保密任务，希望将北航老五号原样恢复起来，天上好比有一个大灯泡，让五号飞机绕着飞一圈就行（后来得知这是原子弹试爆时的空中采样工作）。按说这是求之不得的大好机会，虽然安 -2 型飞机已调还部队，但当年改装的全套自制设备都完好无损地保存在实验室中，稍加整理即可应用，何况这两年还做了不少改进的努力，但是，非常不幸，这项能让老五号起死回生的任务，被五研主任借口种种困难而回绝了，此事在“文革”中被揭露出来后让五研的同志们感到万分的惋惜！

随后不久，1964 年又一次机会来了。国防科委立项要研制高空高速靶机，并把研制这项任务的主设计单位设在北航。因为领导看重在北航保有一支研发无人驾驶技术的专业队伍，稍加补充便可担负起这项重任。高空高速靶机当年的代号称为“213”，于是学校领导便着手筹建“213（无人驾驶飞行器设计）研究所”，列为“国防部第六研究院”的部属院管单位，编制 400 人计划单列。213 所下属两个办公室（行政办公室和科技办公室）、四个研究室：一室为总体室；二室为结构室；三室为控制室；四室为无线电室。此外还设有保密资料室等。一室和二室的成员由飞机系选送，三室和四室的成员则是将五研人员一分为二分别组成；同时从哈军工、西军电又选调了60名应届毕业生补充其中。这样由学校副院长王敬明任所长的研究所便万事俱备，择吉开张了！也就是从这一刻起，北航第五研究室结束了她光荣而短暂的一生。

213的故事也是迭宕起伏的，它及它以后演化出来的"红航兵团"、"无人机所"及其两起两落。皆可大书特书一番，这已超出本文的范围不再赘述，不过矗立在校体育馆后面漂亮的无人机大楼以及从那里飞出的长航时无人机，现已装备了部队，又一代新面孔的北航人，承继着我院"北航五号"的光荣迈入了崭新的时代！

杂忆建校初期校园文化

□谢　础

1953年，我从青岛一中毕业，考入北京航空学院，分配在航空发动机设计专业就读，毕业后留校工作，至2004年退休。现就记忆所及，将建校最初十年内，我所经历的一些校园文化活动，杂忆如下。

佩戴标志性校徽

初入校门，整个校园是一片大工地。教学楼没有盖好，只能在工棚内上课，冬天的刺骨寒风，穿过缝隙，让写笔记的手生了冻疮。1953年北航首次大规模招生，从全国各地来的新同学有900多名，都住在刚交工的仅有的两座学生宿舍内，即学生一宿舍和二宿舍。三层砖木结构的宿舍楼，一间12平方米住8个人。我被分配在拐角稍大的一间，有15平方米，摆5张双层床，睡10个同学。食堂也在工棚，刮风下雨时，大师傅会把饭菜抬进宿舍走廊里打饭。连新年联欢舞会也在宿舍走廊里举办，大家欢歌笑语，共同迎接1954年的到来。

当时学校里还没建澡堂，每至周末，三三两两的北航学生，把换洗衣服藏在书包里，从西校门外的田间小道，步行到清华园去“蹭澡”。清华大学的门卫会问：你们找谁？我们就答：找××系××同学。然后直奔清华的学生澡堂，洗个免费的热水淋浴。同学确实有，是同届高中毕业考到清华的。这些生活上的不便，对于当时满腔报国热情的学子，并不在乎，但有一件事感觉不爽。那就是北航没有校徽！

建校初期北航校徽图案

注：原载《北航校报》2012年4月21日第843期。

解放初期，北京各高校都有自己的校徽，一般是长方形，横写校名，学生的校徽白底黑字，教职工为红底。看着同届高中毕业同学胸前别着“北京大学”、“清华大学”、“北京医学院”等字样的校徽，心里痒痒的，很羡慕。去别的学校找同学，门卫也会问：你是那个单位的？为什么北航没有校徽，校方解释是：北航是国防院校，要保密，不能随便向外人暴露身份。不过后来校方也考虑到，没有校徽也确实不方便，师生进自己校门也会被盘问，于是想搞个没有校名的标志性校徽，1953 年底向全校征集校徽设计图案。

我上中学时喜欢美术，高中毕业时也设计过毕业纪念章，就积极应征。我设计的图案，构图总体是圆形，直径 2.5 厘米，下方截去四分之一，有两只大雁剪影，叠加在闪电划过的大半圆上，喻义“在广阔的天空飞翔”。过了不久，校方负责老师找我说，你设计的图案已被选中，不过要做些改动。他说，另一位同学的投稿中，有激波形双翼的造型，看起来比大雁剪影更有力道，你可以据此修改，算你们共同合作的方案。

1954 年校徽制作完成，发给全校师生员工每人一枚，学生的是红底白翼，教职工是红底黄翼。我们把新校徽别在胸前，向老同学炫耀，很快全北京的高校都知道，佩戴这种校徽的，就是北航师生。

天安门国庆狂欢

入学之初，全体新生进行分系、分专业、分班。那时全校只有两个系，即飞机系、发动机系，4 个专业：飞机设计、飞机工艺、发动机设计、发动机工艺。每个专业设 5 至 10 个班不等，你在哪个专业、哪个班，由组织上分配。校方为每个 30 人左右的小班，指定了 4 名班干部，即班长、团支部书记、总干事和政治课代表，协助学校做好有关教学管理和思想政治工作。我担任班上的政治课代表。

全校组织文艺汇演，各班出节目。在班干部带领下，我们班决定编排集体诗歌朗诵。朗诵稿的内容，大家认为要表达出为祖国航空事业做贡献的期盼与决心。经集体讨论后，由我和另一名同学执笔，写出题为《飞吧，银燕！》的朗诵诗，参加演出后，获得了好评。

校园远眺（1957 年）

建国五周年的国庆节，我们班和全校同学一起，参加了天安门广场的群众游行和夜晚狂欢。当天凌晨5时，队伍就集合出发，经过3小时步行，到达东长安街的集结地点。又等了两个多钟头，上午11点左右，列队通过了天安门广场，遥望城楼上的党和国家领导人，大家欢呼雀跃，兴奋不已。随后队伍被带到西四附近的一所中学操场上休息，校内食堂送来了饭菜。

当天傍晚，我们又集体被带进天安门广场，这里每个学校都组成一个圈，立着写着校名的横幅，大家席地而坐，等候夜晚的到来。晚上7点左右，广场的高音喇叭开始播送乐曲，四周华灯齐放，大家纷纷跳起了集体舞。到了八九点钟，五彩缤纷的璀璨烟花从四面升起，照亮了广场的夜空。大家尽兴歌舞，至夜深才拖着疲惫的身子返回学校。

1956年1月，中共中央召开全国知识分子问题会议，毛泽东在会上讲话，号召全党努力学习科学知识，为迅速赶上世界科学先进水平而奋斗。随后，“向科学进军”的热潮席卷校园。

这一年5月，北航举行第一届科学讨论会，著名科学家钱学森应邀来校，在北体育馆为师生做题为《航空技术展望》的学术报告。我有幸去听讲。那时钱老刚回国不久，虽然年过不惑，但是看起来显得年轻，神采奕奕。他在报告中回顾了世界航空科学技术发展的历史，对流体力学、结构材料、喷气动力、新机研制等航空领域关键技术的现状与展望，作了深入浅出的介绍，内容丰富、语言生动，听完后大家热烈鼓掌。

同年，学校为了鼓励学生努力学习，决定实行优秀生制度，向品学兼优的学生颁发“优秀生奖章”。奖章分一级(金质)和二级(银质)两种。优秀生的候选者，要先由班级集体讨论，通过推荐，再上报校方审批。当时北航学生考试实行5分制，5分为优，4分为良，3分及格，2分及以下不及格。期末考试时，由学生在考场抽题先做准备，再去主考教师那里逐个面试。教师根据学生答辩情况，当场给分，写在学生的记分本上。一级奖章获得者，必须自入学以来每门课程期终考试成绩都是“优”。我虽然也被班上推荐为优秀生候选者，但由

五十年代学生在天安门广场演出反对美帝侵略古巴的活报剧

于入学几年来，有一次“理论力学”考试为“良”，最后于1957年获颁二级奖章。北航的优秀生奖章只评选了这一届，以后就停止了。

当校刊的摄影记者

一位同班同学从家里带来一架相机，给我拍了张照片，引起我很大兴趣。美术和摄影有共通之处，都属于艺术的形象思维，我从喜欢美术进而迷恋摄影。先是用积攒的零用钱买了架前苏联“爱好者”牌简易120型相机，后来哥哥从苏联回来，送我一台“基辅”牌135型相机，课余就到处拍摄，还从图书馆借来摄影方面的书，钻研学习。

大学三年级时候，北航校报《航院生活》招聘业余摄影记者，有人推荐我去，于是我成了校报的兼职记者。校报铅印每周出一期，4开4版或8版，我常根据编辑部意图拍些校内新闻图片。当时办报条件比较简陋，校报没有照相暗室，我就常去材料实验室借用他们的暗室冲洗胶卷、放大照片，实验室的老师都很支持。

有一天，编辑部的老师很兴奋地告诉我，经过努力争取，校报分配到一台德国进口的“禄来福来”牌相机，还配有闪光灯，可以供我使用。相机是双镜头反光的120型，20世纪50年代在国内可以算是最好的品牌了，据说新华社记者也在使用，我当然很高兴。

1958年，北航开展教学与设计生产相结合，研制飞行器。当年9月10日，我奉命跟随北航发射试飞队到吉林省白城子炮兵靶场，拍摄“北京二号”的发射试验。试飞队有几十人，由院长助理刁震川带队，都是火箭系的师生，还有医生、炊事员。

“北京二号”是北航师生自行设计、生产的高空探测火箭。试验区地处茫茫一片大草原，人迹罕见。我们自己动手在荒原上安营扎寨，搭建帐篷，挖掘安全壕沟，修半地下式的控制室，还搭建了一座20米高的垂直发射架。

火箭实物随后由学校装箱运来，有两种型号，一种是两级固体火箭，全长2.9米，起飞重量145公斤，最大飞行高度74公里；另一种是液体火箭加固体助推器，全长6.5米，起飞重量272公斤，最大飞行高度60公里。它们能携带10公斤有效载荷，进行高空气象或其他探测。运到发射场再开箱装配。

9月22日首发未带固体助推器的液体火箭试射成功。24日首枚两级固体火箭发射成功。随后几天，又陆续发射了3枚两级固体火箭和2枚固液组合火箭，均获成功，至10月3日发射任务圆满结束。这是我国自行研制并发射成功的第一支高空探测火箭，也是亚洲第一箭！

发射试验期间，武光院长带领苏联专家曾亲临现场视察。我用新配备的“禄来福来”相机，将这些历史性镜头，从准备工作到发射升空，一一拍摄。每次发射后，我还坐在摩托车后座，去草原上寻找刚落下的火箭残骸，把它们拍摄下来。整套发射的历史珍贵底片，由校档案室收藏。

最使我难忘的一次采访，是拍摄周恩来总理参观在国防部大楼举行的“北京航空学院十一献礼展览会”。1958年10月的一天，院长办公室主任何家沄找我说，周总理来参观我院展览会，快带上相机，照相去。

我跟着他坐武院长的车赶到会场，总理已经先到，由胡孝宣等展出负责人员陪同，开始参观了。有人向总理介绍：这位是北航的武光院长。总理点点头。这个展览会展示北航研制的五种飞行器，特别是取得“三个号上天”的科研成果，即“北京一号”轻型旅客机、“北京二号”高空探测火箭、“北京五号”无人驾驶飞机，周总理对展品和展牌说明看得很仔细，不时还问些情况。

当走到“北京一号”旅客机模型前时，总理对大家讲了一件事。他说，不久前在北京饭店参加活动，有位女同学走过来要邀请总理跳舞。总理问，你是哪个学校的？那位同学把头一扬，骄傲地说：“我是‘北京一号’的！”总理说，看她那个样子，好像“北京一号”上了天，人家就非要同她跳舞不可。总理讲这个例子，是告诫我们，有了成绩要保持谦虚谨慎。当参观到“北京二号”火箭实物时，总理饶有兴致地询问，火箭升空的高度是怎么测量的，还问苏联专家有什么评价。

周总理的参观持续了两个多小时，我一直跟随拍摄，抢拍到不少好镜头。《航院生活》随后发表了一整版图片报道。其中有一幅周总理与武院长并排观看展板的照片，总理微微抬着头，双手抱胸，目光专注，神态安详，较好地体现出周总理的亲民形象。后来这幅照片多次被校内展览和出版物选用。

这个展览会，朱德、彭德怀、陈毅、聂荣臻、刘伯承、叶剑英等元帅，黄克诚、陈赓、肖劲光、张爱萍、刘亚楼等军委和总部的领导，以及钱学森、郭永怀等著名科学家，都先后来参观过。

开展北航的对外报道

我毕业后留校工作，分配在航空发动机设计教研室当助教。1960 年 3 月，校党委机关要调我去当干事，系里不愿意放，教研室那时已安排要派我去哈尔滨 120 厂学习新机种试制。发动机系主任王绍曾找到主管人事的副院长马文反映。马文说，调动的事，常委会上已经定下来，考虑到他在学生时期当过北航学生会社会活动部部长，后来又担任校团委宣传部长，有社会工作经验，到党委工作比较合适，系里就不要留了。这次同时被选调的还有飞机系的教师方复之。

报到后，党委宣传部长张有瑛同我们谈话，说党委决定加强对外报道，调你们来宣传部就是做这项工作。他说，北航有不少工作走在全国前列，特别是目前正在开展的教学革命，在全国高校是第一家，教育部长杨秀峰说要发通报，很重视。北航的其他方面也有不少好人好事，像我们学生的刻苦精神，在北京高校里是有名的。宿舍熄了灯，还跑到路灯底下看书。但是我们总结经验不够，对外宣传也不够，你们以后要深入教学科研一线，挖掘好的典型，总结他们的经验，报道出去，可以扩大学校的影响，对招生也有好处。他还说，武光院长对这项工作很关心，你们可直接向他请示汇报。他要我们同中央和北京市各新闻单位加强联系。

方复之和我做了分工，由他重点联系《人民日报》等新闻单位，我重点联系《光明日报》等。当时正好党委机关工会部门分配到一辆自行车购买指标，决定把这张“购车证”给了我。那年月物资供应紧张，买消费品多要凭票。我到北太平庄自行车门市部，用 163 元买了辆“永久”牌自行车，花掉当时三个月的工资。我骑了这辆车，四处采访，奔走报社之间。《光明日报》聘我担任该报兼职记者（后改称特约记者），新华社聘我为特约通讯员。

1960 年 3 月，校党委决定在全校开展“教学革命”运动，武院长作了动员报告，要求对教学计划、教学大纲、教材内容、教学形式等各环节，发动群众进行改革。我写了《北京航空学院教学革命运动进展情况》、《北航教学革命继续大争大辩》，发表在《光明日报》内参。还写了《北航基础课土法上马革新一批教具》、《北航图书馆积极为教学服务》、《北航加强基础理论和基础技能训练》、《北航大闹教具革新》、《牛场开放革新花：北航学生在农村》等稿件，发表在《中国青年报》、《文汇报》、《光明日报》和《北京晚报》上。

我校航空模型运动一直开展得很好。1960 年 2 月，航模队在校领导支持下，成立活塞式模型直升机创纪录小组，向世界纪录冲击。他们先后制作了 12 架不同构形的模型直升机，进行飞行试验。5 月 18 日，我校运动员孙景桥操纵模型直升机做直线飞行距离创纪录飞行，飞行达 91.5 公里，打破了由苏联运动员鲍里索夫保持的该项航空模型 21.5 公里的世界纪录。

新华社播发了我写的《孙景桥创造模型直升机飞行距离世界纪录》消息及照片，被包括《人民日报》在内的全国几十家报纸刊登。我还为《光明日报》、《北京晚报》撰写了《北航学生攀登航模世界高峰》等通讯稿，较详细地介绍了北航航模队为国争光所做的不懈努力。

1960 年 5 月', 国家体委和共青团中央决定派北航赴八大城市进行航空模型表演与辅导，推动航模活动在青少年中的开展和普及。航模队在 52 天中，辗转上海、天津、武汉、南京、杭州、长沙、济南、郑州，进行了 38 场盛大飞行表演，举行了 28 次讲座，观众、听众达 24 万人，取得良好宣传和社会效果。新华社播发了我写的《北航航模队赴八大城市表演》消息及照片。《光明日报》、《北京晚报》还刊登了我写的《让航模运动遍地开花》等通讯。

1960 年 9 月，校方派我到北京电影学院摄影系进修，写的稿就少了。

在“上天社”管宣传工具

从电影学院进修回来后，1961 年 3 月，张有瑛找我谈话，说党委研究决定在宣传部下设立一个机构，起名“上天社”，统一管理校内宣传工具，主要是校刊《上天》报和广播站。经党委副书记程九珂同意，调你担任上天社总编辑，负责具体领导。

由于三年经济困难，物资匮乏，印刷校报用的纸张也断了来源，只好改出黑板报，报名由《航院生活》改为《上天》报。张有瑛说，虽然是黑板报，但它的性质仍是党委机关报，广播站也是党委的喉舌，宣传内容都要围绕贯彻校党委的中心工作。

《上天》报每周出版一期，主要内容每周要提交宣传部部务会议研究决定。黑板报出版地点选在警卫连驻地平房的后墙（今行政楼北侧），那里是宿舍、食堂通向教学区的要道，每当新的一期出版，都会吸引大批师生围观阅读。

1961 年 7 月，《高教六十条》以中央文件形式下达，全国贯彻执行。该条例提倡学生刻苦学习、埋头读书，要尊师爱生，《上天》报积极组织这方面的稿件。例加重点报道了“王德荣教授从事教学 30 年”的纪念活动，也大力宣传了聂荣臻元帅接见我校毕业生的谈话。

1962 年“五一”劳动节，国务院副总理兼国防科委主任聂荣臻在北京三座门国防部会议室，接见了我校自控专业和南开大学核物理专业各一个毕业班的同学，进行了亲切的座谈。聂总在讲话中反复强调要刻苦读书，勉励同学们努力钻研，毕业后为国防建设做出贡献。我跟随参加，在会场拍摄了照片和合影，聆听到聂总的教诲，并被他那和蔼可亲、平易近人的作风所感染。《上天》报作了重点报道，并把聂总关于刻苦读书的话，摘登在报头下方“语录”的位置，以示突出。

1962 年元旦，中共中央在人民大会堂举行宴会，款待在京高校和科研院所的高级知识分子，感谢他们在三年困难时期，与党同心同德，共渡难关。各单位党委书记也一同参加。宴会前，刘少奇等中央领导接见了其中 30 多名科学家，由国家科委副主任范长江一一引见。介绍到沈元时，范长江说：“这是北航的空气动力学家沈元。”少奇同志握住沈元的手，说：“很年轻啊。”回校后，党委书记王恒在党

上天

北京航空学院

关于增进学生健康实行劳逸結合的若干規定（草案）

六十年代的《上天》报

委扩大会上，介绍了接见的情况，《上天》报作了报道，党中央尊重知识、尊重人才，使广大师生深受鼓舞。

广播站负责每天播音，早、中、晚饭时间各一次，每次半小时。早晨转播中央人民广播电台的“新闻和报纸摘要”，中午和晚餐时间，播音内容主要是校内新闻，班级同学和老师来稿，也播送些音乐和歌曲。那时食堂、教室、操场、宿舍区都装有喇叭，到处都能听到广播。

有一个时期，为了振奋校园气氛，广播站在早晨6时和晚间10时，还播放起床号和熄灯号，悠扬的军号声在校园上空回荡。许多同学闻号集合，以班级为单位到操场或马路上跑步，响亮的口号声此起彼伏。

全校听报告也是广播站忙碌的时候。报告会的主会场设在工会俱乐部。主会场容纳不下的其他师生员工，则分散在各系楼教室中收听。1961年1月，党的八届九中全会提出“调整、巩固、充实、提高”的八字方针，贯彻劳逸结合。根据市委布置，北航开展了“形势教育”，周六下午是政治学习时间，也常听形势报告。

俱乐部里的报告声响，先传输到广播站，再由广播站转播到各个教室喇叭。有时广播站还要录音。每次报告前，我们都要组织试音，看几十个教室的声音是否清楚，报告中间还要巡查转播效果。这些工作，大部分都是上天社发动同学做的。

上天社吸收了上百名学生参加社会工作，分为《上天》报编辑组、采访组、出版组、美工组，广播站编辑组、播音组、机务组，还有上天社摄影组、幻灯组等。专职干部除我以外，还有2名职工。另外上天社还有孙跃中、奚锡兴等几名学生半脱产干部，分别负责《上天》报、广播站和机务组的工作。我还从无线电系聘请教师，担任机务组的技术顾问，协助排除故障，保证广播线路的畅通。

上天社的工作受到学校领导关怀和有关单位的支持。党委书记王恒是摄影爱好者，有一次去外地出差，在信托商店见到一台前苏联生产的“列宁格勒”牌相机，是留苏人员寄售的。按一下快门，可以连拍十几幅，很适合拍摄运动会等活动影像。他跟学校有关同志商量后，用1000元买了回来，跟我说，把这台相机放在上天社摄影组使用。我看该机说明书，除标准镜头外，还可以配套一个广角镜头和两个望远镜头，但国内买不到。王恒说，北航在苏联有一些购买仪器剩余的外汇卢布，让我找院长办公室托留苏人员代买。

我把 3 个镜头的规格写好，交给院长办公室秘书许爱媛。她写信告诉了当时在莫斯科航空学院进修即将回国的北航教师曹传钧，很快就买好带了回来。武光院长家里有一台 120 型相机，是镜头可以伸缩的那种，也拿给我，供上天社摄影组同学使用。武院长奉调赴新疆前，才还给他。

同学们通过社会工作，锻炼了实际工作能力，我们也创造些条件帮助他们提高认识。1962 年 5 月，我带领上天社和各系系报参与采编工作的 50 多名同学，去《解放军报》报社学习取经，受到热情接待。该报朱副总编辑和政宣处黎处长亲自做介绍，讲解稿件采访和编辑的经验，大家感到收获很大。1963 年 7 月，我从党委机关调出，参与筹建中国航空学会和编辑《航空知识》杂志，才离开了上天社。

组织星期演讲会

1961 年 8 月，在宣传部的一次部务会议上，代理宣传部长胡孝宣建议组织星期演讲会。他家住北大，见北大开展这项活动效果不错，认为我校也可以组织。大家赞同，责成我负责落实。会后我找工会、团委和学生会商量，决定星期演讲会由工会、团委、学生会和上天社联合主办，演讲会的宗旨是："开阔眼界，增长知识，励志修身，提高觉悟"，选题要广泛，以吸引大家兴趣。

演讲会定于每周日下午在工会俱乐部举行。讲题内容和主讲人，事先报宣传部审批。每次演讲会由四单位轮流主持，入场券按学生 70%、教工 30% 免费分发。演讲会海报和内容预告，通过《上天》报和广播站宣传。每次演讲后，由工会负责配合放映一场相关电影。当年 9 月 16 日，我主持了第一讲，请我校科技情报科副科长李嘉瑶主讲《U-2 型高空间谍飞机》。当时我人民空军连续击落窜入大陆的美蒋 U-2 侦察机，大家都很关心，这次讲座听众踊跃，反应热烈。

之后一年多时间里，举行了几十场星期演讲会。讲座内容多样，大体可以分为几个方面。一是励志和治学方面的，例如我曾同团委宣传部长陆桂芳一起步行（公交车尚未开通），去中关村中科院数学研究所，请到了著名科学家华罗庚介绍他的治学经验。华老来的那天，慕名听讲的师生挤满会场，过道和舞台两侧都站了人。华老讲了他自学成才的亲身经历，阐述读书要“从薄到厚，再从厚到薄”的体会，给大家很大启发，受到热烈欢迎。

二是增长见闻、扩展视野方面，例如请中央新闻纪录电影制片厂著名摄影师牟森，来校讲他1960年冒着风雪严寒，拍摄中国登山队首次从北坡征服珠穆朗玛峰的经过，以及1962年参与拍摄中印边境自卫反击战的见闻。还有请我国理论物理奠基人之一、北大副校长周培源教授，来讲他出国参加世界科学大会，同各国科学家广泛交流的体会。

三是文艺和历史方面，例如请著名小说家、剧作家老舍，讲他创作长篇小说《四世同堂》、《骆驼祥子》，剧本《茶馆》、《龙须沟》等的体会。他的作品善于描写底层市民的生活命运，“京味”十足，在现代文学史上独树一帜。

再如请著名翻译家和散文大师、《世界文学》杂志主编曹靖华，来校讲外国文学作品的阅读和欣赏。他翻译的《铁流》、《保卫察里津》、《第四十一》等前苏联小说，深受上世纪五六十年代中国读者喜爱。中国历史地理学奠基人之一、清华大学建筑系教授侯仁之，被请来讲《历史上的北京城》。

著名音乐家、总政歌舞团团长时乐蒙，来校介绍他的创作生涯。他写的歌曲《歌唱二郎山》、《小河淌水》等，旋律优美，具有浓郁民族风格，那时在青年同学中广为传唱。

我们还请来北京电影制片厂的著名导演、演员崔嵬，他讲了同陈怀皑合作导演《青春之歌》等故事片，以及他在影片《红旗谱》中扮演主角朱老忠的体会。朱老忠使他获颁1962年首届中国电影“百花奖”的最佳男演员。这些影片当时家喻户晓，听他讲座的非常踊跃。

四是航空科学普及方面，例如请沈元副院长讲1961年出访英国、参观范堡罗国际航展的见闻。请曾留学法国的王绍曾教授讲法国航空工业概况。还有请我校老师赵震炎讲宇宙飞行，何庆芝讲火箭与导弹，宁榥讲喷气技术，史超礼讲飞机的发展等。

五是革命传统教育方面，例如请中国革命军事博物馆的馆长，来校讲解放战争故事。请著名女作家杨沫讲她的成长经历，怎样从一名女学生投身革命，长期斗争生活的积累，促成她写出长篇小说《青春之歌》。这部红色经典小说1958年出版后风靡全国。另外，还曾请北京郊区农村的贫下中农来校讲家史等。

20世纪60年代初，文化部引进了一批香港拍摄的电影，在全国公映。那时老百姓看不到好莱坞大片，前苏联电影由于中苏分裂也不放映了，于是这批香港电影引起轰动。它们主要是文艺片，如描写香港底层市民遭遇的《可怜天下父母心》，反映香港住房困难的《危楼春晓》，关注失足青少年的《街童》，以及讲述流浪孤儿生活的《人海孤鸿》等，以亲情、悲情、苦情打动观众，赚足眼泪，影院中唏嘘一片。这也引起争议，有人批判它们宣扬“人性论”，模糊阶级意识，北京高校中也有反映。

1962年2月，在市委大楼举行了一次全市宣传干部报告会，请全国电影工作者协会书记处书记袁文殊讲香港电影问题。袁文殊介绍了香港电影的状况和这次引进的考虑背景，说这些由邵氏等公司拍摄的影片，涉及香港社会问题，批判为富不仁，反映民众诉求，有一定进步意义，对于它们的热映，做思想政治工作的同志不必紧张，可适当向群众做些解释。

我去听了报告，回校后在宣传部做了汇报。会上决定，将这个报告的精神向校内传达，但考虑到它是文艺问题不宜占用政治学习时间，而用星期演讲会来讲比较合适。按照宣传部意见，我在星期演讲会上做了《谈香港电影》的讲座，由团委书记吴葆朴主持，入场券只发给校内党团支部干部，会后放映了故事片《可怜天下父母心》。

话剧《茶花女》风波

1957年国际劳动节，北航修建的“工会俱乐部”在绿园西侧落成，内有可容纳千人的剧场，为校内文化活动开展提供了有利的舞台。

在此之前，戏剧大师梅兰芳1956年来校演出京剧《霸王别姬》，都只能在北体育馆临时搭台演出。

20世纪60年代初，工会俱乐部常有校外文艺社团来校演出，如访华的苏联国家大剧院交响乐团，曾来演出俄罗斯歌剧选曲和芭蕾舞曲，上百名演员的庞大阵容，俱乐部舞台要临时加宽才能容纳。北京人民艺术剧院来校演出过话剧，如《雷雨》、《日出》、《货郎与小姐》、《铿吝人》等。

中央戏剧学院1962级毕业班排练了话剧《茶花女》，对外毕业公演。《茶花女》是19世纪中叶法国作家小仲马的名作，描写社会底层女子受到的迫害，颂扬宽容与尊重，表达世间真情。1897年，前清翻译家林琴南将其译出刊印，一时洛阳纸贵。它是进入中国的第一部西方文艺作品。引进《天演论》、《原富》等西学经典启迪民智的清末思想家严复，对此曾有"可怜一卷茶花女，断尽支那荡子肠"之誉。

工会俱乐部拟邀请《茶花女》来校演出，向宣传部请示，并说明毕业公演票价比较便宜，为2角和3角，学生也看得起，而北京人艺等单位来工会俱乐部演出，票价是4角、6角、8角（或6角、8角、1元），一般只有教职工购票，宣传部同意了。于是《茶花女》在我校连演了五个晚上，观众达四五千人，许多同学观看。但是此剧上演后引起不少争论，有人上告党委，说这种"宣扬资产阶级恋爱至上、鼓吹腐朽生活方式"的东西，不应该拿到校内上演，更不能让这么多学生观看。

我校个别同学给中央戏剧学院主演《茶花女》的女同学写信，倾吐慕恋之情。该校反映到北京团市委，市委将信转回北航，要学校加强教育。有人主张在校内开展对《茶花女》的批判。宣传部研究认为，《茶花女》是世界名著，不宜用批判方式进行教育。上天社收到不少有关来稿，我建议在《上天》报上开辟"怎样看待《茶花女》"的专栏，宣传部同意以"问题讨论"的方式进行。随后《上天》报连续几期，刊登了有关《茶花女》观剧的正反意见。最后请党委宣传部副部长方复之写了篇"讨论总结"，发表在《上天》报上，他指出要用历史眼

北航业余话剧团演出《野火春风斗古城》

光看待西方过去的文艺作品，也告诫青年学子应把精力放到学业上。

南京部队前线话剧团1962年创作的话剧《霓虹灯下的哨兵》，以南京路上好八连事迹为基础，反映人民解放军拒腐防变的精神面貌，演出后红遍大江南北。我校工会话剧团也排练了这出话剧，由卢伍图任导演，不仅在俱乐部为师生演出，还在北京市内剧场售票公演。总政治部主任肖华上将、副总参谋长张爱萍上将、国防科委副主任钟赤兵中将等部队首长，也观看了我校演出的《霓虹灯下的哨兵》。

当时北京有六七个话剧团同时公演《霓虹灯下的哨兵》，只有我校不是专业剧团。我校参演的都是业务演员，例如在剧中饰演连长鲁大成、新战士童阿南，以及童阿南女友的演员肖汉祥、丁一心、杨念梅等，都是北航普通教师和干部。他（她）们全身心投入角色，演出态度一丝不勾，饰演的剧中人神情兼备，受到师生们广泛好评。

有一天，宣传部通知我去地安门附近的实验剧场，我校剧团在那里公演《霓虹灯下的哨兵》，说当晚周总理会来观剧，要我准备照相。我去了，不过那天晚上总理临时有事，没有来。

那几年，校内每个周末都放映电影，周六晚上在南操场放映的电影是免费的，全校教职工、家属和学生差不多都会去看，大家搬个板凳、马扎，在大银幕正反两面随便找个地方坐下，边乘凉边看电影，成为那时校园最受欢迎的娱乐。像《青春之歌》、《林则徐》、《洪湖赤卫队》等，大家都爱看。周日，工会俱乐部还会售票放映一些故事片，不过票价也便宜，通常5分或1角而已。

放映的影片，工会每月排个计划，报党委宣传部同意后，去电影发行公司租借。宣传部有时也会提些意见，例如为了提倡刻苦钻研的精神，张有瑛指示可多映一些人物传记片，像《李时珍》、《俄罗斯航空之父》等。那几年，工会和学生会还经常组织周末舞会，教职工在俱乐部两翼跳舞，学生舞会则在食堂举行。

1961年前后，北京市委为了配合“反修”学习，指示北京市电影发行公司开放一些前苏联和东欧国家的影片，供各单位借用，放映给干部看，意图是想让干部们了解“修正主义国家在意识形态上的堕落”。宣传部派我持党委介绍信，去电影发行公司联系借用过几次，借来的影片有前苏联的《一个人的遭遇》、《海之歌》、《青年一代》等。还有反映东欧国家现状的几辑《参考电影》，它通常是从波、匈等国电影中选取“有问题”的片段，如摇摆舞、性解放等镜头，组合成辑。

这些影片都在俱乐部放映给党团干部观看，实际上看过后也没有组织讨论批判。《一个人的遭遇》由获得诺贝尔文学奖的苏联作家肖洛霍夫同名小说改编，讲述一名士兵在战争中的悲惨命运，当时在国内被批判为“人性论”的代表作。根据宣传部指示，我曾写过一篇介绍《一个人的遭遇》拍摄背景和社会影响的稿件，放映该片前在剧场里广播了一遍。

编辑《建校十周年纪念册》

1962年9月，在宣传部一次部务会议上，张有瑛布置了编辑出版《建校十周年纪念册》的工作。他说，为了纪念建校十周年，学校决定出版一本纪念册，组织一个编辑委员会来领导。编委会人选，已同王大昌副院长研究确定，由王大昌、张有瑛、何家沄、许建钺、刁正邦、邵福堂、谢础七人组成，人选考虑到对于学校工作和教学科研比较熟悉。具体的组稿和编辑工作，交上天社负责。张有瑛还说，北京工业学院、北京矿业学院都出版过校庆纪念册，可以找来做参考。

这之后，王大昌主持召开了第一次编委会，讨论纪念册的编辑方案。会议决定纪念册采取图文并茂的方式，文稿和照片各占一半。文稿向校内广泛征集，内容以回顾建校历程和教育成果为主。照片除了从档案资料中选用外，还要组织拍摄。武光院长带头向纪念册供稿，除了总结学校十年经验的文章外，还写了一首诗。其他教师职工，像王德荣教授等也积极写稿。

稿件基本凑齐后，编委会在平房会议室集体审稿，文稿和照片都摊放在长条桌上，大家边看边讨论，能用的确定下来，不足的会后再增补。上天社的采访、编辑、摄影、美工各组的同学，都积极参与了纪念册的组稿、编辑、设计、装帧等工作。

1962年11月10日，国务院副总理聂荣臻、教育部长杨秀峰、人民解放军副总参谋长张爱萍等领导同志，来我校参加建校十周年纪

《建校十周年纪念册》

念活动，向师生们表示祝贺。

当天晚上在招待所餐厅，校方设宴招待来宾和校友。我进去拍摄照片，张爱萍上将招呼我说："来，来，坐下。喝点酒，不要只顾拍照嘛。"他让我坐在身旁，问我是不是教师，照相是专业的还是业余爱好。武院长介绍说，他是北航毕业生，以前当过教师，现在调宣传部当干事。张爱萍还亲切地问我结婚了没有，有没有孩子。他饶有兴致地看我用的什么相机，问闪光灯效果怎样，拍了些什么镜头。我说，照片洗出后寄给张总长看。

我知道张爱萍是摄影爱好者，见过他在《解放军》报发表的摄影作品。第二天，校庆活动照片洗好后，我选了三四张镜头里有张爱萍影像的寄给他。一周左右，收到张爱萍回信。信是用毛笔竖写在印有总参谋部台头的信纸上，说照片收到表示感谢，从新闻摄影的角度看拍得还不错，说自己虽然爱好摄影，但没有什么进步，愿向你们学习。我把信拿给宣传部同事看，张有瑛说，一位上将给萍水相逢的小干事亲笔回信，真不容易。

纪念册补充校庆活动内容和照片后，我联系在解放军 535 工厂（现 1201 厂）印制，那是家总政所属军内最好的印刷厂，《解放军画报》等军队书刊都在那里印刷。到年底，清样取回，编委会又组织集体审查。武光院长也参加了，他一幅幅照片看得很仔细，对排版字号大小都提了具体意见。1963 年初，《建校十周年纪念册》印制完成，向校内外发行。

北航本科教育中使我终生受益的几项措施

□ 陈孝戴

以口试为主要形式的期终考试

我 1953 年考入北航，当时每个学期大约有 7 ～ 9 门课，根据课程的重要性和特点，分成期终“考试”的课程和期终“考查”的课程两大类。“考试”的课程按“优、良、中、及格、不及格”五级评分。“考查”的课程按“通过、不通过”两级评分。

“考查”的课程，由任课教师根据学生完成作业的情况和在学习进程的表现给出分数，期终不再安排时间复习和考核。

“考试”的课程，一般每学期不超过 4 门，都安排在考期中进行口试。当时考期的比重相当大，一般是 16 ～ 18 周上课，3 ～ 4 周考期。18 ～ 24 天考 4 门课，每门考试的课都能够至少集中复习 4 ～ 6 天。口试的方法是：教师组按该课程教学大纲的要求，提出几十套学生在 2 小时左右能够做完的考题单。口试当天，学生分组（每组人数根据主考教师的人数）进入口试现场（进场顺序由学生自行协商），每人从考题单中随机抽取一张，然后自行进行准备，自己认为准备好了，就去找一个主考教师进行口试，主考教师围绕考题单与考生询问和讨论，认为能够判断考生掌握本课程的情况了（一般半小时左右），就停止考试，当场给分。

这种考试方法的主要好处是：

注：本文由陈孝戴教授于 2012 年 7 月应北航宣传部之约写成。

1. 使我对这门学习的主要课程，有一个充分的时间集中精力去“融会贯通”。平时的学习是一个“从薄到厚”的过程，最后必须把这些平时不断零碎积累起来的知识，通过自己的思维实践，“提纲挈领”“融会贯通”，组成一个体系清晰的“葡萄串”挂在自己的脑子里。所以，充分的考前复习，即是一个把“书本知识”内化为“自己认知”的过程，又是一个显著提高自己思维能力的过程。

2. 这几十套考题单其实就是本课程的试题库。集中笔试时，只能够从试题库中抽几道题来考，因此引导大家猜重点题。考前复习主要精力不是站在课程全局的高度“提纲挈领”“融会贯通”，而是针对猜的若干重点题，所以“捡了芝麻、丢了西瓜”。而口试是临时随机抽题，考题单涵盖了该课程教学大纲的所有教学要求。杜绝了猜题的可能性。

3. 在考前集中复习这一段时间里，有充分的时间找教师答疑、讨论，找同学答疑、讨论。在口试过程中，更需要向主考教师清晰、简明的表达阐述，进行讨论辩论。既是一个活跃思维的过程，又是一个提高表达能力的过程。

回想起来，期终考期真是自己在知识上、能力上都最有收获的“收获期”。

小班进行的讨论课、习题课、课程设计

当时的教学计划中，讨论课、习题课等以促进学生自主学习为主要目的的环节，占有相当大的比重。以“1953 年发动机设计专业 5 年制教学计划”为例，共设 37 门课程，课程总学时为 4703 学时，其中：讲课 2495 学时只占 53%；讨论课、习题课 1316 学时占 28%；配合讲课的实验 677 学时占 14.5%；跨课程应用讲课知识讲解具体问题的课程设计 4 个共 215 学时占 4.5%。

我们飞行器制造专业 1953 年共招进 10 个小班的新生，每个小班 30 人左右。讲课，尤其是一、二年级讲的基础性课程，都是按大班进行的。我们 10 个小班，前 5 个班组成前大班，后 5 个班组成后大班。而讨论课、习题课、实验课、课程设计都是按小班进行的。小

班课一个教师只面对30个左右的学生，给实现“学生主体、教师主导”的学生自主式学习提供了前提条件。这类小班课共同的特点是：学生不是被动地在等待讲课教师的灌输，而是在教师、其他同学的督促、启发、引导下，所以学生自己自然会积极思考，主动学习。在巩固、扩展、深化讲课知识的同时，还提高了思维能力、自学能力和交流表达能力。

以后的教学计划，课程门数不断增加，课程总学时数不断减少，而讲课学时减少不多，减少的主要是这些小班进行的学生自主学习环节。讲课学时在课程总学时中的比重，从我们那时的50%左右上升到现在的80%～90%。对知识的牢固掌握和思维能力的培养都是不利的。

以“顶岗工作”为主要要求的下厂实习

当时的五年制教学计划中，安排了三次共21周的下厂实习。占5年总教学周数210周的10%。对下厂实习的根本教学要求就是学生能够“顶岗工作”。

以我自己为例，二年级暑期第一次下厂实习，在沈阳112厂机械加工车间，跟一个立式铣床的师傅当徒工。当时我们每一个学生都固定跟一个师傅一台机床。我们的努力目标十分明确，就是争取能够尽快地“顶岗”。开始是主动帮师傅扫地、擦机床、做卫生，主动帮师傅往机床上搬零件、夹零件、取零件，帮师傅把零件送检验；然后铣简单外形时争取上手操作，有简单零件时争取独立操作；随后在师傅看着的情况下，尽力独立完成一般零件，直至师傅领回零件交给我加工操作；最后，做到了代表师傅去领回要加工的零件来自己加工。这中间必须积极主动、小心谨慎、高质量地做好第一步，才能够争取到第二步。这个过程对我了解工人师傅、了解一个零件的加工过程、了解生产车间的一般生产流程，都终生难忘。

三年级暑期第二次下厂实习，在南昌320厂钣金车间。这次是要争取“顶岗”钣金车间工艺室的工艺员。过程和第一次差不多，只是目标是工艺员了。

1958年9月22日，“北京一号”第一次在首都机场试飞成功后留影

四年级时因为明确毕业设计是自己动手制造“北京一号”，因此把第三次生产实习与毕业实习、毕业设计合并进行了。

“真刀真枪”的毕业设计

1958年2月学校作出部署，1958年飞机设计专业的应届毕业生，以设计出“北京一号”作为毕业设计。飞机制造专业的应届毕业生，以制造出“北京一号”作为毕业设计。

以我自己为例，当时明确分工，叫我负责“北京一号”钣金零件的制造。于是与有关的老师和同学一起，从1958年3月开始，到南昌320厂实地体察一架轻型飞机的钣金零件是如何制造出来的。回校后，从“北京一号”钣金零件的分类统计入手，对原来的飞机工艺实验室进行全面的生产改造。6月29号全校召开“‘北京一号’‘十一’上天誓师大会”，武光院长发出“苦战三个月，使飞机飞上天”的动员令。8月1号我校自建的试造工厂（八八一厂）举行开工典礼。我们钣金车间真是“逢山开路，遇水搭桥”，不断克服一个又一个的具体困难，完成了全部钣金零件的制造任务。9月22号，“北京一号”在首都机场第一次试飞成功。10月我们“飞机制造专业”的毕业生还与老师一起，根据这次“北京一号”制造的经验，编写了《“北京一号”工艺问题》一书，由国防工业出版社出版。

这种“真刀真枪”毕业设计学习的特点就是：“朝着目标干，带着问题学”。根据实现目标的需要，需要学什么就学什么，需要干什么就干什么。学到手没有？不是看考试通没有通过，而是看要干的事干没有干成。这种“能够根据任务的需要去学习，学的东西就能够在完成任务中用上”的经历和能力，才是终生受益的财富。

我们飞行器制造专业1958年的毕业生，除19人留校任教外，绝大多数都分配到172、132、122等国家主力的飞机主机制造厂工作，成为各自单位的骨干。北航毕业生广泛受到“基础扎实，动手能力强，上手快”的赞誉，我认为与母校以上这些措施有很大的关系。值此母校60大庆之际写出以上几点，一为略表对母校感恩之情，二也为供学弟学妹们考虑当前教学时作一点参考。

忆五六十年代的北航男排

□ 王朝宝 郑松宇 陈雨田

题记：谨以此文纪念建校六十周年，同时纪念北航男排成为全国排球甲级队的第一支学生军五十周年。

上个世纪五十年代末六十年代初，在我国排球运动中活跃着一支由大学生组成的男子排球队，这就是我国男子排球甲级联赛中第一支也是唯一的一支由大学生组成的北航男排，他们的骄人战绩和独特风格当时在国内外有相当的影响。

一场推波助澜的比赛

1959 年 9 月下旬，为庆祝建国十周年在我校东操场（现图书馆前广场）举行了两场规模空前的男女排球表演赛，首场由具有数名国手的北京女排迎战拥有当红电影《女兰五号》女主角扮演者曹其玮的全国女排劲旅上海队，这是当时国内最高水平的女排比赛，赛场四周被师生员工围得水泄不通，树上也站了人。但是广大师生员工更热切关心的是第二场男排比赛，由我校男排迎战当年全国男排冠军、拥有著名国手梅寿南、蔡翘的北京队。

1961 年 9 月，北航男排在北京体育馆的比赛馆 3 比 0 战胜缅甸国家队后合影

虽然这场比赛北航男排以 1 比 3 败北，但在师生员工的加油助威声中北航男排队员顽强拼搏，不但频频救出险球，而且也打出了高水平的快攻和强攻以及灵活多变的战术。面对强劲的对手，师生员工

注：本文由王朝宝等于 2012 年 7 月写成。

感受到自己代表队的实力与发展前途。

这场表演赛对我校男排的发展产生了深远影响。武光院长、马文副院长等院领导及时作出决定把男排作为像航模队一样的全校体育运动的重点项目。

正是从这场比赛开始，我校男排从北京高校冠军，进而成为北京市排球甲级队冠军，1962 年又跻身于全国排球甲级队行列，1963 年再进一步跨入全国排球甲级队 12 强，成为全国男排甲级队 12 强中第一支也是唯一的一支由大学生组成的业余队。

参加全国甲级联赛的回顾

经过三年困难时期后，1962 年全国排球甲级队联赛战幕重新拉开，由于一些行业球队下马，也由于北航男排战绩突出，经北京市体委推荐，国家体委球类司批准，由北航男排补缺。

1962 年，全国排球甲级联赛只排名次，没有升降级，北航男排由于初次参赛，虽战胜了福建男排，但无论技术、战术、体能等均落后于专业队。

1963 年的联赛，先是 5 月份分区赛，北航男排与北京队、上海队、广东队、八一队、辽宁队、江苏队、福建队、北京二队共九支队伍分在长春赛区。按甲级联赛规定，若要保住甲级队称号北航男排必须力争在长春赛区中进入前 6 名，然后与另一赛区前 6 名于当年 10 月在天津决赛排出全国甲级队 1 ~ 12 名。否则就要参加长春赛区后 3 名，与另一赛区后两名及当年度全国排球乙级队联赛的前 4 名共 9 个队争夺前 4 名的比赛，才能进入全国排球甲级队的 13 ~ 16 名，而后 5 名降为全国乙级队。显然在长春赛区进入前 6 名对北航男排来说是一个严峻考验。尽管 1962 年联赛结束后，北航男排队员们在完成繁重的学习任务的同时，利用业余时间在教练赵鉴老师指导下积极冬训，掌握排球运动的新技术，如垫球，发飘球，倒地滚翻救球等，为 1963 年联赛升降级做好准备。但当时在长春赛区的组织者、各队领队、教练、队员和媒体记者都认为北航男排是该赛区中实力最弱的一支球队。

在一片藐视中，北航男排充分利用文化素质高的优势，认真分析了本队与专业队之间的长短处。队员们认为北航男排是唯一的业余大学生队，没有任何包袱，而其他队都是代表一省、一市或全军的，压力颇大，尤其担心与我队比赛，生怕输给北航男排这个业余球队回省市无法交代。我队队员身材虽矮（平均身高要低 5 ~ 10 厘米），但灵活，应变能力强，头脑清醒，动作敏捷，队员之间团结。经过分析，全队上下信心倍增，决心更大了。

首场比赛对手是素有“东北虎”之称的辽宁队，场上核心是两名左撇子的二传手及刚由国家队归队担任主攻的大肖与大杨，在比赛中我队决定集中力量，加强发球威力，破坏对方一传，给二传手组织进攻造成困难，同时加强对两个左撇子二传手打二次球的拦网防范，打掉二传手的信心，使其全队失去核心。开赛不久，比赛场面与节奏完全由我队控制住。由于对方一传不到位，不好组织进攻，两个主攻发挥不了威力，而我队打出不少快球，交叉掩护，吊球及强攻扣球使辽宁队场上球员出现互相埋怨情绪。而我队队员个个精神抖擞，前后呼应，一派生机，辽宁队被打蒙了，比赛结束，北航男排以 3 比 1 获胜，爆出了长春赛区的第一个冷门。

尽管初战辽宁队获胜，但北航男排队员清醒地认识到后面几场比赛场场都不能轻视。因为辽宁队是强队，虽输给我队，但辽宁队后面比赛再胜 4 场的可能性要比北航男排再胜 3 场的可能性还大，因此必须一鼓作气地打下去。

第二场比赛对手是多次获得全国冠亚军的八一队，该队拥有代表中国刚参加 1962 年在苏联举行的第五届世界排球锦标赛的李策大、谢烈、韩云波等主力队员，该队不仅以高举高打战术为主，也有南派快攻多变的战术。由于赛会组织者认为这是一场八一队占有绝对优势的比赛，故被安排在长春体育馆的练习馆。因为该馆面积小，没有观众席（仅比篮球场地稍大一些）。来到比赛场地后，队员们立即注意到这个场地对我们太有利了，我们可以充分发挥强攻打手出界的拿手战术（1963 年排球比赛规则规定，拦网队员手的任何部位不得过网）。由于我队队员身高低于专业队队员，因此这一战术是北航男排的主要进攻战术之一。尽管八一队从队员作准备活动开始就可看出他们接受辽宁队经验教训，并且比赛开始后八一队以全部主力阵容出战。在比赛中，我队主、副攻手频频采用强攻打手出界战术，球飞出后即碰馆壁。迫使八一队拦网队员站位移向标志杆并尽力用手包住，以防我队打手出界。八一队这样改变的拦网战术又给我队攻手强攻转向扣球造成空挡，使我队常常扣出直接落地的三米线附近的漂亮球，这极大提高了我队士气，挫伤了八一队士气，以致我队愈战愈勇。而八一队越打越没信心，压力更大，我队干净利落地以 3 比 0 完胜八一队，在长春赛区爆出了更大的冷门。

两场对强队比赛的胜利，尤其是 3 比 0 胜了八一队，引起媒体关注，当时《体育报》、《长春日报》均做了报导，《北京晚报》在第四版还做了专场报道。

在以后的六场比赛中北航男排每场兢兢业业，又分别击败了拥有国家青年队主力戴廷斌（后曾任国家男排主教练）的福建队及北京二队，以 1 比 3 败给了拥有国家队主力张祖恩、冯正海、杨小方的实力雄厚的上海队，以 2 比 3 败给了我国南派劲旅广东队。在长春赛区，最终北航男排取得第五名成绩，从而为进入全国甲级队 12 强打下了基础。长春赛区赛后公布的技术统计中，北航男排在拦网成功率高的前六名选手中占有三名，在发球、扣球、一传、防守等专项技术统计中，北航男排队员也有进入前六名的。

接着，1963 年 10 月在天津进行了全国甲级队前 12 名的比赛。由于我队几名主力队员已进入高年级或行将毕业，学习压力大。同时当年暑期又有五名主力队员应召组成北京首届高校排球队参加全国第一届高校体育盛会，使得对天津的比赛备战仓促，体能也未恢复，但仍取得第 11 名的成绩，使北航男排载入了我国排球甲级联赛的史册，成为全国排球体育运动项目比赛中唯一的一支进入 12 强的学生业余队。

1962 年 10 月，北航男排首次参加全国排球甲级队赛赴长沙赛区前合影

1964 年虽也参加了全国甲级联赛，但由于主力队员中毕业的陆续分配，而低年级队员尚未成熟，加之国家体委给北航男排有出访任务，因此比赛只是保住了全国甲级队的称号。1966 年北航男排下一

代以李树臣、张延生、顾克林、薛民主、孙中华、朱章英、张文等新队员逐渐成长，北航男排于 1966 年 5 月由校政治部主任岳全瑜领队，李俊刚为副领队，赵鉴为教练再一次在南京赛区参加了全国甲级联赛，由于赛期中北京点燃了文革而草草收场。

国际比赛的洗礼

北航男排的战绩，引起国家体委的高度重视，六十年代国家体委多次委派北航男排迎战来访的友好国家队，有缅甸国家队、柬埔寨国家队、柬埔寨银行队、阿尔巴尼亚队。

这四场国际比赛，除了 1967 年 9 月对阿尔巴尼亚国家队以 2 比 3 败北外（当时以祝嘉铭、李宗镛、袁伟民、邓若曾为主的国家队以 3 比 2 胜，北京队以 1 比 3 败，八一队以 0 比 3 败）。另三场国际比赛北航男排均以 3 比 0 获胜，不仅出色地完成了国家体委的任务，而且扩大了北航在国际上的影响。

为我国排球事业的发展做贡献

1965 年 3 月，北航男排主攻手刘向翊奉令借调北京队，随后代表北京队出访日本。他的 4 号位平拉开扣球技术是日本排球界重点研究的技术之一，其扣球速度之快，直到现在仍是在世界排坛上屈指可数。同年作为北京队主攻手为北京队获得第二届全运会冠军做出了贡献。随后刘向翊队员又奉令借调至国家队，随贺龙元帅参加了第一届新兴力量运动会及第六届世界排球锦标赛。1986 年刘向翊同志出任民主德国女排教练，使该队从世界第八名上升到第 4 名，他本人获得民主德国排协授予的金质荣誉章。

1974 年 7 月国家体委临时组建国家女排陪练队，这是我国女排第一支陪练队，北航男排队员中的郑松宇、王朝宝奉调与排坛名将马立克共同组建了这支陪练队。

在排球理论研究上，早在 20 世纪六十年代初，当飘球技术刚传入中国时，我校第一批男排队员宋兆泓老师就与时任北京队教练李宗权一起利用空气动力学中的卡门原理阐述了飘球理论。1982 年北航男排队员郑松宇、王朝宝又与李宗权合作探讨计算机应用于排球训练

1967 年 9 月 18 日，在北航南操场与阿尔巴尼亚男子排球队比赛

与比赛的理论和实践问题，并写出了《计算机应用排球训练》的论文。

回顾过去，经验可鉴

回顾北航男排在20世纪五六十年代的历程和成绩，可归纳为以下三条基本经验。

首先是领导的重视，得力的支持，严格的要求。五十年代末，以武光院长为首的北航领导对北航男排的发展是极其重视与关心的，在北航男排成长的几个关键时刻都作出了果断正确的决策，马文与张仲禹副院长，王绍曾教务长经常深入队里或训练场，及时了解和解决队员学习、训练、身体、伙食等出现的问题，领导的重视与支持还表现在对队员的严格要求上，自1957至1959年北京什刹海业余体校排球班有二三十名高中毕业生报考北航，院领导坚持以北航录取标准录取，高考成绩不予照顾，这样从中仅录取了4名，在未录取的同学中有的排球技术水平相当高，其中有2人后来被选入国家队，很多去了北京队。由于严格执行录取标准，保证了队员各方面的质量。北航男排后来参加全国排球甲级队联赛后，院、系教务部门对每一队员做出了具体安排，为保整教学质量，队员可以缓考，但不准免考或降低考试标准，维护了北航的教学质量。

其次，与全院广大师生员工的热爱与支持分不开。那时北航师生员工对北航男排的一举一动都十分关心，在学习上、训练上、生活上提供方便与保障，同学们和队员们朝夕相处，在遇有比赛和外出训练时许多同学主动为队员寄送课堂笔记。而五十年代末六十年代初正是我国高校学生负担最重的时期，在那样繁重的学习压力下，北航男排队员们的学习成绩都比较好，当然为此队员们也付出了艰苦的努力。

北航男排推动了全院师生员工的排球活动，广大师生员工不仅在比赛时为他们加油助威，而且即使是每天课后男排训练时，场地也往往被师生员工们围满了。那时他们的排球欣赏水平相当高，还为男排出谋划策，有的师生员工自费为队员买冷饮和慷慨解囊买夜宵之事屡见不鲜。

第三，北航男排成绩的取得是与领队冯志新，原体育教研室主任邓启荣，教练赵鉴的辛勤耕耘分不开；也与五十年代建校后的第一批北航男排队员宋兆泓、李俊刚同志的积极参与帮助分不开；也与北航男排队员互相团结，艰苦奋斗，顽强拼搏分不开。

弹指间，五十年过去了。当我们这些年过七旬的老队员回首时，我们为过去的成绩而感到欣慰。值此校庆六十周年及北航男排参加全国排球甲级联赛五十周年之际，我们殷切希望新一代的北航男排发扬老男排传统努力打出北航的特色。尽管我们毕业已近半个世纪，但我们对母校的学生排球活动仍是十分关心的，我们欣喜地看到自 1977 年恢复高考之后，历届校领导和体育部主要领导仍十分关注和支持北航学生排球运动，使北航一直成为排球重点院校，并且男女排球队都取得了很好的成绩。尤其是 20 世纪七十年代由北京男女排球队调入北航的陈述先、王玉凤两位同志在承前启后传承老男排的精神方面起到了很大的作用，为北航男女排在新形势下继续发展打下了牢固基础。2004 年，北航男排又一次入围全国排球甲 A 职业联赛，再次为北航争得荣誉。

我们希望并预祝北航学生排球运动继续蓬勃发展取得更辉煌的成绩。

北航小故事

□ 申功勋

相信每个人的一生都会有很多很多的小故事，如果把这些印象深刻的小故事串起来，也许就是你的人生轨迹，至少也是你人生一个重要组成部分！

我是1953年北航第一届正式招考进来的学生，在北航学习、工作、生活也将接近60个年头了，既然一生大部分生活在北航，当然会有各种各样的“北航小故事”发生，不管是愉悦的，还是遗憾的，甚至辛酸的回忆，都是自己亲身经历的故事！

1953年我从上海刚来北航时，见到的北航还是一个建筑工地，到处都是坟堆和挖出来的破棺材、碎骨头，厕所还是北方农村常见的蹲坑。早上漱洗都要排着队去接手动压水机压出来的冰凉井水洗脸、漱牙，买点生活、学习用品，有时还需走到新街口，才能见到31路公共汽车站。当时学校是用铁丝网围起来当围墙的，有次我们上海来北航的几个同学去城里，回来时，因都不会辨别东南西北方向，走啊走，走累了，一看前面远处有铁丝网围着，心想终于找到北航了，高兴极了，但等走近后一问，却是人民大学，原来人民大学那时也是用铁丝网围的！上课是在工棚里，长条原木板当课桌，长条原木板当凳子，冬天课堂四面透风，冷得不好记笔记，食堂是设在当时仅有两幢筒子楼的过道里。周末，团委还在过道里举办舞会，你可以从筒子楼的这一头，碰碰撞撞地舞到那一头，真是很浪漫！

昔日柏彦庄 白雪盖荒野——这就是今天的校址

注：本文由申功勋教授于2012年5月应北航宣传部之约写成。

那时的北航，物质条件那么差，生活环境又那么艰苦，但为什么，我们不但不抱怨，而且人人都非常热爱她，为她而自豪?

因为我们来到北航，人人都明白，正在建设的北航是我们国家第一所航空高等学府，在这所学院里要把我们培养成为新中国航空工业的建设者，为我国的空军服务，造出世界上最好的飞机来，加固我们的国防，保卫我们的祖国!

另外，回想当时的北航，我们从老师的身上，还真是看不出有什么功利主义，他们是那么真诚地传授给我们扎实的基础知识和先进的航空技术。北航的党政，首先教育我们的是爱国；北航整个学习环境和气氛，吸引和引导我们走进科学的王国；北航研制的型号和实习工厂，让我们知道和体验到工程实践和集体成果……这一切都围绕着一个主题：要培养我们成为“为了祖国和国防的强大，贡献自己的一切！”

回想起当时，我们学生也很单纯，还提不到个人利益的追求，我们心目中寻求的目标是：

满怀着建设新中国的大志向及科学报国的志愿；

激励着自己发扬自主、自力、自强、创新进取的精神；

努力履行和实施刻苦钻研、坚忍不拔为国防奋斗、贡献的精神。

正因为我们的命运与北航息息相关，北航发展中的目标，因为是共同的，所以把我们北航的领导、教师、工作人员都紧紧地捆绑在一起，所以我们不是旁观者，我们的使命是与北航的发展相一致的，我们不是被培养，我们是北航自觉的主人!

运动场上的领导

那时学生普遍重视体育锻炼，一到下午课后就会往东操场跑，那时的东操场就是现今图书馆前的广场，你可以看到在东操场的西南角，经常会出现一位干部模样的人。看你在长跑，经过他的时候，他会给你说上几句或提点建议，看来他也是一位体育爱好者。由于没有架子，和学生们相处都很熟，后来一打听，原来就是我们北航刚成立时上级委任的杨待甫代院长。有一次我跳高，那时的跳高架子，中间是用绳子，两端是扎二块砖头当标杆的，简陋的很，有次我没跳过去，被绳子一拌，旁边的铁架子倒下来正好砸在我头顶上，血流不止，我护着头，正好被杨待甫代院长看见了，叫了旁边一位同学送我到医务室去了，当时我不知为什么觉得心里挺暖呼呼的。

我在上海上中学时，就练过拳击，后来实行劳卫制时，还很提倡这项运动，来北航后，我们就组织成立北航拳击队，因为我练过，就当了队长。有一次我们搭了个拳击台，进行比赛，当时我在一次比赛时，一拳把对方鼻子击中，流了血，这在拳击比赛中是经常的事，可是休息时，听到台下有人叫我，我下去一看是当时我们系的总支书记邵群，见到我就说：申功勋，你是党员，你怎么把人打出血呢？我当时真不知如何回答才好，但还是感到很亲切，觉得党总支书记能到运动场来看我们比赛！可是，没多久，此项能培养年轻人勇敢、坚毅、灵活的体育运动从劳卫制中被取消了，很遗憾！

当时我们北航最早有个露天游泳池，听说是援助蒙古人民共和国的建筑工人修的，比较正规，我们经常去游泳。有一次我正准备进入游泳池，看到旁边站着我们当时的院长沈元，他招呼我，要跟我聊聊。沈元——这名字，我们都知道，是我国空气动力学界的权威，当时也是中国航空学会理事长，后来也曾被誉为“航空霸主”，我只是一个小助教，一个自动控制专业委员会小秘书而已！聊什么呢？原来沈院长当时特别关心自动控制的发展，想听听我的看法，于是我们就围着游泳池四周绕了两圈。这次谈话真使我有点受宠若惊和终生难忘，我只记得当时我反映了自己一点看法：认为对飞机整体来说不仅飞行器本体设计重要，发动机重要，飞行器自动控制也应该是十分重要的，不能有了飞机、发动机后，再去设想如何加装自动控制，这三者，对飞机性能都具有同等重要地位和影响。虽然当时只是一种感觉，说不完善，但却正好是现代飞行器设计要求三者一体化的概念，我觉得当时一位领导、权威、师长能主动向一位小人物听取看法，在我一生中都是件特别重大，特别深刻的事情，后来我曾经在纪念沈元院长的文集中，还特地记叙过这件事。

老师的小故事

1955年，在中苏签订122项援助项目中，其中一项是援助北航成立“航空军械装置”专业。为此，学校当时从全校各专业选拔了30名左右学生进入新专业，归在三系自动控制系中，授课的老师主要是莫斯科航空学院同专业的教授，并且在国内还选送了一批研究生听课兼助教；还有一些专业课由我国著名的弹道学专家赵震炎教授（任教研室主任）和从航空部调来的瞄准具专家王裕齐教授担任；实验室拥有美国、苏联、德国、日本各种类型的军械装置，由国防工厂调来的军械车间主任和从部队转来的从事特种设备的军人担任建设和维修。当时专业建设的环境充满着为国防献身和为党和新中国学习的爱国热情和气氛，这就是我国当时成立第一个航空军械装置专业的情景。

由于我们当时的特殊环境，教师和学生的关系特别亲近，除了上课外，课余我们经常会聚集在一起，真可说是亲密无间，由此，我们学生也了解到我们几位老师的许多小故事。

第一位是拉宾洛维奇，一位学者型的苏联专家，教授我们射击装置，他的讲课，深入、透彻，不仅理论扎实而且具有丰富的实践经验。原来苏联卫国战争时，拉宾洛维奇参了军，操纵过多种多样的武器装备，故有丰富的实践经验，胜利后上了大学，加强了理论基础，在他完成了学业后，他的姐姐才开始上大学，原来卫国战争期间，父母都去世，姐弟二人相依为命，互相支持，都达到了高学历，成为专家，此种经历与我们中国极为相似，因此听到以后感到特别亲切和感动。

第二位是赵震炎，他为我们开设弹道学课程，也是我们的教研室主任，弹道学是门数学基础极强的课程，但赵震炎老师讲得非常生动深刻，理论阐述得严谨、清晰、逻辑性特强，因此学生们听得印象也深刻，全班都特别敬佩赵老师的知识渊博和功底深厚，后来逐渐了解到，赵老师那时上学，教师规定习题集中，课余一般只要选做几道即可完成作业，但赵老师竟把习题集中所有题目都做了，所以功底极深厚，在讲授课程中大家都能感受得到这种功底的扎实其实是靠勤奋所获得的！赵老师的这种学习态度，对我们全班影响都很大。

在课间赵震炎教授（中）给同学答疑

我们学生还从侧面了解到清华大学在新中国成立前有三杰，何柞庥、樊恭烋、赵震炎三位，三人的外号，也叫三宝，即大宝、二宝、三宝，不仅业务上是清华的尖子，而且都是地下党员，但他们之间当时互相都不知道，有次樊恭烋（北航当时教务长，后去北京工业大学任校长）谈起，他有次偶然翻动何柞庥的枕头，看到一本《新民主主义论》，才得知何是地下党员，当时我们同学都很敬佩他，为什么那时的党员学习也那么好？真是我们学习的榜样。

有一次，赵震炎老师在实验室里指着一台美制轰炸瞄准具（极其精密复杂的光学瞄准具）告诉我们，这是重庆解放前夕，国民党要撤离时，一位任职于国民党空军的中共地下党员，冒着生命危险进入机场，把这台飞机上最珍贵的设备拆卸了下来，转给我们解放军。后来转到我们实验室里来，所以对此我们特别珍惜它，学得也最认真，可是1958年后，赫鲁晓夫宣称：轰炸机没有用了，要进博物馆，将来都采用导弹了。这无疑是宣判航空军械的死刑，于是我们辛勤建设起来的军械专业宣布下马了，一些大型设备都调往外地兵器部所属学校，其他都由后勤物资部门当做废品处理了。有一次我出差回来看到实验室都撤空了，我突然想起，那台地下党员冒着生命危险保留下来的轰炸瞄准具现在哪儿呢？我跑到后勤部综合物资处，找遍了各个架子，都没看见，心里真不是滋味，后来我参观航空博物馆，还建议他们去查一查，如能找到，这是一台具有多么重要意义和历史价值的文物啊！

同学间的小故事

五十年代来北航的同学，大部分家庭都比较贫困，特别是四川、广东地区的学生，有的根本没有棉衣棉裤，行李有的只拿了条凉席。一般同学，每月交上12.5元伙食费后，就没有富裕的钱了，有的同学连伙食费也都只能申请补助，一到冬天就能看出有的同学的衣着很单薄，老缩着身子抵御着北京的寒冬。

2008年，我们班毕业五十周年，在北航组织了一次同学聚会，因为有的五十年没见面了，大家都很高兴，会场里充满欢声笑语，突然会场外面的过道里，竟传出了阵阵哭声，我很奇怪，走过去一看，见围着一堆人，其中有位现已是中将军衔，当时是我们班总干事的刘先煜同学，正泪流满面地向大家叙述着过去发生的一件事：从四川来的刘先煜，因家庭经济困难，冬天连棉衣都没有，整天缩着身子抗着寒风。他说有一天回宿舍，看到他睡的双层床上铺上整整齐齐叠放着一套崭新的厚绒衣绒裤，他立即意识到，这是哪位同学有意在帮助他、关心他，但问了半天也问不出是谁买了给他的。他说他当时只能是默默地收下了，但问了半天也问不出是谁买了给他的，衣服穿在身上觉得是暖和和的，而心里更是热乎乎的！后来经过很长一段时间，才打听到这是当时担任支部书记的朱开轩同志（后任我国教委主任、中共中央候补委员）买的。这件事班上很多同学都不知道，听了都很感动，虽说同学五年，那个年代有着各种各样政治运动、产生了一些不应有的消极因素，但通过这件事，不是从另一面也能透射出同窗之间，仍存在着那种真诚、关切、亲情的更积极的因素吗?

新教师成长的故事

我们是北航第一批正式招收的学生，是国家利用各个方面的师资来源对我们进行精心培养的，那么作为新中国成立后的第一代航空新师资是如何自己进行培养和成长的呢？现在回忆当时所亲身的一段经历，觉得还挺有值得思考的价值呢！

1958 年我们班正值毕业阶段，全国开展大跃进。我校进行十个型号研制。我们班都参加到各个型号中来，由于整天因忙于工作，宿舍里的同学白天互相见不到，只有晚上十一点大楼里有加班晚餐，方能见到。有次我们班周伯生见到我，告诉我：“申功勋，今天我还能见到你真幸运，差点见不到你了”，原来他参加了“北航二号”火箭研制，那天他去点火，但点火后看到火箭升空后又转过来往他所在的方向飞过来，他赶紧加快步伐避开，当时我们听了捧腹大笑，根本没重视和不在乎这里有什么危险存在！后来二号成功了，但可惜没有继续下去，听说那时日本也在搞“一支笔”的火箭，开始还没有我们先进，后来搞成了，又加上二级、三级，成为正规的型号了。那时也有人提出疑问：学生搞型号会不会影响教学质量？后来，从我们班航空军械装置专业毕业的 30 位同学中进行了调查，其中相当部分人员都后来任航空工厂的总工程师，军械装备总设计师，总工艺师等，为我国航空设备的发展做出过重要贡献，也有担任教委主任等职，在高等学校工作的也都是教授级。说明这种实践锻炼还是很有价值的。

1959 年，当时航空部 320 厂正在试制我国第一架强击机——强五飞机。我因毕业后留在教研室当助教，由瞄准具专家王裕齐教授及我们几位刚毕业的青年教师就已开始带领着下一年级 59 年毕业班学生去 320 厂参加强五飞机的军械设计，包括瞄准具、射击装置和轰炸装置，虽然后来听说当时我们参与的设计都经过了大的修改，但当时刚毕业的我们能真刀真枪充当工程师的助手直接参与国防重大项目的设计，这对我们年轻教师的培养和锻炼都是具有极其深远的意义。

1959 年，我正在 320 厂参与“强五”飞机军械装置设计时，学校发来电报，要我速回，去“中国人民解放军空军学院”报到，因当时 1958 年我校各个型号开展时，了解到飞行器型号设计必须与飞机作为空军作战武器应用的要求相结合，也即飞机拟定的战术技术性能必须适应空军空中作战的战术需要相一致。我与五系的另一位教师一起，在空军学院与空军中、高级干部学习、生活在一起的一段时期，无论对我的思想作风和业务的提高都起到了极其重要的影响。

1960 年，空战中美国响尾蛇红外制导导弹猖狂一时，但逐步了解其性能特点后，不断被我空军击落，当时国防部抽调了北航一批青年教师去国防部，对美国响尾蛇红外制导导弹进行分析和还原设计。我清楚地记得，当时受国防部长彭德怀将军和陈赓将军接见时的情景。彭德怀同志说：“我们选拔空军飞行员比选驸马还难，现在响尾蛇导弹对我们飞行员极大的威胁，我们一定要搞清楚，拿下它！”语调激动，坚定，铿锵有声。当时参加分析工作的有很多人，我被分配在光学制导系统中的关键器件——调制盘的还原设计。后在上海光学仪器厂进行调制盘图案的绘制、照相和缩小，最后不仅实现了它的机理，并提供了实物。记得在国防部看到来了一批苏联专家，把响尾蛇导弹拿走了，听说他们参考了这种导弹后，也研制成一种新的红外导弹系统，其调制盘已改的非常简单，但后来对我们却保密。对此触动很大，但又感到他们的基础要比我们好，用现在的话来说，他们不仅能仿制，而且有创新。

此期间又发生了一件事，据说毛主席从外地乘飞机回北京途中，有一飞行器在毛主席乘的飞机上空飞行，当时周恩来总理立即指示派空军战斗机夹在中间进行保护，后来得知，飞在20000公尺上空的飞机是侵犯我国领空的美国U–2侦察机。为此，空军立即抽调了一批技术人员在空军工程部研究如何击落U–2飞机的方案，讨论结果是采用飞机按投原子弹倒飞的方法：利用垂直上升阶段，进行火炮或火箭射击，结果真的把U–2飞机击落了下来，此项战果大大鼓舞了参加工作的科技人员。由于U–2飞机残骸中有天文跟星装置，为此，1960年在北航成立了天文、红外专业，目的就是要发展我国的天文导航和红外制导，并开始招收学生。为了能按全校正常教学周期安排教学，要求在三个月内开设出该专业的六门课程，还建立起光学车间和开设了实验课程。当时正值我国三年自然灾害时期，有的教师腿部都有水肿，但还坚持上课，毫无怨言，现在回想起来真是不可思议的事情，或许现在还会有人说：三个月开设出几门课程，这是不科学的，这里也不想下结论，但从培养出的“成品”——毕业生水平来看，据知有不少曾是国内有关光学工厂，科研部门的总师，也有目前已是十分著名的专家、学者。对于那个时代的献身与激进，应该如何评价，是全部否定还是有一些可取之处，值得总结。

专业上马不久，又因困难形势而下马，即所谓调整，撤销了红外专业，成立了国内第一个正式的天文导航专业，但不久又并入由钱学森同志建议成立的“陀螺惯导研究室”，我们作为与惯性导航组合的辅助导航——天文导航研究组，开始进行了第一项天文导航项目的研制。

当时国外应用非常广的是美国B–52轰炸机上的MD–1天文罗盘，我们仅从国外展览会上的一份展品介绍中，看到了一张图片和列出的性能表就开始着手研制起来（直到后来1965年在IEEE一份天文导航专刊上，才见到较详细的资料，我们进行了翻译，并由国防工业出版社出版），MD-1 天文罗盘的光学系统是一组非常复杂的组合式光学系统，当时没有现代数字计算机，仅有一台手摇计算器按光学三角追迹法，一根线一根线的设计计算。系统采用的是国产光电倍增管，调制盘也是自行设计、制造和装配的，所完成的这台称之为 TW-1 型天文罗盘所做的实验，白天跟踪太阳，夜间跟踪星体，对照美国 MD-1 天文罗盘的性能，白天跟太阳性能相同，而夜间竟比美国 MD-1 性能还高一等，跟上了三等星。当时大家真是喜出望外，竟用薄被包着 TW-1 型天文罗盘去航天部五院总部问他们要不要用？更有意思的是，当时的经费是航空部机载设备局支持和拨给我们的，我们使用非常节约，到年底我们还未用完，还将剩余的经费又退给航空部，认为这是国家的钱，不能浪费，对比现在，真有点不可思议。而且我们自制的这台国内第一台天文罗盘，其中一些结构，都有重要的设计参考价值，每当想起当时研制情景，颇多感触。

大约 1964 年，汉中 101 厂，也是我们航空天文导航专业工厂，要为轰五、轰六配套装备原苏联 ДК-ДБ 太阳罗盘，这是白天跟踪太阳定出真航向角，晚上能用目视镜观测星体估算真航向角，我国很多老飞行员在苏联培训时都使用过这种罗盘；由于我们研制组已有研制基础，且有一样品，101 厂派厂长、总师、工艺师及设计员，工人等七人来我单位与我们共同测绘、仿制，用了一年多时间回厂进行了生产，并做出了产品，装备了轰五、轰六轰炸机以及周恩来总理的座机伊尔 -18 上；这是我国第一台真正用于飞行器上的天文设备。

1967 年我们还为 09 工程（核潜艇）研制成功了 TW-3 型白天星体跟踪器，能在白天晴朗天空背景下自动跟踪二等星。鉴定会那天，航空、航天、航海有关单位到会者竟达 70 余人，这是国内第一台实现白天对星体的跟踪。系统中当时已应用到了卡尔曼滤波、空间滤波、音叉扫描、力矩电机等先进技术和器件，该项目获得了航空工业部的重要成果奖。

之后，我们又为弹道导弹机动弹头、潜地弹道导弹、随机无准备发射装置以及快速找北装置等型号，研制成了 TW-1 ~ TW-9 共九种型号的星体跟踪器，培养了不少研究生人才。

图书在版编目（C I P）数据

精神的见证 ：薪火传承中的北航 / 北航文化与艺术传播研究院编．-- 北京 ：北京航空航天大学出版社，2012.8

ISBN 978-7-5124-0910-1

Ⅰ．①精… Ⅱ．①北… Ⅲ．①北京航空航天大学一纪念文集 Ⅳ．①G649.281-53

中国版本图书馆 CIP 数据核字（2012）第 182784 号

精神的见证——薪火传承中的北航
北航文化与艺术传播研究院　编
责任编辑　张德生　张冀青
*
北京航空航天大学出版社出版发行
北京市海淀区学院路 37 号（邮编 100191）　http：//www.buaapress.com.cn
发行部电话：(010)82317024　传真：(010)82328026
读者信箱：　bhpress@263.net　　邮购电话：（010）82316936
涿州市新华印刷有限公司印装　各地书店经销
*
开本：787×1092　1/16　印张：17.25　字数：376 千字
2012 年 8 月第 1 版　2012 年 8 月第 1 次印刷　印数：3000 册
ISBN 978-7-5124-0910-1　　定价：40.00 元